寧波歷史文獻叢書

徐時棟集

【三】

寧波市人民政府地方志辦公室　整理

寧波出版社

徐偃王志

徐偃王志序

典午之世有徐偃王志作者何人無可攷而其書亦亡唐韓愈作徐偃王廟碑以爲天於柏翳之緒非偏有厚薄施仁與暴之報自然異也於是天下始知偃王之行仁義子孫繁盛而其事蹟則往往未之詳焉鄞藝文志錄徐偃王志六卷爲徐柳泉先生作余欲求之不可得一日其從孫正逵袖是志示余余大喜過望乃盡半月之力爲之讐校由此益知偃王之終始而春秋時之徐有三未可混言之也昔羅氏泌撰路史多據讖諱以說

皇古本不足信即以徐事論因水經注之誤而造徐調之名因宋康之誤而造徐康之謚因史記之誤而造徐姬之姓志中一一辨證其尤可貴者也夫古今無不亡之國暴戾眦睢視人民如草芥雖存亦亡修德行仁棄土地如敝屣雖亡亦存朱氏緒曾曰偃王避楚之鋒不忍鬬其民其後嗣守土不絕迄今數千年芈姓無聞而徐氏繁衍此本昌黎之說也然則有國有家者可以鑒矣志分爲六曰記事上曰記事下曰世系曰地理曰家廟曰論說凡經傳子史預斯有益悉皆鈔內論辨尤必

折衷至當非良史才能如是乎昔在明初有朱伯賢右者（見漁洋書跋）嘗著邾世家一書雜采春秋三傳為之朱為邾後孝子慈孫不忘所自其意一也正遠鄭重遺稿保持弗失使余得校而刻之不亦重可敬歟民國三十四年一月後學張壽鏞序

紛園刊本

徐偃王志序

不行仁義而國滅者有矣未有行仁義而滅者也仁義之效大則以王小則以霸行之一身施之一國天下歸之萬世賴之古稱偃王仁義亡國是大不然偃王避楚之鋒不忍鬬其民其後嗣守土不絕迄今數千年芈姓無聞徐氏繁衍偃王之廟俎豆侁侁無他仁義之澤長也八駿之說影附穆天子傳然所謂馳驅千里入於宗周獨無伐徐事譙周疑之是矣雖然徐不叛周而偃王有大功於周楚攻徐以弱周而徐奉周以抗楚南征膠

舟昭王一不復穆滿錫命徐伯俾扼漢東之吭西巡萬里
楚將遑焉三十六國服徐仁義彤弓朱矢如稟天威穆
王歸豐鎬偃王因楚之師去之海上荆人入徐天子赫
怒乃命毛伯撻伐蠻荆以徐我周之藩輔也偃王破而
徐載周之心愈堅春秋時徐以女妻齊桓公是爲夫人
徐嬴爲之取舒以通伐楚之道又與之伐厲伐英氏助
桓之霸以尊周室管夷吾述徐伯之言以告桓公有曰
內和外均諸侯臣伏受其幣帛以懷其德卽偃王仁義
之訓也葵邱五命不外斯旨誰謂仁義以亡國哉宋襄

戰泓傷股爲天下笑偃王其始也有桓文之勳其終也有共和之讓惟知有仁義而已鄞孝廉徐君柳泉作偃王志備述祖德刊正史繆余敬而服之更爲引伸其說以警人之賊仁義者明仁義無不可爲也時道光戊申十二月金陵朱緒曾述之謹序

徐偃王志序

世稱徐偃王有聖德好仁義以是而亡其國於是惜之者曰此有德守而無力備詆之者曰仁而無權又曰爲義而滅噫此野人之言不通之論也夫修德行仁義之君世有道則天子命爲方伯連率諸侯畏懷世無道則夏夷率服天與人歸王猶反手未聞有聖德行仁義不收其效而反至於亡國者也然則偃王之所爲豈求亡之道乎偃王之亡其國豈天之訖命民之離德乎然則徐國雖小豈楚能滅之乎吾以爲徐之國非人之所能

亡之也特爲偃王者不欲自有其國乎蓋以爲徐非險國也則固有海岱之險淮水之阻以爲徐非大國也則譬之蜂蠆有毒困獸猶鬭以爲徐有土而無人也內則民力可用溝通陳蔡之閒何至於城郭不修兵甲不完外則三十有六國輔車相依何患乎楚二廣之競一國之旅孟子曰以德行仁政者王王不待大故其本志曰威德日遠有明徵也且昔楚王孫厲諫莊王之伐徐也曰以徐敵楚如石之投卵虎之啗豚耳然則以楚人與徐人戰則徐必勝而楚必敗可知也何況三十六國之

相依者胥有坐視而不救之也哉夫揆之以情度之以理在徐無可亡之機而卒以亡者向非偃王之自亡其國而何以若是曷以爲自亡之也曰以爲楚伐之也則如太王之避狄以爲周命楚伐之也則如泰伯之讓商此偃王之志卽偃王之至德也而或者傅會其說以爲知仁義而不知時且深論之以爲治國者以名號爲罪此非特不知偃王且顯誣乎堯舜禹湯文武立政之道也厥後周秦之際迄於漢言修德行仁義者往往以偃王稱旣沒世而人思慕之蓋決非偶然者況乎國祚

終延則信乎明德之有後已晉時有偃王志不知撰自
何人今亡之矣王墓在鄞縣東鄉徐子時棟其苗裔也
輯記傳之載偃王事者爲偃王志可謂數典不忘其祖
抑表揚盛德聖人之敎也爰卽管見之所窺者論次之
以爲之敘鎭海姚燮

徐偃王志卷首

裔孫鄞徐時棟述

徐得國傳二千年幾與夏商周相終始將必有左史右史之記焉秦燔詩書諸侯史記尤甚邦國之志百國春秋蕩無孑遺可勝悼哉典午之代有徐偃王志不知作家撰厥文義非出周秦而亦亡矣爰溯偃王受姓所由來以迄其子孫失國經傳史子采而輯之著其系本考其都邑冢塋記其祠廟之在浙東西者而終之以辨難之詞仍厥舊名勒爲卷帙媿無知官之明聊避數典

之謂作徐偃王志

徐偃王志一　記事第一上

徐偃王志二　記事第一下

徐偃王志三　世系第二

徐偃王志四　地理第三

徐偃王志五　冢廟第四

徐偃王志六　論說第五

徐偃王志卷一

裔孫鄞徐時棟撰

記事第一上

邃古之初有少典氏國焉少典娶於有蟜爰產軒轅是爲黃帝實姬姓

〔攷證〕國語晉語曰昔少典娶於有蟜氏生黃帝炎帝○大戴禮五帝德曰黃帝少典之子也曰軒轅○又帝繫曰少典產軒轅是爲黃帝○史五帝本紀索隱曰少典者諸侯國號○晉語曰黃帝以姬水成故黃

帝爲姬

黃帝元妃嫘祖產青陽青陽方雷氏之甥也厥名曰質是爲少昊實己姓

〔攷證〕大戴禮帝繫曰黃帝居軒轅之丘娶於西陵氏之子謂之嫘祖氏產青陽及昌意青陽降居泜水〇山海經海內經曰黃祖娶雷祖〇世本曰黃帝娶於西陵氏之子謂之纍祖產青陽及昌意山海經海內經郭注引〇史五帝本紀曰嫘祖爲黃帝正妃生二子其後皆有天下其一曰玄囂是爲青陽〇國語晉語曰青陽

方雷氏之甥也○周書嘗麥解曰黃帝執蚩尤殺之於中冀乃命少昊清司馬鳥師以正五帝之官故名曰質按曰清原作請誤也張衡集引曰乃命少昊清○世本曰黃帝生元囂尚書舜典正義引宋衷注曰元囂青陽即少昊也史五帝本紀索隱引○世本曰青陽即是少皞黃帝之子代黃帝而有天下號曰金天氏左昭十七年正義引○晉語曰黃帝之子二十五人其同姓者二人而已惟青陽與夷鼓皆爲已姓○世本曰已姓出自少皞左昭十七年正義引

少昊之裔娶帝顓頊之裔女修女修方織元鳥隕卵取

而吞之生子大業大業取少典氏曰女華生大費是爲伯翳佐禹治水海外山表靡遠不至是著山海經逮禹告成功於舜曰非予能成亦大費爲輔舜是錫之玄玉妻之以姚命之曰咨爾費贊禹功其賜爾皁游爾後嗣將大出大費爲舜虞能議百物鳥獸咸若實始錫爲嬴姓

攷證 史秦本紀曰帝顓頊之苗裔曰女修女修織元鳥隕卵女修吞之生子大業大業取少典之子曰女華女華生大費與禹平水土已成帝錫元圭禹受曰

非予能成亦大費爲輔帝舜曰咨爾費贊禹功其賜爾皁游爾後嗣將大出乃妻之姚姓之玉女大費拜受佐舜調馴鳥獸鳥獸多馴服是爲伯翳舜賜姓嬴氏○墨子尙賢云禹舉益於陰方之中授之政九州成○列子曰大禹行而見之伯益知而名之○論衡別通曰禹益並治洪水禹主治水益主紀異物海外山表無遠不至以所聞見作山海經○帝王世紀曰賜之元玉妻以姚姓之女○尙書堯典曰咨益汝作朕虞○國語鄭語曰伯翳能議百物以佐舜者也○

又曰嬴伯翳之後也水經洛水注云九山有百蟲將軍顯靈碑碑云將軍姓伊氏諱益事隤敳帝高陽之第二子伯益者也晉元康五年立廟永平元年刻石　按曰此說荒謬無據其云伊姓尤妄蓋又因翳伊音近而有此誤也　○潛夫論氏姓曰伯翳能議百姓以佐舜禹擾馴鳥獸舜賜姓嬴　○漢書地理志曰益賜姓嬴

按曰史但言大業之母女修爲顓頊之裔而不詳女修之夫然則大業之所自又誰乎書缺有閒周秦之書今不可考後世諸儒但曰大業宜祖少昊而不明其所本今取史記之言旁證曲引而知大業必爲少

紉園刊本

昊之裔無疑也秦本紀曰秦之先爲嬴姓其後分封以國爲姓有徐氏郯氏莒氏終黎氏運奄氏菟裘氏將梁氏黃氏江氏修魚氏白冥氏蜚廉氏秦氏夫嬴姓錫自大業之子大費則十餘國者皆大業之後矣左昭十七年郯子朝魯魯人問及少昊郯子曰吾祖也我知之是則郯爲少昊之後徐莒諸國亦皆卽少昊之後而大業爲少昊之裔斷斷無疑矣乃杜預則以郯爲已姓蓋杜不知郯爲何姓而郯子自稱爲少昊後少昊已姓見於國語杜之所知遂不復他考而

以已姓之此無據之說不足難遷史也且東漢王符作潛夫論亦以鄒爲嬴姓皆在杜前杜說益不足憑矣地理志莒子之國盈姓也少昊後盈與嬴同而左氏文七年傳曰穆伯娶於莒曰戴已其娣聲已是莒實爲已姓今亦曰嬴姓則史說爲不足恃應之曰不然莒本嬴姓也後乃更爲已姓左隱二年正義引世本曰莒自紀公以下爲已姓世本說莒之詳具見路史後紀中杜氏世族譜亦曰莒國嬴姓少昊之後然則莒之有嬴姓不妄也且史所稱嬴姓十餘國今

不可盡考而若徐若莒若終黎若奄若黄若江其爲
嬴姓也悉與左傳正義史記索隱路史諸書所引之
世本合若粱若葛若秦其爲嬴姓也又悉合於左傳
所稱粱嬴葛嬴懷嬴之屬世本左傳亦不足據乎抑
余更有説焉歷代紀事年表曰嬴己偃允四姓俱少
昊後據此則郎使郯非嬴姓而大業之爲少昊裔亦
已灼然不爽而況其必非己姓乎
大費生大廉若木大廉元孫曰中衍是鳥身而人言是
御夏帝大戊以及蜚廉蜚廉生惡來季勝惡來有後曰

非子周孝王以封之秦是爲秦祖傳至秦政是以暴滅周季勝之裔造父周穆王賜以趙城是爲趙祖是其後代晉有國若木事夏后氏是始封於徐是始主淮夷是與秦趙同出嬴姓若木有後曰費昌生夏桀之世觀乎河上有二日焉東日殆起西日將滅若疾雷之聲乃問馮夷曰曷殷曷夏馮夷曰西日夏也東日殷也於是去夏歸殷是爲湯御右以敗桀於鳴條

〔攷證〕史秦本紀曰大費生子二人一曰大廉實鳥俗氏二曰若木實費氏○又曰大廉元孫曰孟戲中衍

鳥聲人言帝大戊聞而卜之使御吉其元孫曰中潏
生蜚廉蜚廉生惡來有子曰女防女防生旁皐旁皐
生太几太几生大駱大駱生非子周孝王分土爲附
庸邑之秦○又曰莊襄王卒子政立是爲秦始皇帝
初幷天下○又趙世家曰惡來弟曰季勝季勝生孟
增孟增生衡父衡父生造父幸於周繆王乃賜造父
以趙城由此爲趙氏○廣韻九魚曰伯益之子受封
於徐○元和姓纂九魚曰徐嬴姓伯益之後夏時受
封於徐○唐書宰相世系表曰伯益生若木夏后氏

封之於徐○通志氏族畧曰伯益佐禹有功封其子若木於徐○路史後紀曰若木後立於淮者爲嬴氏夏王命以徐伯主淮夷○世本曰徐嬴姓史齊世家索隱○左昭元年正義引○史秦本紀曰秦之先爲嬴姓○又趙世家曰趙之先與秦同祖○又秦本紀曰若木元孫曰費昌子孫或在中國或在夷狄費昌當夏桀之時去夏歸商爲湯御以敗桀於鳴條○博物志曰夏桀之時費昌之河上見二日之在東者爛爛將起在西者沉沉將滅若疾雷之聲昌問於馮夷曰何者爲殷何者

爲夏馮夷曰西夏東殷於是費昌徙族歸殷

按曰徐同姓之國十餘其始封之可知者秦趙而已故并紀之而費昌史但稱爲若木之元孫又不詳徐國始封之事或謂費昌以王父字氏其後有費仲徐之同族而非徐之君或謂費昌卽繼世爲徐君者皆是孤文莫可證據今不從不違姑錄於此若史之紀秦而附若木也

徐國始封逮商周子孫相繼君徐不革三十二世當周穆之代君誕卽位

〔攷證〕唐書宰相世系表曰若木至偃王三十二世○通志氏族畧曰自若木至偃王三十二世○北宋徐氏譜曰偃王名誕

初先君宮人有娠彌月生而胞不坼以爲不祥棄諸水濱獨孤母有犬鵠倉獵其所銜而歸異焉煖之成兒先君命取而來有文在手曰偃是君徐國號曰偃王爲政而行仁義

〔攷證〕博物志引徐偃王志曰徐君宮人娠而生卵以爲不祥棄之水濱獨孤母按曰後漢書注水經注俱引作孤獨母有犬

名鴟蒼按曰水經注引作鴟倉獵於水濱得所棄卵銜以東歸
按曰水經注作來歸獨孤母以爲異覆煖之遂蝂成兒按曰字書無蝂
字一作沸煖也後漢書注引作遂成小兒水經注引作遂成兒徐君宮中聞之乃更
錄取按曰括地志引作乃成小兒生偃故宮人聞之更取養之長而仁智襲君徐
國後蒼鴟按曰此悽倒也臨死生角而九尾實黃龍也按曰括地
志引作化爲黃龍偃王令葬之徐界中今見有狗壟按曰原本作狗
襲今據水經注後漢書注改正○括地志曰鴟蒼或名后蒼史秦本紀正義
引○犢山類集隨筆雜記二羊產子在胞中良久
乃出始歎詩人喻物之妙詩云先生如達不坼不副

注云達小羊也坼副皆裂也凡人之生皆坼胞而下惟羊則裹於胞后稷之初生亦然故宮中驚駭以爲不祥而棄之耳按曰此說當訪之牧羊者如果如此則此所謂生卵亦正如后稷之在胞中矣○北宋徐氏譜曰偃王名誕左手握拳七歲始開掌有偃字紋○尸子曰徐偃王有筋而無骨山海經大荒北經注○史記秦本紀集解○荀子非相篇注○後漢書東夷傳注引○獨異志曰徐偃王無骨而有聖德○荀子非相曰且徐偃王之狀目可瞻馬楊倞曰言不能俯視細物遠望纔見馬謝墉曰馬原刻作焉注同今按楊注正謂不能見小物而但見馬耳莊子云不辨牛馬今從宋本○述異記曰彭城郡古徐國

也昔徐君宮人生一大卵棄於野徐有犬名后倉啣歸溫之卵開內有一兒有筋而無骨後爲徐君號曰偃王爲政而行仁義正達按大卵者胞也委棄於地不煖已久宜其生而骨柔穆王六年春君朝於京師是時徐戎方僭天子分東方諸侯使君主之是始錫命爲伯君通溝陳蔡之閒得朱弓朱矢

〔攷證〕竹書紀年曰穆王六年春徐子誕來朝錫命爲伯○後漢書東夷傳曰乃分東方諸侯命徐偃王主之○徐偃王志曰偃王既主其國按曰一作既得其國一作既有其國

楚詞補注引作旣治其國仁義著聞欲舟行上國王逸云舟與周古字通乃通溝陳蔡之閒得朱弓矢按曰後漢書注引作朱弓朱矢昌黎作廟碑作朱弓赤矢○按全氏祖望謂鴻溝是偃王所開卽所謂通溝陳蔡之閒者語詳經史問答第八卷之七○陳逢衡竹書紀年集證曰弓矢卽王錫命時所賜彤弓朱矢

〔按曰〕旣錫命爲伯何以仍稱徐子曲禮曰雖大曰子注曰朝見之時擯辭惟曰子雖或有功益地至侯伯之數其爵亦不過子故云雖大曰子也按此正可爲竹書稱子之證

徐處漢東地方五百里既受命天子乃弛戈甲之備墜城池之險修行仁義被服慈惠視物如傷以懷諸侯諸侯贄玉帛死生之物於我者三十有六國是共戴君爲王

〔攷證〕韓非子五蠹曰徐偃王處漢東地方五百里○後漢書東夷傳曰偃王處潢池東地方五百里○抱朴子仁明曰徐偃王修仁以朝同班外墜城池之險內無戈甲之備○高誘注淮南曰偃王修行仁義不設武備○淮南子氾論訓曰徐偃王被服慈惠身行仁

義陸地之朝者三十二國〇又人閒訓曰昔徐偃王好行仁義陸地之朝者三十二國〇五蠹曰行仁義割地而朝者三十有六國〇說苑指武曰徐偃王好行仁義之道漢東諸侯三十二國盡服矣〇論衡非韓曰徐偃王修行仁義陸地朝者三十二國〇博物志引徐偃王志曰江淮諸侯皆按曰一作多伏從伏從者三十六國〇東夷傳曰行仁義陸地而朝者三十有六國〇都城記曰周穆王末徐君偃好行仁義東夷歸之者四十餘國〇元和郡縣圖志曰徐君偃好行

仁義視物如傷東夷歸之者四十餘國○韓愈徐偃王廟碑曰贄玉帛死生之物於徐之庭者三十六國○北宋徐氏譜曰四方諸侯之爭訟者不至周而至徐謳歌者不謳歌周而謳歌徐諸侯朝於徐者三十六國相與尊奉爲王稱偃王自此始也

〔按曰〕諸侯歸徐者或作三十六國或作三十二國或作四十餘國今據韓非從其朔也

於是楚王孫厲謂楚子曰漢東諸侯三十六國胥服徐矣不伐楚必事徐楚子曰偃王有道好行仁義不可伐

王孫厲曰臣聞大之伐小强之伐弱猶石之投卵也猶大魚之吞小魚也猶虎之啗豚也又何疑焉且夫文不達德武不任力亂莫大焉楚子曰善

攷證淮南子人閒訓曰王孫厲（高誘曰楚臣也）謂楚莊王曰王不伐徐必反朝徐王曰偃王有道之君也好行仁義不可伐王孫厲曰臣聞之大之與小强之與弱也猶石之投卵虎之啗豚又何疑焉且夫爲文而不能達其德爲武而不能任其力亂莫大焉楚王曰善乃舉兵而伐徐遂滅之○說苑指武曰王孫厲謂楚文

王曰徐偃王好行仁義之道漢東諸侯三十二國盡服矣王若不伐楚必事徐王曰若信有道不可伐也對曰大之伐小強之伐弱猶大魚之呑小魚也若虎之食豚也惡有其不得理文王遂興師伐徐殘之

穆王三十五年楚人伐我君曰吾聞之也君子不處危邦賢者不顧榮祿吾其去之去之彭城民從之者數萬人居之是爲徐山

〔攷證〕竹書紀年曰穆王三十五年荆人入徐○北宋徐氏譜曰楚大舉兵南伐王曰吾聞君子不處危邦

賢者不顧榮祿遂走之彭城武原山百姓從者數萬因名其山爲徐山○韓非子五蠹曰荆文王恐其害己也舉兵伐徐遂滅之○論衡非韓曰强楚聞之舉兵而滅之○博物志引徐偃王志曰偃王仁不忍鬭害其民爲楚所敗逃歸彭城武原縣東山下百姓隨之者以萬數後遂名其山爲徐山○後漢書東夷傳曰於是楚文王大舉兵而滅之偃王仁而無權不忍鬭其人故致於敗乃北走彭城武原縣東山下百姓隨之者以萬數因名其山爲徐山

〔按曰〕偃王逃戰周立其子此在傳記靡不云然而都城記獨違異衆說自創無稽都城記曰穆王西巡聞徐君威德日遠遣楚襲其不備大破之殺偃王其子遂北徙彭城百姓從之者數萬云云旣乖時事又誤地理所謂不經之言無需掊擊者也又元和郡縣圖志曰徐城縣本徐子國也周穆王聞徐君威德日遠乘八駿之馬使造父御之發楚師襲其不備大破之殺偃王其子遂北徙彭城武原東山之下百姓歸之號曰徐山今在下邳縣界此亦本都城記以爲說者

也

於後君乃之越過會稽之水投玉几硯焉遂老於甬東

旣薨是葬之隱學之山羣臣謚之曰隱王君將薨歎曰

吾賴文德而不修武備好行仁義之道而不知詐人之

心以至於此夫古之王者其有備乎

〔攷證〕括地志曰徐城在越州鄮縣東南入海二百里

○韓愈徐偃王廟碑曰或曰偃王之逃戰不之彭城

而之越城之隅棄玉几硯於會稽之水○北宋徐氏

譜曰其後王復之越隱於東海之滃山○寶慶四明

志曰十道四蕃志云徐偃王城翁州以居其址今存按史載偃王之敗北走彭城武原縣東山下以死疑非此海中而韓文公爲衢州廟碑乃記或者之言偃王之逃戰不之彭城之越城之隅棄玉几硯於會稽之水則十道四蕃志或可信矣按曰翁州今定海州古甬東左傳越將以甬東居吳王是也偃王居翁州事詳見下地理卷中及北宋徐氏譜疏證○北宋徐氏譜曰王死從亡之臣謚之曰隱而葬於隱學山山在今明州按曰今鄞縣東隱學山有徐偃王墓說詳後○漢書古今人表曰徐隱王顏師古曰即偃王也○周書謚法解曰不顯尸國曰隱隱

拂不成曰隱○左傳釋文作不尸其國曰隱○謚法解又曰隱哀之方景武之方也正義作隱哀也景武也蓋王避楚隱居是不顯尸國者也故謚曰隱且八民哀之故謚曰隱孔晁注逸周書云以闇主國謨也○說苑指武曰徐偃王將死曰吾賴於文德而不明武備好行仁義之道而不知詐人之心以至於此夫古之王者其有備乎

初君娶於姜氏生宗及滅於楚天子聞之大怒令毛伯遷師師伐楚師敗之於沸而復徐後立宗而還越三百

年當惠王之世是始著於魯之春秋是爲春秋之徐

攷證 北宋徐氏譜曰王妻姜氏生宗○竹書紀年曰穆王三十五年荆人入徐毛伯遷帥師敗荆人於泲○唐書宰相世系表曰偃王爲周所滅復封其子宗爲徐子 通志路史等書同 韓愈徐偃王廟碑曰偃王雖走死失國民戴其嗣爲君如初○水經注泗水注武原縣東有徐廟山山因徐徙邑以名之也山上有石室徐廟也 本書十五之二十○按觀此則武原乃因徐徙故有徐山非王逃楚居此而後名徐山也蓋穆封徐後之時徙此耳

按曰唐表諸書謂周滅徐而復立其後昌黎則謂民戴其嗣二說皆不甚近情是皆不知徐爲楚滅而非周滅之故辨說見後

徐偃王志卷一

徐偃王志卷二

裔孫鄞徐時棟述

紀事第一下

惠王九年癸丑秋宋人齊人魯人伐我

攷證莊二十六春秋曰秋公會宋人齊人伐徐胡傳按書伯禽嘗征徐戎則戎在徐州之域為魯患舊矣是年春公伐戎秋又伐徐者必戎與徐合兵表裏為魯國之患也故雖齊宋將卑師少而公獨親行〇正達按淮夷載在禹貢屬徐州是淮夷亦徐戎也費誓曰淮夷徐戎並興者謂徐淮之戎戎多寇魯也徐國主淮原以制戎而力不逮及魯伐戎又不能與魯合兵故魯怨而伐之而會齊宋師者伐戎後兵力已薄且多戎之區非一魯師所敢往也故謂徐無力制戎則可而

謂徐合戎爲魯國之患也則非

惠王二十年甲子夏取舒按曰今江南廬州府廬江縣西舒縣古城是也

攷證僖三春秋曰徐人取舒林堯叟曰舒楚之與國

按曰孔穎達正義曰諸侯相滅亡者多是土壤鄰接思啟封疆今檢杜注徐在下邳舒在廬江相去甚遙而越竟滅國無傳無注不知所以云云殊不知舒爲楚與國是時徐已卽齊故爲齊取之所以通伐楚之徑耳何休注公羊曰不爲桓諱者刺其不救也論失之矣

襄王七年丙子春楚人伐我三月齊桓公盟諸侯於牡丘

按曰今山東東昌府聊城縣東七十里有牡丘 遂次於匡 按曰今河南歸德府睢州西三十里有匡城 諸侯之大夫帥師救我秋七月齊師曹師代厲 按曰今湖廣德安府隨州北四十里有厲鄉 九月諸侯歸自會冬十月及楚師戰於婁林 按曰徐地見後 我師敗績

攷證僖十五春秋曰楚人伐徐三月公會齊侯宋公陳侯衛侯鄭伯許男曹伯盟于牡丘遂次于匡公孫敖帥師及諸侯之大夫救徐秋七月齊師曹師伐厲 杜預曰厲楚與國 九月公至自會 姜炳章讀左補義曰知諸侯之皆歸矣 冬楚人敗徐於婁林○左傳曰三月盟於牡丘尋葵丘之

盟且救徐也孟穆伯帥師及諸侯之師救徐諸侯次
于匡以待之秋伐厲以救徐也楚敗徐於婁林徐恃
救也杜預曰恃齊救
胡傳楚都于郢距徐亦遠而舉兵伐徐暴横憑陵
之罪著矣徐在山東與齊密邇以封境言之不可
以不速救以形勢言之非有餽糧越險之難也今
書盟于牡丘見諸侯救患之不協矣書次于匡見
伯主號令之不嚴矣書大夫帥師而諸侯不行見
桓德益衰而禦夷狄安中國之志怠矣

惠之九年我有諸侯之師旣成以女妻齊桓公及桓公將觀兵召陵使我取舒以通道於楚楚人惡我之即諸夏也壽師於我桓公旣爲牡丘之盟使大夫援之師退而楚師至是以有婁林之敗

攷證傳十七左傳曰齊侯之夫人三王姬徐嬴蔡姬○會通曰取舒爲齊人通伐楚之徑也○傳十五左傳曰楚人伐徐徐即諸夏故也

襄王八年丁丑夏齊師伐厲冬十二月齊侯及諸侯會於淮按曰今泗州

〔攷證〕僖十六左傳曰夏齊伐厲不克救徐而還○又春秋曰冬十有二月公會齊侯宋公陳侯衛侯鄭伯許男邢侯曹伯于淮

〔按曰〕傳曰謀鄫且東略也則會淮似無與徐事不知徐國淮泗之閒是時楚方病徐前年敗於楚是年爲之伐厲不克故合諸侯以謀之至明年遂有英氏之役

襄王九年戊寅春君會齊侯伐英氏以報婁林之役按曰今江南六安州西有英氏城接英山縣境

〔攷證〕僖十七春秋曰春齊人徐人伐英氏○左傳曰齊人爲徐伐英氏以報婁林之役也杜預曰英氏楚與國

齊管夷吾以聞諸晉君者告桓公一曰聞之於徐伯曰昔者有道之君敬其山川宗廟社稷及至先故之大臣收聚以忠而大富之固其武臣宣用其力聖人在前貞廉在側競稱於義上下皆飾形正明察四時不貸按曰貸即貣也五經文字曰貸或相承借爲貣字禮月令曰宿離不貸是也民亦不憂五穀蕃殖外內均和諸侯臣伏國家安寧不用兵革受其幣帛以懷其德昭受其令以爲法式房元齡曰鄰國以幣帛來聘當取之以懷來有德其

或以制令來告者則君受之以爲法式此亦可謂昔者有道之君也二曰問之於徐伯曰昔者無道之君大其宮室高其臺榭良臣不使讒賊是舍有家不治借人爲圖房曰言不能自理其家借他人圖也政令不善墨墨若夜辟若野獸無所朝處不修天道不鑒四方有家不治辟若生狂衆所怨詛希不滅亡進其諛優繁其鐘鼓流于博塞戲其工瞽誅其良臣敖其婦女獠獵畢弋暴遇諸父馳騁無度戲樂笑語式政既蹂刑罰則烈內削其民以爲攻伐辟猶漏釜豈能無竭此亦可謂昔者無道之君矣三曰問之於徐伯曰昔者

有道之臣委質爲臣不賓事左右君知則仕不知則已若有事必圖國家徧其發揮劉績曰謂盡己之能發揮於政事循其祖德辨其順逆推育賢人讒慝不作事君有義使下有禮貴賤相親若兄若弟忠於國家上下得體居處則思義語言則謀謨動作則事按曰事勤也見爾疋釋詁居國則富處軍則克臨難據事雖死不悔近君爲拂遠君爲輔義以與交廉以與處臨官則治酒食則慈房曰一作辭○按曰作辭則與下複禮內則曰慈以旨甘注曰慈愛進敬之酒食則慈蓋即古者獻君之義於義亦安不謗其君不毀其辭君若有過進諫不疑君若有憂則臣服之房曰服行也此

亦可謂昔者有道之臣矣四曰聞之於徐伯曰昔者無道之臣委質爲臣賓事左右執說以進蘄亡已房曰執佞說以進於君專固寵位無求於去也遂進不退假寵鬻貴尊其貨賄卑其爵位進曰輔之退曰不可房曰進於君則言己能爲輔弼退而私議則曰君不可輔以敗其君皆曰非我不仁羣處以攻賢者見賢若貨房曰其見賢人無恭敬之心反欲規利若求貨然見賤若過房曰其見賤人無矜恤之心蕭然不顧若行者之過貪於貨賄競於酒食不與善人惟其所事房曰人有曲而事已與之交也○按曰房注非也荀子解蔽曰故羣臣去忠而事私注曰事任也言不與善人惟任使親愛而已倨敖不恭不友善士讒賊與鬭不彌人爭唯趣人詔房曰

人有制命不問可否則向向而順之言其佞諛○按曰房注大誤趣向也詔告也言不肯繼人之爭鬪但偏向其所求告者湛湎於酒行義不從不修先故變易國常擅創爲令迷或其君按曰或古通惑論語崇德修慝辨惑釋文曰惑本作或生奪之政保貫寵矜遷損善士捕援貨人按曰廣雅釋詁曰捕取也言多財之人則取之以爲援也入則乘等出則黨駢貨賄相入酒食相親俱亂其君君若有過各奉其身此亦謂昔者無道之臣桓公善之

〔攷證〕管子四稱曰桓公問於管子曰寡人幼弱惛愚不通諸侯四鄰之義仲父不當盡語我昔者有道之君乎吾亦鑒焉管子對曰夷吾聞之於徐伯曰昔者

有道之君云云○又曰夷吾聞之於徐伯曰昔者無道之君云云○又曰夷吾聞之於徐伯曰昔者有道之臣云云○又曰夷吾聞之於徐伯曰昔者無道之臣云云

〔按曰〕徐子爵而曰徐伯者竹書紀年載穆王命徐子爲伯而路史稱夏王命以徐伯主淮夷則徐伯之稱蓋襲舊號而尊之耳從可知徐去王號已久禮所謂駒王者或卽偃王或在偃王以前皆未可定而斷非見滅於楚以後之君也或曰徐伯者蓋齊臣而非徐

君此不然也何以明之桓公曰不通諸侯四鄰之義言諸侯四鄰之以義來告者未之前聞卽所謂昭受其令以爲法式者則徐伯爲徐君無疑且齊與徐方爲昏姻之國同其好惡恤其患難二國君臣必有朝聘往來之事觀於僖十七年與齊同伐英氏可知

襄王三十二年辛巳冬君伐莒

攷證 文七春秋曰冬徐伐莒公孫敖如莒涖盟杜預曰見伐故欲結援

簡王二年丁丑吳人伐我初楚子重搆怨於申公巫臣巫

臣奔晉子重盡殺其族巫臣自晉遺之書曰余必使爾罷於奔命以死故通吳於晉教之叛楚以伐楚與國我於是乎有吳師楚子重帥師救我

攷證成十七左傳曰子重子反殺巫臣之族巫臣自晉遺二子書曰爾以讒慝貪惏事君而多殺不辜余必使爾罷於奔命以死巫臣請使於吳晉侯許之吳子壽夢說之乃通吳於晉教之叛楚吳始伐楚伐巢伐徐杜預曰巢徐楚屬國子重奔命杜曰救巢徐

簡王十二年丁亥冬十二月邾定公卒君使容居往弔含

曰寡居使容居坐含進侯玉其使容居以含邾有司曰諸侯之來辱敝邑者易則易于則于易于雜者未之有也鄭康成曰易謂臣禮于謂君禮雜者容居欲以臣行君禮孔穎達曰易簡易之禮于謂廣大若是君來其禮廣大容居對曰容居聞之事君不敢忘其君亦不敢遺其祖昔我先君駒王西討濟於河無所不用斯言也容居魯人也鄭曰魯魯鈍也不敢忘其祖

〔攷證〕成十七春秋曰十有二月邾子貜且卒按曰貜且定公也禮以徐弔爲考公之喪考公卒在春秋後徐亡久矣故鄭氏康成謂考或爲定今從之也○禮記檀弓下曰邾婁考公之喪徐君使容居來弔含云

云○鄭康成曰考公隱公益之曾孫考或爲定○孟子滕定公薨舊注古紀世錄諸侯之世滕國有考公麋與文公之父定公相值似後世避諱改考爲定按此見毛奇齡四書賸言第二卷之十四再考

景王元年丁巳吳子以我婚於吳故使公子季札來聘帶寶劍君色欲之其年君薨於楚太子即位季子既西聘還過我脫劍而致之嗣君從者曰此吳國之寶贈之何也季子曰非贈之也昔者之來徐君視吾劍不言吾視其色欲之有上國之使是以未之獻也雖然吾心許之

矣今死而不進是欺心也愛劍而欺心廉者不為也遂脫劍而致之嗣君嗣君曰先君未有命焉孤不敢受劍季子乃帶劍於先君之墓樹御者曰徐君已死誰為帶乎季子曰吾心許之矣不可以君死倍吾心卒帶而去徐人歌之曰延陵季子兮不忘故脫千金之劍兮帶丘墓

攷證 昭四左傳曰徐子吳出也○史吳太伯世家曰季札之初使北過徐君徐君好季札劍口弗敢言季札心知之為使上國未獻還至徐徐君已死於是乃解其寶劍繫之徐君冢樹而去從者曰徐君已死尚

誰與乎季子曰不然始吾心已許之豈以死倍吾心哉○新序節士曰延陵季子將西聘晉帶寶劍以過徐君徐君觀劍不言而色欲之延陵季子爲有上國之使未獻也然其心許之矣致使於晉故反則徐君死於楚於是脫劍致之嗣君從者止之曰此吳國之寶非所以贈也延陵季子曰吾非贈之也先日吾來徐君觀吾劍不言而其色欲之吾爲有上國之使未獻也雖然吾心許之矣今死而不進是欺心也愛劍僞心廉者不爲也遂脫劍致之嗣君嗣君曰先君無

命孤不敢受劒於是季子以劒帶徐君墓樹而去徐人嘉而歌之曰延陵季子兮不忘故脱千金之劒兮帶丘墓○論衡祭意曰延陵季子過徐徐君好其劒季子以當使於上國未之許與季子使還徐君已死季子解劒帶其冢樹御者曰徐君已死尚誰與乎季子曰前已心許之矣可以徐君死故負吾心乎遂帶劒于冢樹而去○又書虛曰季子使於上國道過徐徐君好其寶劒未之即予還而徐君死解劒帶冢樹而去

景王七年癸亥夏六月丙午君會楚子蔡侯陳侯鄭伯許
男滕子頓子胡子沈子小邾子宋世子佐淮夷於申按曰今河南南陽府南陽縣北有故申城是時楚子始會諸侯而無禮謂宋世
子後至君吳出也謂貳於吳狎君而囚世子焉中射士
諫曰合諸侯不可以無禮不聽遂止君既而釋之
〔攷證〕昭四春秋曰夏楚子蔡侯陳侯鄭伯許男徐子
滕子頓子胡子沈子小邾子宋世子佐淮夷會於申
○左傳曰夏六月丙午楚子合諸侯於申○杜預曰
楚靈王始會諸侯○韓非子十過曰昔者楚靈王爲

申之會一本會作命宋太子後至執而囚之狎徐君何注曰輕侮之也拘齊慶封中射士何注中射士官有上中下諫曰合諸侯不可無禮此存亡之機也昔者桀爲有戎之會而有緡叛之紂爲黎邱之蒐而戎狄叛之何注有戎有緡皆國名由無禮也君其圖之君不聽遂行其意○春秋曰楚人執徐子○左傳曰徐子吳出也以爲貳焉故執諸申杜預曰言楚子以疑罪執諸侯○楊士勛曰徐子不言歸者蓋在會而執尋亦釋之故不言所歸也

景王八年甲子冬大夫會楚子蔡侯陳侯許男頓子沈子

越人伐吳

攷證 昭五春秋曰冬楚子蔡侯陳侯許男頓子沈子
徐人越人伐吳 胡傳吳楚徐越雖北於夷狄而劉敞
以爲其實不同吳太伯之後也楚祝
融之後也徐伯益之後也越大禹之後也其上世皆
爲元德顯功通於周室與中國冠帶之君無以異徐
始稱王楚後稱王吳越因遂稱王王非諸侯所當稱
也故春秋比諸夷狄雖然猶不欲絕其類是以上不
使與中國等下不使與夷狄均推之可遠引之可來
此聖人愼絕人亦春秋之意也○正逵按曲禮下其
在東夷北狄西戎南蠻雖大曰子於內自稱曰不穀
於外自稱曰王老注威遠國也外亦其戎狄之中正
義曰恐夷狄難服須尊名威之夫徐之主淮在乎制
戎偃于不尚武力以威外惟修文德以懷遠自稱王
老威德曰隆淮南子曰徐偃王被服慈惠身行仁義
陸地之朝者三十二國蓋王道以仁義爲本所貴爲

王老者行仁義也行仁義未有不王此王號所由來也胡氏謂王非諸侯所當稱不知徐錫命爲伯仍稱徐子人以其王老而王之豈吳楚越所得比擬耶夫偃武修文至德也王而曰偃示有至德固不僅由乎王老之尊敬管子尊之而問政荀子尊之謂冠乎堯舜

按曰上年經書諸侯徐子先頓子沈子此年經獨後之而稱人故疑是使大夫往者

景王九年乙丑君使大夫儀楚聘於楚楚子執之儀楚逃來楚人懼我之即吳也使薳洩帥師伐我吳人救我楚令尹子蕩伐吳師於豫章按曰當在江北淮水南而次於乾谿按曰當在今江南潁州府亳州東南有乾谿吳人敗之於房鍾按曰當在今江南潁州府蒙城縣界

獲宮廄尹棄疾

〔攷證〕昭六左傳曰徐儀楚聘於楚楚子執之逃歸懼其叛也使薳洩伐徐吳人救之令尹子蕩帥師伐吳師於豫章而次於乾谿吳人敗其師於房鍾獲宮廄尹棄疾子蕩歸罪於薳洩而殺之○杜預曰儀楚徐大夫

景王十五年辛未楚人以未得志於我也冬十月使蕩侯潘子司馬督囂尹午陵尹喜帥師伐我遂圍之且懼吳也楚子次於乾谿以爲之援

〔攷證〕昭十二春秋曰楚子伐徐杜預曰不書圍以乾谿師告○左

傳曰楚子狩於州來次於潁尾使蕩侯潘子司馬督
囂尹午陵尹喜帥師圍徐以懼吳杜預曰徐吳與國故圍之以偪吳
楚子次於乾谿以爲之援
景王十六年壬申夏四月楚比弒其君於乾谿五帥解圍
而去吳人敗諸豫章獲之
攷證昭十三春秋曰夏四月楚公子比自晉歸於楚
弒其君虔於乾谿○左傳曰楚使還自徐吳人敗諸
豫章獲其五帥壽鏞按原注謂蕩侯潘子司馬督囂尹午陵尹喜
景王十九年乙亥春齊侯伐我二月丙申至於蒲隧按曰徐地

見後及齊平君會齊侯郯人莒人盟於蒲隧賂齊侯以甲父之鼎杜預曰甲父古國名徐人得甲父鼎以賂齊昌邑縣東南有甲父亭○按曰今山東兗州府金鄉縣西北四十里有昌邑城魯叔孫昭子曰諸侯之無伯害哉齊君之無道也興師而伐遠方會之有成而還莫之亢也無伯也夫詩曰宗周旣滅靡所止戾正大夫離居莫知我肄其是之謂乎

攷證 昭十六春秋曰春齊侯伐徐○左傳曰齊侯伐徐二月丙申齊師至於蒲隧徐人行成徐子及郯人莒人會齊侯盟於蒲隧賂以甲父之鼎叔孫昭子曰

云云

景王二十二年戊寅春二月宋公伐邾圍蟲按曰當在今濟寧州東境三月取之夏五月君及邾人郳人會宋公乙亥同盟於蟲

攷證昭十九春秋曰宋公伐邾○左傳曰二月宋公伐邾圍蟲三月取之邾人郳人徐人會宋公乙亥按曰此乙亥不繫於月而承上五月戊辰許世子事則五月乙亥也杜氏長麻謂乙亥是五月十二日同盟於蟲○毛奇齡春秋傳曰前年邾人盡俘鄅人鄅夫人者宋向戌女也向甯戌子請師於宋公宋公乃伐

邾圍蟲取之而盡歸鄅俘邾乃乞郳人徐人會宋公
盟於蟲而還

敬王五年丙戌吳公子掩餘來奔

攷證 昭二十七左傳曰吳公子掩餘奔徐

敬王八年己丑冬十二月吳人伐我敬之五年吳子僚因
楚喪而使其母弟公子掩餘公子燭庸率師伐楚楚師
彊吳師不能退吳公子光起而爭立享僚而使鱄設諸
弒之掩餘來奔燭庸奔鍾吾光既立使我執掩餘使鍾
吾人執燭庸二公子奔楚楚子封之於養取於城父胡

田以與之光怒執鍾吾子而帥師伐我防山以水我已卯國亡我君章羽斷其髮攜夫人以逆光光唁君而送之使邇臣從之遂適楚楚沈尹戌帥師救我弗及乃城夷按曰楚地見後使君處之

攷證昭二十七左傳曰吳子欲因楚喪而伐之使公子掩餘公子燭庸帥師圍潛○杜預曰二子皆王僚母弟按曰毛奇齡春秋傳謂二公子皆王僚子當攷○春秋曰夏四月吳弒其君僚○左傳曰夏四月吳子光按曰即闔廬伏甲於掘室而享王鱄設諸寘劍於魚中以進抽劍刺王遂弒

王吳公子掩餘奔徐燭庸奔鍾吾○昭三十春秋曰冬十有二月吳滅徐徐子章羽按曰經作羽傳作禹公羊作禹穀梁作羽奔楚杜預曰徐子稱名以名告也○按曰此說甚是而范甯解穀梁乃曰奔而名者有罪惡也合之本事其說爲誣不可從○左傳曰吳子使徐人執掩餘使鍾吾人執燭庸二公子奔楚楚子大封而定其徙使監馬尹大心逆吳公子使居養莠尹然左馬沈尹戌城之取於城父胡田以與之將以害吳也吳子怒冬十有二月吳子執鍾吾子遂伐徐防山以水之杜預曰防壅山水以灌徐○按曰當是泗水也己卯滅徐徐子章禹斷其髮攜其夫人

以逆吳子吳子唁而送之使其邇臣從之遂奔楚楚沈尹戌帥師救徐弗及遂城夷使徐子處之

周天子既復徐後徐小國也鄰強楚遂服事之洎齊桓公將有事於楚首及與國會魯宋伐徐徐於是乎著於春秋洎爲昏姻附齊者三十年齊伯既衰徐復入楚終五十年歷頃匡定三世徐無邊遽之警簡王之初壽夢豔巫臣之知與楚爭淮徐於是乎被吳兵既成徐而女之恤其患難爲之伐楚徐攝兩大之間未敢叛楚也楚人不道會狎其君聘執其臣徐於是乎舍楚而即吳齊

景有志代興慨然念桓靈之及遠將撻楚先之威徐是故勞師伐遠於是乎有蒲隧之役吳人以爲淮之西北齊不足以有之置焉弗亢是時楚方遷陰城郟不在諸侯徐於是乎可以事吳而少安而吳卒以篡弑之故不克殲遺孽以快其欲而遷怒於徐而徐亡矣其始亡也逮乎後亡四百五十有餘年始爲楚有惠襄之世齊人得之而不終簡王以後吳楚爭之而卒爲吳滅此其大較也

〔攷證〕昭十九左傳曰楚工尹赤遷陰於下陰令尹子

瑕城郯叔孫昭子曰楚不在諸侯矣其僅自完也以持其世而已

夏始封徐迄乎周敬之世凡四十有餘君享國千六百有餘年

攷證 唐書宰相世系表曰若木始封至偃王三十二世爲周所滅復封其子宗爲徐子宗十一世孫章禹爲吳所滅

徐之公族子弟暨其子孫散居四方以國爲氏有徐氏是爲嬴之著姓偃王諸子以采邑爲氏有封貝氏取慮

氏其支國封鍾離蓋與偃王同滅於楚魯昭之世是爲吳有有鍾氏離氏鍾黎氏終犂氏以姓爲氏有嬴氏其本於徐者有蟲氏李氏

〔攷證〕史秦本紀曰秦之先爲嬴姓其後分封以國爲氏有徐氏郯氏莒氏終黎氏○廣韻九魚曰徐偃王爲楚子所滅以國爲氏姓纂同○唐書宰相世系表曰章禹爲吳所滅以國氏○姓纂三鍾曰封貝氏徐偃王子食邑封貝因氏焉今臨川有此姓○又十八尤曰取慮氏原注曰音秋廬徐偃王子食邑取慮因氏焉今臨

淮有此姓○通志氏族畧曰徐偃王子食邑取慮因氏焉○路史國名記曰取慮徐之分原注曰十三州志讀如菑陬邾婁野王音秋閭又後紀引潛夫論曰偃王後食邑取慮故氏又引十三州志曰音陬閭○太平寰宇記曰終犁氏徐之別號也○世本曰鍾離嬴姓國路史國名紀引又曰終犁嬴姓之國史伍子胥列傳索隱引○昭二十四左傳曰吳人遂滅巢及鍾離而還按曰皆楚邑○路史後記曰鍾離者吳滅之爲鍾氏離氏鍾離氏終黎氏○廣韻三鍾曰鍾離氏與秦同祖其後因封爲姓○姓纂一東曰終利嬴姓與秦同祖○又三鍾曰鍾

離氏世本曰與秦同祖嬴姓也○氏姓注曰有姓終犂者史秦本紀集解引○路史後紀曰伯翳始食於嬴爲嬴氏○又曰徐爲吳所滅有徐氏蟲氏取慮氏李氏按曰李氏原注謂是徐世勣賜姓而蟲氏未知所本

徐氏十望其九皆本偃王其他商人六族周成王以之賜魯有徐氏淮水之戎常害周室是爲徐戎有徐氏赤狄之種有徐國隗姓以國氏有徐氏堯之支裔滅秦而王爲漢漢之同姓有徐氏黃帝少子禺陽封於任其裔封薛薛滅於楚爲薛氏子孫有徐氏皆非偃王族類云

攷證韓愈徐偃王廟碑曰徐氏十望其九皆本於偃王按曰是時譜牒之官未亡昌黎語蓋有所本○定四左傳曰分魯公以殷民六族條氏徐氏蕭氏索氏長勺氏尾勺氏○尚書費誓曰徂茲淮夷徐戎並興○國語鄭語曰當成周者北有衛燕翟鮮虞路洛泉徐蒲韋昭曰路洛泉徐蒲皆赤狄隗姓也○路史後紀曰天德光堯劇項援沛邦實著符是爲漢祖有漢氏徐氏○又曰辥滅於楚爲辥氏徐氏原注曰光裔光祚乃辥昭簡子隨母嫁徐延瓊遂姓徐○廣韻徐下云春秋時徐偃王行仁義爲楚文王所滅其後氏焉出東海高

平東莞瑯琊濮陽五望 按曰此據王詠霓台州徐偃王墓辨中錄出

徐偃王志卷二

徐偃王志卷三

裔孫鄞徐時棟述

世系第二

昔周之王也立小史之官是定世繫以辨昭穆秦并天下焚棄典籍公侯子孫失其本繫漢興得世本敘黃帝以來祖世所出逮漢而有官譜晉繼之作是有摯虞族姓昭穆記宋齊之閒譜諜滋廣掌於官府其後乃競行姦貨以新易故易賤而貴易濁而清沈約以奏梁武梁武乃詔儒臣甄別而改定之是有王僧儒百家譜今皆

亡滅莫可考究偃王子孫散處四方西漢之季其裔元泊避王氏之難是卜居會稽之太末會稽太末爲今衢州龍游元泊二十七世孫曰行周在唐僖昭之間是遷今台州天台宋室南渡其十七世孫應漢是始遷鄞是載其家乘以至是爲北宋徐氏譜以傳至今周秦源流悉具於牒荒遠渺忽敢以徵信百家譜著錄於隋唐之史亡於趙宋〔按曰郡齋讀書志書錄解題諸書已不載此書〕而幸徐氏之裒具見他說〔按曰王文楚材精氏姓之學嘗過武林徐君士駿家見台州徐氏譜首載王僧儒百家譜中有徐氏表爰手錄以歸因得見之〕用相比較大畧不異乃其似續更詳乎

我自偃王上溯以至始封夏商之代無有闕失夫宗祖遺牒尚疑周秦況溯權輿能無惑哉今弗敢從亦弗敢棄是用圖繫厥世迄乎先秦以存五代之舊

女脩—○大業—○伯益—○大廉

按曰此大謬也女脩是大業之母顓頊之裔女孫何得列爲自出之祖史不著

封嬴邑侯黃帝九代孫妃姚按曰以嬴爲邑固有此說然不足據也嬴是益

封陸氏後爲秦○按曰史稱大廉爲鳥俗氏俗或作洛或作落此云陸氏蓋音

大業之父而大業實爲少昊裔孫語詳第一卷

賜姓

同之譌

若木

封徐國○北宋譜曰黃帝九代孫伯益後若木以佐禹治水有功封於徐

征國

徐氏○北宋譜曰若木生征國終季簡征國襲徐之封

終

黃氏○北宋譜曰終封於黃是

爲貞祖

季勝

馬氏〇北宋譜無勝字又曰季簡之封史失其國季後是爲馬氏簡後是爲趙氏

簡

房—卿

卿—仁—豹—謙—澄

仁—僉

趙氏〇按曰凡言某人某氏者皆是言某氏之所自出非謂其及身事也詳見北宋譜疏證中

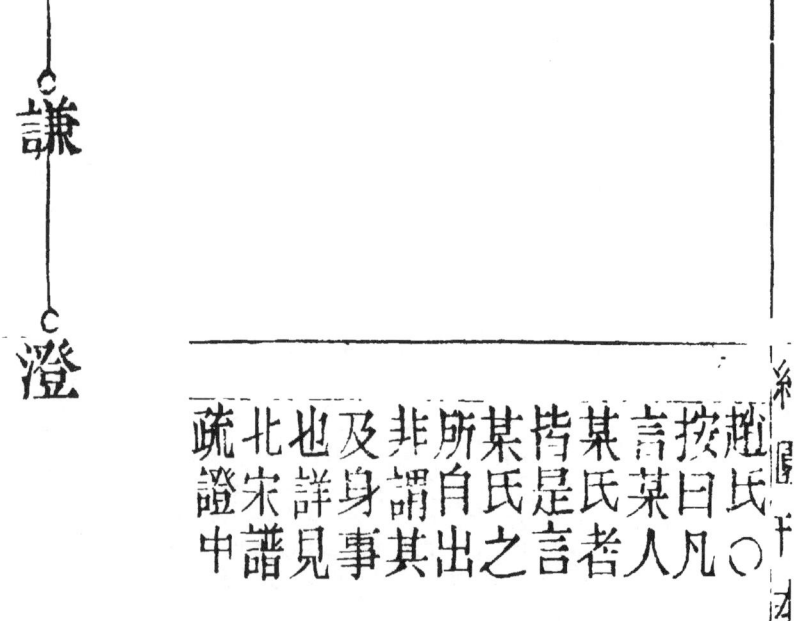

圭 — 詵

起 — 睦 — 祖禹 — 濟 — 寶 — 紹、寬

輿 — 明、強 — 車 — 能 — 宏

通民

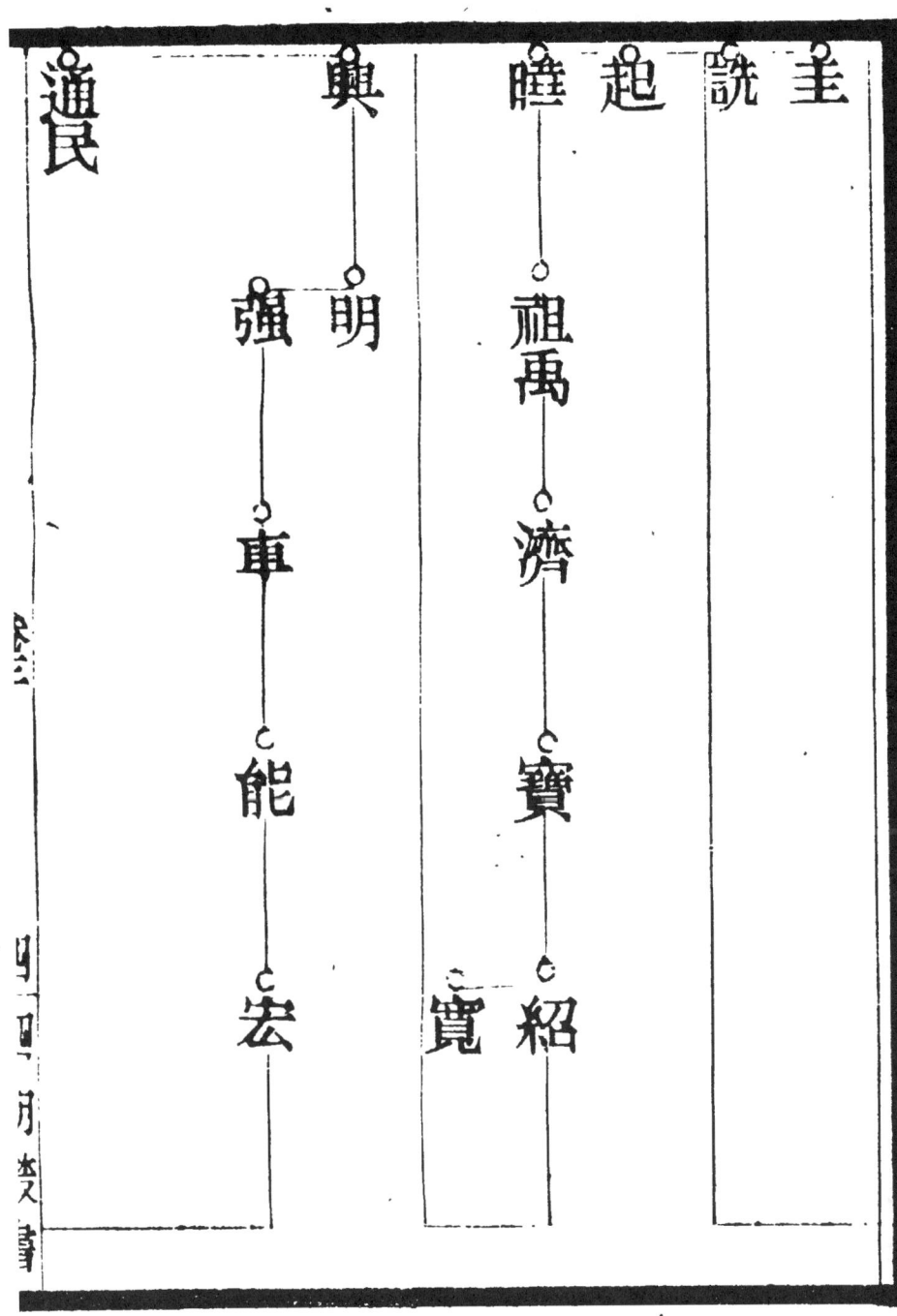

茂叔

瑞 — 侍 — 拚 — 恭 — 論

拚 — 權、世長

恭 — 俟

論 — 詳、遠、向

俍 — 元長

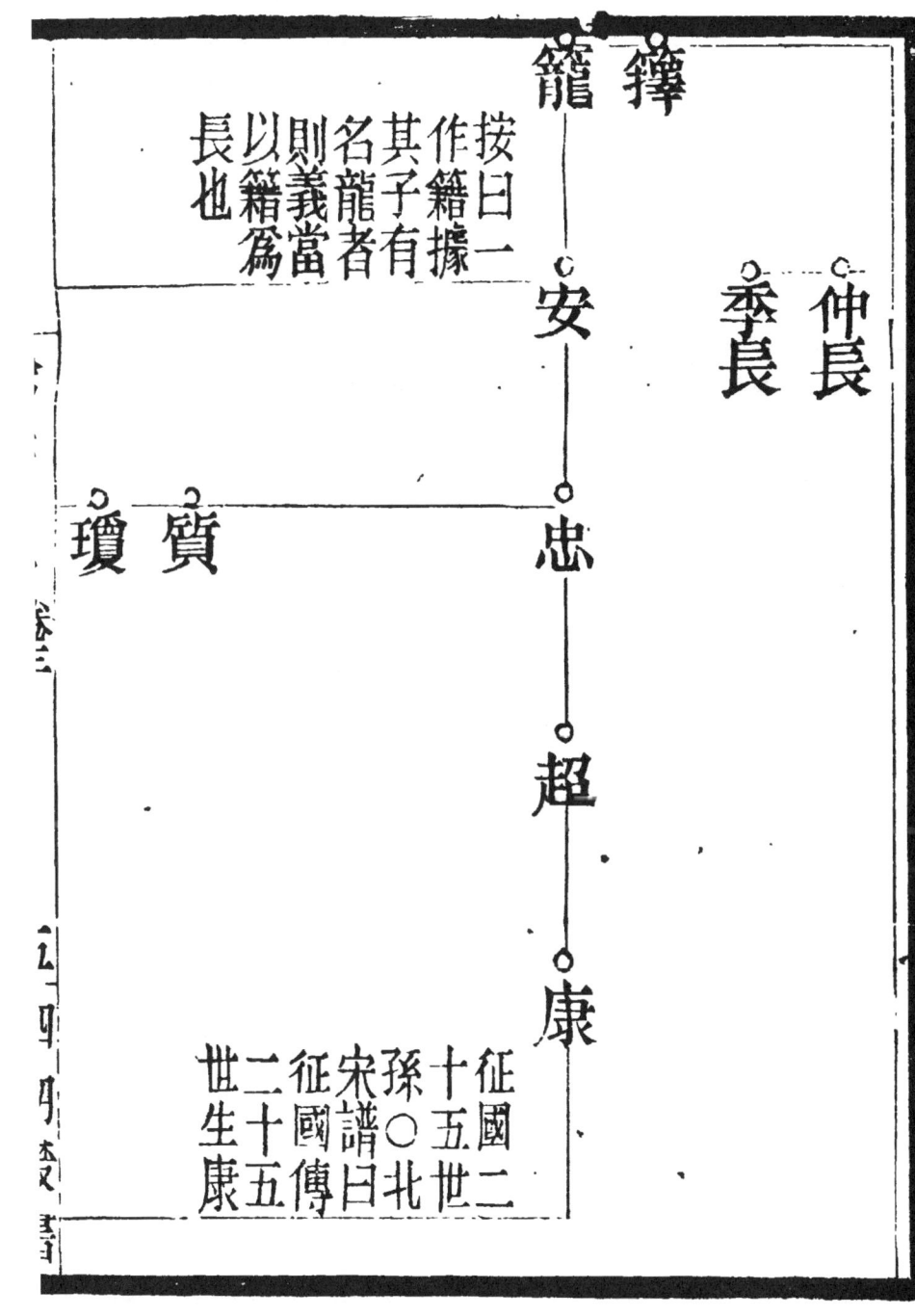

仲長　季長

鏵

籠

按曰一作籍據其子有名龍者則義當以籍爲長也

安

忠

賓　瓊

超

康

征國二十五世孫〇北宋譜曰征國傳二十五世生康

龍

滐

北宋譜曰康生滐

彥

忠義侯武乙列侯○北宋譜曰滐生侯彥一曰彥忠義侯○按曰侯者爵也忠義等名號恐非當時所有而北

訓

東平侯周武王時○北宋譜曰彥生侯訓一曰訓東平侯

綏

周昭王拜爲列國侯不受娶姜○北宋譜曰訓生綏周昭王命爲卿不就而傳位於誕是隱之泗州平原縣徐

誕

字子儒即偃王黄帝四十二代娶姜○北宋譜曰誕即偃王是也字子儒自黄帝以至偃王四十有三代○按

宋譜所記別號乃與百家譜同本可盡信也語詳北宋譜疏證

里山中〇又曰綏妻姜氏〇按曰兩說不同然當以北宋譜爲是語詳疏證

曰據百家譜黄帝九代孫伯益是益爲第十世益子若木至偃王凡三十二世合前十世是爲四十二代也據北宋譜征國傳二十五世生康

是征國至康共二十七世合之征國父若木一世若木父伯益上數至黄帝共十世康子渰至偃王共五世是爲四十有三代也唐表通志諸

書皆曰若木至偃王三十二世按其支義是連身數之非離身數者加伯益以上十世適合四十二代之數然則二說相較百家譜爲長矣

右自女脩至偃王凡三十五世六十有二人悉本王氏百家譜其名見北宋徐氏譜者附書於下

誕—宗—仁—寵—希

受國潁川傳十一世以至章禹○百家譜曰寶宗潁川侯○唐書宰相世系表曰若木至偃王

周司徒○百家譜曰孝王司徒○按曰宗後十一世世爲徐君北宋譜所云受國潁川傳十一

周大夫○百家譜作宏又曰孝王大夫○鑑汀譜與百家譜同

周大夫○百家譜曰幽王時○按曰孝王末至幽王初中歷夷厲宣三君相距一百十餘年希

世爲周所滅復封其子宗爲徐子

衡○

百家譜作寶衡

明○

百家譜作寶明○按曰兄弟輩行同字三代所

世者是也此云爲周司徒周制國有以列國諸侯兼畿內卿者於時事亦合特此下所列世系忽爲大夫忽恐諸侯爲未必然○鑑汀譜曰仕

父既爲孝王大夫希焉得在幽王時乎○鑑汀譜曰周幽王時遇亂奔逃

無吾見徐氏譜多矣無不作寶宗寶衡寶明者不知誤始何時而加此一字也百家譜同此陋書則齊梁已然宋袁正肅作偃王廟碑亦有三

周孝王爲大夫

寶字爲請於朝皆封侯爵而蒙齋集中祇書某某不列三名毋亦疑其不經耶

〇又按日小谿徐氏譜列偃王支子尙有名尼名師者

〇鑑汀

譜曰今錢唐臨平西佳村是其後

王逵按桐鄉陸以湉敬安所撰冷廬雜識曰兄弟聯名如伯達伯适已兆其端夫八士之爲伯仲叔季者出生先後之序一母四乳二而一之固非爲輩行而同其字也

祂—恭—暢—永—思

祂　周大夫○百家譜作庭又曰幽王大夫○鑑汀譜同

恭　列國侯○百家譜曰平王列國侯○鑑汀譜同

暢　周大夫○百家譜曰桓王大夫○鑑汀譜同

永　周大夫○百家譜曰莊王大夫○鑑汀譜同

思　不仕○百家譜無小注○鑑汀譜同

強

列國侯○百家譜曰諸侯

亘

周大夫○百家譜同鑑汀譜曰仕周惠王爲大夫

章禹

百家譜曰周大夫○按章禹曰徐國君爲吳所滅後入楚安得爲周大夫乎○唐書宰相世系表曰宗十一世孫章禹爲吳所

融

周大夫○百家譜曰定王大夫○按定王生簡王簡王生靈王靈王生景王景王生敬王敬王徐七於王入年安得其子孫反

簡

周大夫○百家譜曰定王大夫○鑑汀譜同

滅○鑑汀譜與百家譜同

仕於定靈之世乎此後百家譜所說皆不可據○鑑汀譜同

僑 百家譜同靈王大夫○鑑汀譜曰仕周簡王爲大夫

滿 周大夫○百家譜曰景王大夫○鑑汀譜曰仕周靈王爲大夫

觀 周大夫○百家譜作覲又曰恭王大夫○鑑汀譜曰仕周靈王

閔 周大夫○百家譜曰元王大夫○鑑汀譜同

杜 百家譜無小注○鑑汀譜曰世襄大夫

爲大夫覲作覲

諧

周大夫○百家譜無小注○鑑汀譜同

函

周大夫○百家譜作淵○按曰函淵之古文○鑑汀譜同

垂

周大夫○百家譜無小注○鑑汀譜同

可

周大夫○百家譜曰自可至猛皆大夫○鑑汀譜同

詵

周大夫○唐書宰相世系表曰章禹十三世孫詵爲秦莊襄王相○按曰自莊襄元年至始皇二十六年混一

天下凡二十九年後十一年始皇崩誅之元孫徐市爲始皇入海采藥必非童稚而三十年前其高祖尚相八國恐無山理也

仲長猛諮

周大夫○百家譜曰字景伯○唐書宰相世系表同○鑑汀譜與百家譜同○又鑑汀譜詵生二子明仲明下注云中散大夫恐此時無中散

周大夫○百家譜曰字初達○唐書宰相世系表曰仲生延字方遠○鑑汀譜明生誠朝議大夫仲生長延延字方遠

周大夫○百家譜曰字子卿○唐書宰相世系表曰延生由字智卿○鑑汀譜誠生華京兆尹長生猛延生由字智卿

百家譜曰字昌言○唐書宰相世系表曰由生該字昌言○按曰北宋譜諸生光入漢爲下邳太守唐表亦曰該生光漢下邳太守則諸該爲

大夫也又引一說云一作詵之後有明無仲

一人以字相形近致譌耳特由昌言之字義觀之則諸義爲長○鑑汀譜堇生博中書侍郎猛生咨議咨漢光祿大夫議字希福由生該字昌

言

議

字彥福秦時往三山采藥不反所居國曰徐福國今日本國是也○百家譜曰字彥福一名市秦始皇使往蓬

萊居東海今日本國其名與世與入山入海各有不同〻鑑汀譜曰秦始皇時議領童男女三千往蓬萊山採藥因阻風不返居海東號徐福

國今日
本是也
歲貢不
絕唐徐
向云福
公秦日
登山闕

右自偃王至諮凡二十九世三十有二人悉本北宋徐氏譜而附王氏百家譜於下方明其同異亦頗辨其得失唐表所云時復錯見其詳則具北宋徐氏譜疏證茲不復贅云正逵謹按原稿末附鑑汀譜茲附之者依稿之旁注第不明注自何人足資攷證故仍之

按曰譜牒之家最多妄語賣其本支醜事他人以爲

榮耀俗同此陋五代已然沈約疏中言之詳矣吾家譜傳自北宋未知經始何時核之百家譜大畧不異即考諸他書亦無窒礙可謂善本他徐之譜庸妄無比或自造官爵三代所無或自記封地後世始有或襲路史之妄而以謂為封祖或竊檀弓之記而以章禹為駒王其尤者乃考之傳記凡氏徐者若徐辟徐尙徐承徐越徐衍之屬羅而致之於是南北為一家秦越為父子若此者附錄之則汙楮墨斥辨之則煩神思附記於此使讀譜之子孫知所覺悟而已

徐偃王志卷三

徐偃王志卷四

裔孫鄞徐時棟述

地理第三

徐國地方五百里是在今爲江蘇之徐州安徽之鳳陽與其泗州

後漢書東夷傳曰徐偃王處潢池東地方五百里○注曰水經注曰潢水一名汪水與泡水合至沛入泗自山陽以東海陵以北其地當之也

按曰徐地今不可盡攷其可知者徐城取慮婁林蒲

隧鍾離耳鍾離在徐城西南取慮在徐城西北相距不過二百餘里由後漢書注言之則其拓地廣遠在今徐州府極北之境蓋偃王時幅隕甚廣故諸書靡不云五百里者及楚滅徐周復封之則已日蹙國百里矣鍾離久爲楚有春秋之時徐所自保而見於經傳者惟婁林蒲隧二地蓋不過百里而已

泗州之北八十里有古徐城焉

漢書地理志曰臨淮郡徐縣故國盈姓

晉太康三年地記曰徐縣屬臨淮郡（太平御覽引）

左傳杜解曰徐國在下邳僮縣東南

九域志徐城屬泗州建隆二年省爲鎮入臨淮縣李壁荆公詩注引

土地名曰徐下邳僮縣東南大徐城

括地志曰大徐城在泗州徐城縣北三十里古徐國也按曰黥布列傳正義引作四十里已上趙世家周本紀正義皆引

元和郡縣圖志曰泗州禹貢徐州之域春秋時屬魯又爲徐子之國後爲楚所滅

又曰徐城縣本徐子國也

又曰大徐城在徐城縣北三十里

路史國名紀曰括地象曰徐泗州徐城縣北今徐城鎮在泗之臨淮鎮北三十里有故徐城號大徐城周十一里中有偃王廟徐君墓去徐州僅五百郡國志曰薄薄城原注木下邳僮即今臨淮

王詠霓墓辨漢書地理志臨淮郡徐縣故國盈姓至春秋時徐子章禹爲楚所滅莽曰徐調後漢屬下邳國晉屬臨淮郡梁置高平郡隋改縣曰徐城屬下邳唐初屬泗州宋曰泗州臨淮郡明屬鳳陽府國朝順

治中州治陷於淮寄治盱眙縣即今安徽之泗州也
古婁亭在州東北左傳僖公十四年楚人敗徐於婁
林即此
春秋傳說彙纂曰括地志云徐縣西四十里有大徐
城即古徐國也今江南鳳陽府泗州北八十里有徐
城相傳爲徐偃王所築
〔按曰〕泗州今爲安徽直隸州一說徐城在泗州西北
三十五里讀史方輿紀要謂在泗州五十里今從彙
纂

淮水在其南

水經注曰淮水又東逕徐縣南歷澗水注之

元和郡縣圖志曰淮水西南自虹縣界流入徐城

其東南有淶水

水經聖水注聖水自涿東與桃水合水首受淶水於徐城東南良鄉西分垣水世謂之南沙溝即桃水也本十二之二又巨馬水注淶水東逕徐城北故瀆出焉世謂之沙溝水本十二之七〇以上頁數據武英殿本

濟水逕其北

水經注曰濟水又東南過徐縣北
其西北有徐陂歷澗之水出焉而東南流注於淮
水經注曰歷澗水導徐城西北徐陂陂水南流絶蘄
水經歷澗戍西按曰戍原本譌作水武英殿本始改正作戍東南流注於
淮
其北三十二里則徐君葬焉是有延陵季子掛劒之臺
伏滔北征記曰僮縣北有大冢徐君墓延陵解劒之
處劉昭郡國志注引
續述征記曰宿預縣水南大徐城古之徐國城北徐

君墓季子解劍墳樹則斯地也太平御覽五百六十引

括地志曰徐君廟在泗州徐城縣西南一里即延陵季子挂劍之徐君也史記吳太伯世家正義引徐君愛延陵季子之劍而未與後季子復來徐君已歿乃解劍挂之樹枝按曰此見一統志所引爲孫輯括地志所無

水經注曰今徐城外有徐君墓昔延陵季子解劍於此所謂不違心許也

元和郡縣圖志曰徐君墓在徐城縣北三十二里季札挂劍處

按曰徐君墓及挂劒臺在今泗州之北無可疑者而廣輿記稱東阿張秋城南有挂劒臺爲季札弔徐君處且云墓旁有挂劒草草形似劒可療心疾此亦附會之一端也

淮水西流濠水自南來注之是其地爲鳳陽其東四里是鍾離之故城鍾離徐所封也

世本曰鍾離嬴姓國水經淮水注元和姓纂三鍾路史國名紀引與秦同祖姓纂三鍾引

又曰鍾離徐之別封路史國名紀引○按曰路史又引九域志曰徐之別封近刻九

域志刪古蹟余家別有寫本
有古蹟門而殘缺無此語
漢書地理志曰九江郡鍾離○應劭曰鍾離子國
左傳杜解曰鍾離楚邑淮南縣
括地志曰鍾離國故城在濠州鍾離縣東五里史魯
世家正義引又絳侯周勃
世家引作殯縣東北五里周公
元和郡縣圖志曰濠州春秋時爲鍾離子之國
史記索隱曰鍾離少昊後嬴姓國
路史國名紀曰今沂之承有鍾離城
春秋大事表曰今鳳陽府鳳陽縣東四里有鍾離城

淮水在其北

水經注曰淮水又東過鍾離縣北

元和郡縣圖志曰淮水西南自壽州界流入鍾離

濠水是繞其西南東而北流入於淮

水經注曰濠水東北流逕鍾離縣西又屈西南轉東

逕其城南又北歷其城東逕小城而北流注於淮

元和郡縣圖志曰西濠水出鍾離縣西南莫耶山北

入淮東濠水出縣南濠塘山東北入淮

〔按〕曰唐書地理志濠州鍾離郡濠字初作豪元和三

年改從濠

鍾離在徐城西南其後爲楚有又其後吳取之

〔按曰〕見第二卷攷證

徐城西北則有取慮之城是在今徐州睢甯之西

漢書地理志曰臨淮郡取慮○師古曰取音趨又音

秋慮音廬

路史國名記曰取慮徐之分漢屬臨淮故下邳西南

有取慮古城在虹北百二十

〔按曰〕虹縣今廢今睢甯縣是其地也

〔又按曰〕水經注睢水條云睢水又東逕臨淮郡之取慮縣故城北又東逕睢陵縣故城北睢陵在今爲睢甯縣則取慮在睢甯之西可知

烏慈水自西來逕城南又繞其東而北流注於睢水

水經注曰烏慈水又東逕取慮縣南又東屈逕其城東而北流注於睢水

睢水在其北是東流以會泗入於淮

漢地理志曰睢水東至取慮入泗

水經注曰睢水又東逕臨淮郡之取慮縣故城北

其東爲蒲隨是有蒲如之陂是地也徐齊郯莒之所盟也

左傳杜解曰蒲隧徐地下邳取慮縣東有蒲如陂按郡國志注引曰作蒲姑陂

土地名曰下邳取慮縣東有蒲鄉

後漢書郡國志曰取慮有蒲姑陂

又東爲蔞林蒲隧在其西徐城在其西南是有蔞亭楚人伐徐於此戰之

左傳杜解曰蔞林徐地下邳僮縣東有蔞亭

土地名曰大徐城東有蔞林鄉

郡國志曰徐本國有樓亭或曰古蔞林

按曰杜解蒲隧在取慮縣東又土地名謂大徐城東有蔞林鄉是則蒲隧在今睢甯縣之東蔞林在其又東近今桃源縣西境彙纂以蒲隧爲在虹縣北蔞林爲在虹縣東北虹縣已廢地在今睢甯之西南其北卽是睢水去杜氏所謂取慮縣東大徐城東者相距甚遠疑有錯誤故不從也

徐城之北是爲徐山是山也偃王逃戰之所棲也徐人

相與羣居是有石室以祠先王

博物志引徐偃王志曰徐王妖異不常武原縣東十里見有徐山按曰三句原佚今從東夷傳注引博物志補山上立石室有神靈民人祈禱今皆見存水經注引作山上立石室廟有神靈民人請禱焉

水經泗水注曰武原水出彭城武原縣西北會注陂南逕其城西王莽之亭也縣東有徐廟山按曰廟字當衍山因徐徙卽以名之也山上有石室徐廟也本十五之二十

王詠霓墓辨按彭城古彭祖國漢爲彭城郡或爲楚國魏置徐州隋爲彭城郡唐爲徐州卽今徐州府銅

山縣地縣南七十里有徐山此昌黎所稱者也勝果
院今俗訛升穀寺
元和郡縣圖志曰徐山今在下邳之縣界
隋書地理志曰彭城郡城縣有徐山○又曰下邳郡
良城縣有徐山
後漢東夷傳注曰武原縣故城在今泗州下邳縣北
徐山在其東
徐國南至於淮水絶淮而西南至於濠水東北至於泗
水北至於泗水之北西北至於徐州淮夷之所錯也徐

我之所接也後世是以二而一之而莫知其誤

〔按曰〕地理見徐地圖辨誤詳見論說

徐之始亡偃王北走徐山後乃至越之甬東越在今爲

浙江甬東在今定海廳

史吳世家集解曰賈逵曰甬東越東鄙甬江東也

左傳杜解曰甬東越地會稽句章縣東海中洲也

元和郡縣圖志曰翁洲入海二百里卽春秋所謂甬

東地也

春秋傳說彙纂曰句章今浙江甯波府慈谿鎮海二

縣地海中洲卽舟山今之定海縣也縣東三十里有翁山一名翁洲卽春秋之甬東也

（按曰）定海縣道光二十一年陞爲廳

定海之東四十里曰翁山其上多仙人不死之藥大海環之

元和郡縣圖志曰翁洲周環五百里有良田湖湖上多麋鹿

寶慶四明志曰抱朴子論古仙者之藥以登名山爲上而以海中大島嶼若會稽之東翁洲之類者次之

偃王之所避地也是有故城之基

括地志曰徐城在越州鄮縣東南入海二百里夏侯志云翁洲上有徐偃王城傳云昔周穆王巡狩諸侯共尊偃王穆王聞之令造父御乘騕褭之馬日行千里自還討之或云命楚王帥師伐之偃王乃於此處立城以終史秦本紀正義引

北宋徐氏譜曰其後王居東海之翁山築城鑿池

乾道四明圖經曰翁山在昌國縣按曰卽今定海廳東乃徐偃王所居之地舊址猶存

又曰翁山一名翁洲在昌國縣東二十五里十道四蕃志云徐偃王居處城基猶存

寶慶四明志曰翁山一名翁洲昌國縣東三十里徐偃王所居也今城址猶存延祐四明志嘉靖甯波府志皆同

又曰十道四蕃志云徐偃王城翁洲以居其址今存

王十朋會稽風俗賦曰翁洲訪偃王之廬○周世則注曰翁洲屬會稽郡國志云徐偃王昔居於翁洲○史鑄增注曰十道志翁洲在海中偃王所居

定海縣志曰翁浦山縣東四十里又名翁洲山相傳

徐偃王曾駐師於此成化郡志載基址猶存今没

〔按曰〕諸書所計道里不同今依定海縣志凡定海諸山倣此

在宋乾道耕氓獲銅鼎於下其旁有耳其底無足而有墨其量容斗

寶慶四明志曰乾道間耕者於翁山下得銅鼎一無足而有耳耳亦不穿中可容斗餘而底之埃墨猶在以歸進士陳節謂煉丹之遺器延祐四明志同

徐之後亡楚是城夷以處徐君章禹是有城父故城是

在今安徽潁州之亳州東南七十里

左傳杜解曰夷城父也

土地名曰城父襄城城父縣

〔按〕曰昭九年傳楚公子棄疾遷許於夷實城父杜解此時改城父爲夷故傳實之今江南潁州府亳州東南七十里有城父故城

過水出其北

水經注曰過水又東南逕城父縣故城沙水枝分注之

夏肥水逕其南是與過水分道東南流而入於淮

水經注曰淮水又北夏肥水注之水上承沙水於城父縣右出東南流逕城父縣故城南縣故焦夷之地春秋左傳昭公九年楚公子棄疾遷許於夷實城父也

又曰雞水右會夏肥水而亂流東注俱入於淮

翁山偃王之所避地也居人附益之以爲古蹟

在廳東二十七里曰金旗之山戰洋在其北

甯波府志曰金旗山定海縣東二十七里北即戰洋

相傳偃王建金旗於此故名定海縣志同

又東三里曰城隍頭之山或曰偃王城之是名城灣

定海縣志曰城隍頭山縣東三十里一名城灣相傳

徐偃王建城於此今無所攷

又東五里曰陣轝之山戰洋在其北有磨刀之橋

甯波府志曰金旗山再東十里有陣轝山偃王列戰

處有比戰洋磨刀橋皆其址也

定海縣志曰陣轝山縣東三十五里餘與甯波志同

又東五里至於翁山其旁曰鼓吹之峰是有馬轝

寶慶四明志曰鼓吹峰在翁浦中其山之陰曰戰洋曰馬嶴其對即偃王祠也

大德昌國志曰鼓吹山在州東三十里山之陰曰戰洋曰馬嶴偃王祠在前其嶺平如掌可容數百人風雨晦冥之時隱隱有鼓吹聲

定海縣志曰鼓吹山縣東四十里餘畧與大德志同戰洋在其陰

吳萊甬東山水古蹟記曰洋山自北而南則爲徐偃王戰洋世言偃王既敗不之彭城而之越棄玉几研

於會稽之水

凡定海之東自金旗以至鼓吹都五山四十里皆附於

偃王（正達按五山相距三里或五里偃王居翁山從者各自分布以守衛之此金旗鼓吹之名所由來也）

會稽之翁洲

嘉泰會稽志曰翁洲在府學之東會稽境郡國志云

徐偃王居翁洲卽此

浙江通志曰謹案會稽風俗賦注引十道志曰翁洲

在海中徐偃王所居嘉靖甯波府志亦云翁洲昌國

東三十里一名翁山徐偃王嘗居此唐置翁山縣以

此命名二說良是會稽志所云未知何據存以俟攷

龍游之築谿

龍游山川志曰築谿在縣東二十五里相傳爲偃王避地樂其山水築室於此故名

又曰南白鶴山在縣東四十里崖懸壁峭橫亘水上谿中怪石如牛馬或寢或訛或曰偃王欲築室以居處

又建置志曰築谿橋在縣東二十里按舊志偃王南走築室居此故名

北宋徐氏譜曰偃王築室於竹谿之源

〔按曰〕先世唐時居衢州龍游譜蓋衢人所為故合於志竹谿者築谿也元人鄭倫作偃王祠記引信安郡志語與譜同

江山之押衙

名勝記曰江山縣南二十五里為鶴鳴山與鶴鳴相並者為徐王山三峯秀峙東麓有押衙塢相傳徐偃王駐兵之所

宏治衢州府志曰徐王山在江山縣南相傳偃王駐

兵處

太平之古城

輿地紀勝曰徐偃王古城在黃巖縣南三十五里大唐嶺東外城周十里高僅存二尺厚四尺內城周五里有洗馬池九曲池故宮基崇十四級城上有喬木可數十圍黃巖縣志古蹟古城在縣南三十五里至四尺遺隍斷塹隱約可稽內城至數十圍故老相傳即徐偃王城其東偏有偃王廟又南可五里有葉鮑二將軍廟或謂亦偃王之將云　按此今屬太平不必載在黃巖志

台州府志曰徐偃王古城在今太平縣西北三十五

里餘輿地紀勝同

又曰按韓文衢州徐偃王廟碑偃王走死彭城山下

又曰偃王之走不之彭城之越城之隅衢故越地也

赤城新志謂周穆王時越猶未通中國台去衢尤爲

絕遠唐嶺又台極南山谷中於此築城以居何哉又

今所謂古城者兩山相距不一二里而謂城周十里

其不足信尤昭昭矣但相傳已久姑仍之

嘉定赤城志遺蹟古城在黃巖縣南三十五里大唐

嶺東外城周十里高僅存二尺厚四尺內城周五里

有洗馬池九曲池故宮基址祟一十四級城上有喬木可數十圍故老云卽徐偃王城也城東偏有偃王廟卷三十九之四

〔謝方石赤城新志〕周穆王時越未通中國台去衞遠唐嶺又台極南山谷中於此築城以居何哉又今所謂古城兩山相距不一二里而謂城周十里尤不足信

〔嘉定赤城志辨誤〕黃巖有㘗曰徐㘗山曰徐山或云徐偃王之廟或援古建台州記云地主任氏女

感石精而生男有文在其手曰徐因號東海朐徐旣長竊據自稱徐王死葬此山其言不經殆未可盡憑也卷四十之十一

王詠霓辨云按此條葉氏及臧氏學標太平志俱本之余謂東海者徐氏之望本出於偃王其感石精而生云云則又因博物志娠而生卵之說而爲附會

顧氏讀史方輿紀要古城下注楚滅越越王支庶築城保此俗訛爲徐偃王城王辨與邑西方城山

一稱王城山云越王失國保此相合顧氏之言當有所本其葉鮑二將軍廟則尤爲附會耳好事者爲之也蓋其餘小者甚衆不足記云

按曰徐在衢爲大族多立王廟故遂附會焉謂王嘗居之而會稽之翁洲則但以翁洲二字偶然相似遂作牽合然則衢州之徐山可即指爲彭城之徐山乎

徐偃王志卷四

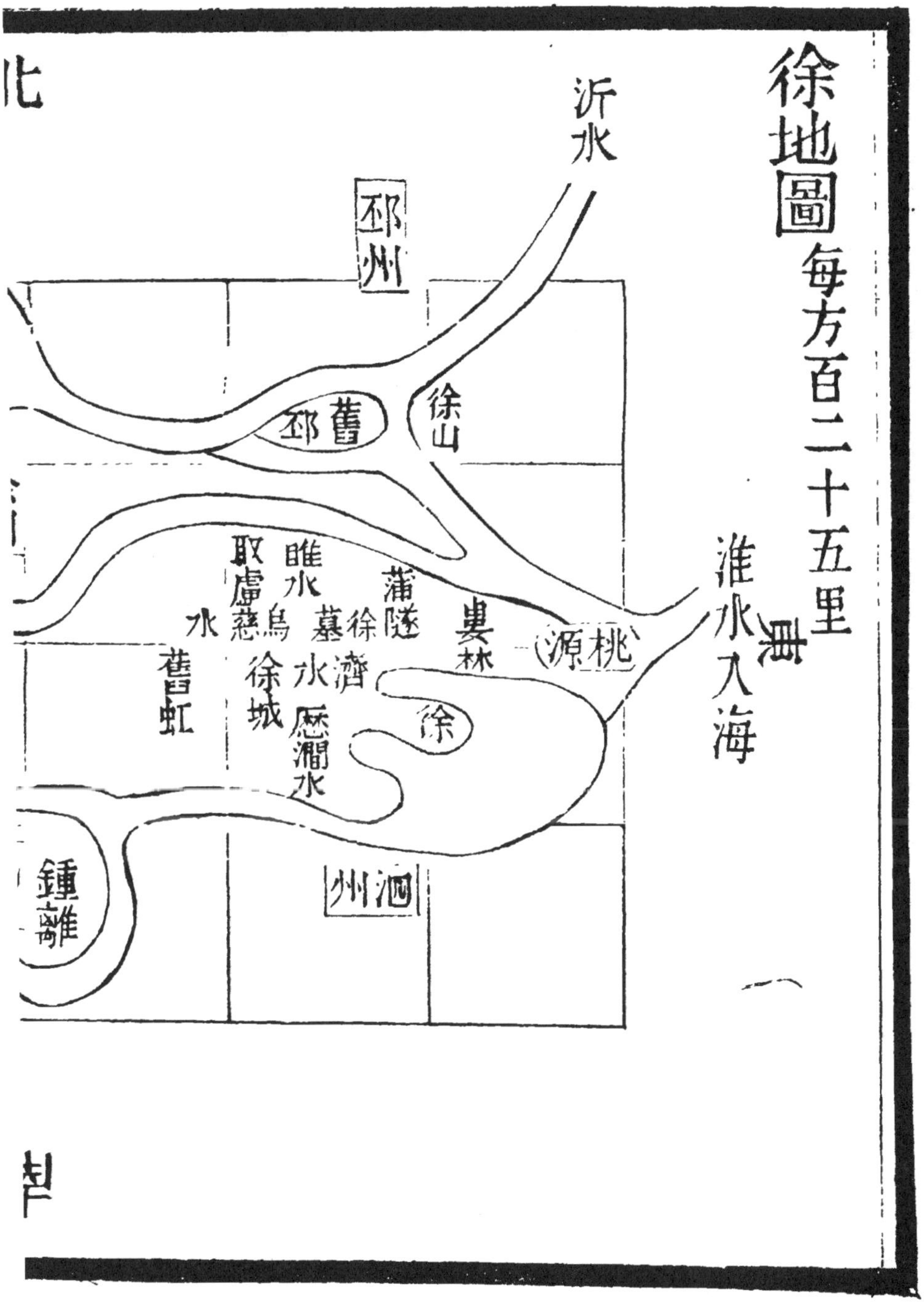
徐地圖每方百二十五里
沂水
邳州
舊邳
徐山
淮水入海
桃源
婁林
蒲隧
徐墓
睢水
取慮
烏慈
水
濟水
徐城
舊虹
歷澗水
徐
泗州
鍾離
一

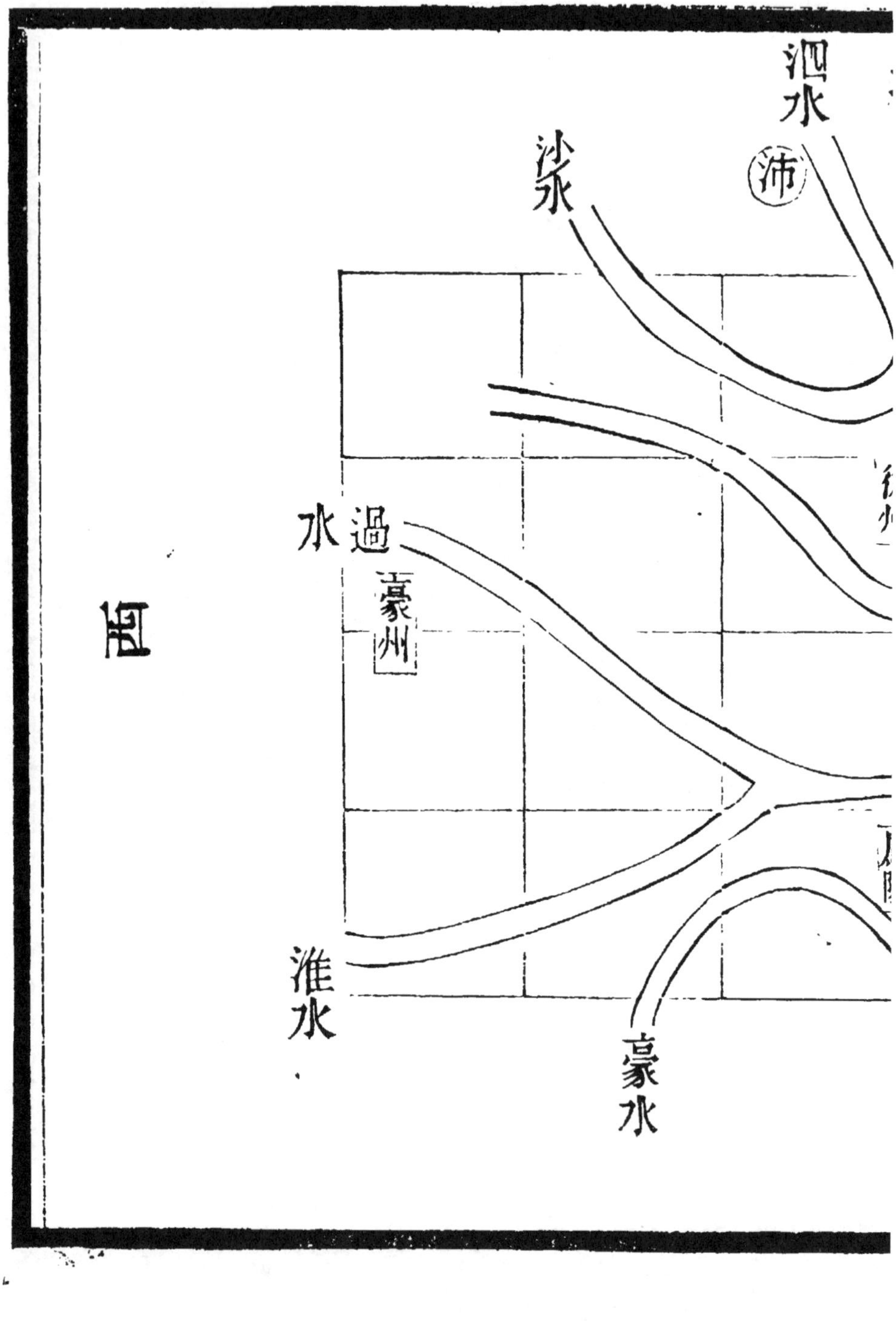
泗水
沛
沙水
過水
豪州
淮水
豪水
西

徐偃王志卷五

裔孫鄞徐時棟述

冢廟第四

由定海航海而西南是爲甯波之鄞其東南四十有五里有隱學之山是實維偃王之墓

北宋徐氏譜曰王死從亡之臣謚之曰隱而葬於隱學之山山在今明州

黃巖縣志宅墓徐偃王墓在邑南二十五里玉甑峯臺址今□□□相傳王逃葬此故其山名□□按志稱縣

東南二十五里有王廟

此蓋因廟附會之也

嘉定赤城志徐偃王墓在黃巖縣東南二十五里勝果院後山有土甎臺址及石筍尚存按韓愈衢州廟記云王北走彭城百姓從之王死號其山爲徐山鑿石爲室以祠之則是其墓當在彭城矣又云或謂王之逃戰不之彭城之越城之隅棄玉几硯於會稽之水則是其逃未有定止況其墓哉今象山雪川等處皆有偃王墓以一人而墓至三四誠不可攷然黃巖故會稽也今並墓之山亦名徐山與韓愈說合徐山

南一十五里有偃王古城其敢臆斷以爲非耶卷三十八之四

明徐時進始祖廟記萬曆丁未鄞故有偃王墓里亦有因之爲鼻祖者按此見鄞西湖徐氏譜中時進官至大理卿字也可號九瀛所著有鳩茲逸我堂啜墨亭諸集此文不知在何集中

戚學標太平志今衢之龍游甯波昌國東之翁州並云王所居而嘉興復禮鄉并有墓不止如赤城志所云也〈王辨霓謂翁州舊隸象山故赤城志云云此即括地志所云鄞縣東南入海二百里者是

徐本原徐偃王墓詩曰周穆日盤游九鼎幾欲移造父御八駿萬里觴瑤池邦家歎無主神器將安歸諸侯悉朝徐瑞應維其時忽聞黃竹歌拒戰非所宜避位向吳越直至東海涯德義感人心臣庶爭相隨山以隱學名上有棲眞祠翁仲翳草萊再拜空噓嘻遼鶴竟不返祔葬冢纍纍（嘉興縣志作遼東鶴不返冢墓何纍纍）子孫繁且衍譜牒能相貽零落千載下惻然起遐思

嘉靖甯波府志曰鄞縣徐偃王墓

又曰舊圖經云徐偃王墓在翁洲王龜齡會稽賦云

翁洲訪偃王之廬是也一云在鄞隱學山

敬止錄山川攷曰隱學山縣東南四十五里東錢湖畔其北爲隱學嶺有寺有徐偃王墓

康熙鄞縣志曰隱學山在十五都距城四十五里有徐偃王墓及棲眞寺放生池居東錢湖畔

又曰徐偃王墓縣東南隱學山

甯波府志曰周徐偃王墓鄞縣東四十里隱學嶺

乾隆鄞縣志曰徐偃王墓在縣東南隱學山

又曰按徐偃王墓前志皆未載閩志始增入而府志

約園刊本

因之按昌黎作偃王廟碑云偃王走彭城武原山百姓從之萬有餘家死號爲徐山則墓當在彭城又引一說云王之走不之彭城而之越城之隅棄玉几硯會稽之水衢州有偃王廟蓋因於此而墓之在鄞要非無實據也至元嘉禾志又謂徐偃王墓在秀水縣西更屬附會

按曰徐墓之在鄞縣固不始自國朝聞明經之康熙志也明人張尚書之嘉靖志已載之亦不始於明也元人袁文清之延祐志徐思刻之謁墓詩已著之又

不始於元也北宋人之天台譜已詳言之徐氏譜爲一家言疑不足據而以天台人說明州事考之他書靡有乖舛蓋絕不肯爲妄說者譜稱徐季海修墓而今墓前猶有翁仲碑趺遺趾皆云唐物是則徐墓之在鄞其來已久特不見於唐以前書遂滋疑竇耳且偃王事始見於荀韓荀韓以前書未之有也考古者豈得因荀韓以前無道偃王者而遂疑古無偃王其人乎

〔又按曰〕嘉定錢曉徵號稱博洽其修鄞志殊多荒略

卽如此條所以考據辨證者不過昌黎碑文而已其意謂偃王斷未至浙江卽至浙江亦是衢州而斷非甯波不知史記正義所引括地志已明明言偃王逃戰甯波夫括地志已在昌黎之前括地志所引夏侯志更在昌黎之前夏侯志所引之傳今不知何書更遠在昌黎之前語皆詳上卷史記正義固非僻書何乃全不可核遽便武斷耶又且十道四蕃志乾道四明圖經寶慶四明志王十朋會稽賦會稽賦周書則注會稽賦史鑄注延祐四明志大德昌國志之屬靡不言

偃王城翁洲以居者史記正義或是僻書不應修甯波之志而其舊志亦東之高閣也

一曰是其初嘗居之

北宋徐氏譜曰又至鄮縣龜山之南錢湖之左築室居焉

延祐四明志曰隱學山在東錢湖其下有棲眞寺放生池徐偃王隱學於此按曰末七字今寫本佚据浙江通志校補

成化四明志曰隱學山在鄞縣東東錢湖畔舊名棲眞徐偃王隱學於此一云在翁洲

嘉靖甯波志府曰隱學山鄞縣東南四十五里東錢湖畔下有放生池舊名棲眞徐偃王隱學於此

唐代宗之季王孫浩是來明州是拓前規以修王墓

北宋徐氏譜曰王旣葬隱學山歷秦漢晉唐千八百餘年亭臺俱廢舊址僅存唐時裔孫浩官嶺南節度使吏部侍郎來拜王墓益增前儀繚以牆垣列以翁仲及茗木阜樹建四顧庵立香火院名曰隱學事見明州郡志

〔按曰〕唐書徐浩傳貶廬州刺史代宗復以中書舍人

召遷工部侍郎會稽縣公出爲嶺南節度使召拜吏部侍郎北宋譜所稱官爵悉與之合特謂此時卽來修墓非也浩既爲吏部侍郎爲御史大夫李栖筠所劾貶明州別駕按曰今徐浩碑雖殘缺模糊而明州字甚顯金石萃編明字作方空非也修墓蓋在此時又按浩貶後德宗初召授彭王傅進郡公而寶慶四明志載隱學院爲唐建中二年建建中係德宗卽位年號則修墓建院時浩已將去是則修墓在明州別駕任斷斷無疑世俗譜牒附會難信此譜來自台州而說浩來明州與唐書合說浩在明

州建院與寶慶四明志合確鑿無妄可幸也

又按曰譜云事見明州志今南宋諸志皆無之乾道圖經以前明州固自有志北宋人作譜時必曾見之故云然耳季海以書名天下既修先墓必當有碑版文字今皆無可考足滋喟息者也

王之子孫以先王之墓在越多家於越是立廟以祀先王浙是以多王廟正達謹按王墓在今鄞東隱學嶺後漢郡國志順帝紀注鄞縣故城在鄞縣東南蓋秦設會稽郡置鄞縣即春秋越之東境在杭於潛之西十五里有廟其南三十里又有之

咸淳臨安志曰徐偃王廟在於潛縣西十五里一在
縣南三十里元和姓纂載偃王之後居於潛為杭望
族有偃王祠皆徐氏所建
杭之東縣曰海甯其西十七里又有之
咸淳臨安志曰徐偃王廟在鹽官縣西十七里
按曰鹽官今海甯州
嘉興之秀水有廟在其縣西北其西新城鎮有廟其北
思賢鄉又有之
嘉興縣志曰廟嘉興之秀水者在其縣西北二十里

其西二十七里曰新城鎮有廟其北三十里田思賢
鄉又有廟。
至元嘉禾志曰嘉興縣徐偃王廟在縣西二十里考
證偃王逃戰之會稽嘉興本屬會稽人多姓徐王之
宗族嘗有散在邑者故後世因有思王功德者爲之
廟以祀焉衢州龍邱亦有廟韓退之衢州廟記唐開
元元和中徐氏三人相繼作衢州刺史乃王之遠孫
也
康熙間知府吳永芳修嘉興府志徐偃王廟秀水縣

西北二十里徐偃王避周穆王走會稽其宗族有散在是者後世思王功德立廟以祀又引嘉禾志廟在嘉興縣西二十里舊傳偃王墓在復禮鄉

嘉興府志周徐偃王墓秀水縣復禮鄉又疆界志復禮鄉秀水縣治北二十里正逵按復禮鄉之有王墓由乎舊傳無足憑信

康熙嘉興志徐偃王廟在縣西北二十里周敬王八年吳滅徐偃王之後入楚其裔有散在會稽者思王功德爲立廟以祀故衢州亦有廟

按曰嘉禾今嘉興縣嘉興秀水皆爲嘉興府附郭此

所云廟即嘉禾志所云之廟府城西北是秀水地不宜屬嘉興又祗一廟不宜分作二廟元時但有嘉興無秀水縣故至元志云云也

甯波隱學之山王葬其所是有隱學之院

北宋徐氏譜曰徐浩立香火院名曰隱學

寶慶四明志曰棲真寺鄞縣南六十里隱學山唐建中二年建號隱學寺皇朝大中祥符元年賜今額有

放生池見碑記

大墩徐氏譜曰徐立之子子寅字協恭父子提刑奏

改偃王香火院額名棲眞院後立之卒贈少師父子
同葬於隱學之西焉
〔按〕曰棲眞之額寶慶志謂賜在大中祥符元年譜謂
立之子寅所奏改考立之遷鄞宋已南渡子寅第進
士已在元祐皆後大中祥符甚遠棲眞院不載於乾
道圖經而始見於寶慶志二說未知孰是
徐本原隱學寺詩曰訪古叩禪關招提盡日閒鳥啼
靑嶂裏僧語翠微間今日棲眞地前朝隱學山石壇
芳草碧墓道落花殷德洽民心服身羅國步艱代周

知避位命楚反羞顏鳳去彭城路龍潛遯水灣唯留翁仲在不見令威還碑蘚應難認煙蘿已倦攀隴雲同杳杳澗水自潺潺暝合千峯紫香殘一徑斑夕陽歸興緩清磬隔塵寰

無名氏棲眞院詩曰當年文德瑞朱弓仁在斯民千古同故國已無徐子土墓東今立梵王宮水流詹影晴湖上山接鐘聲暮靄中攬轡此行來致敬瀟團分坐聽談空

陸曑隱學寺詩曰谷口秋雲薄芙蓉一水香荒臺凝

露白殘碣護苔蒼事去留陳迹人來對夕陽百年回首意欲別更淒涼

李鄴嗣鄮東竹枝曰移城傳是晉牢之宋武迴飇浹口時往事英雄俱在眼一盃卻上偃王祠

定海翁山是偃王所居也遺城在焉有廟

寶慶四明志曰徐偃王廟在昌國縣東地名翁浦俗呼爲城埕頭延祐四明志大德昌國志嘉靖甯波志皆同

按曰近志謂城埕頭山在縣東三十里一名城灣翁浦山一名翁洲在縣東四十里

又其一在鼓吹之山

嘉靖甯波府志曰鼓吹山定海縣東昌國徐偃王祠在焉

定海縣志曰鼓吹山縣東四十里古有徐偃王祠

衢州之龍游徐爲大姓徐廟是甲於浙中其南四十里有徐山一峯卓其東其下有谿谿外爲廟廟曰仁惠

明一統志曰徐偃王祠在龍游縣南四十里徐山下

宏治衢州府志曰徐山在龍游縣南四十里今名靈山山有徐偃王廟

龍游山川志曰靈山在縣南四十里舊名徐山以禱
雨有應更今名山東一石卓立曰香鑪峯山下有谿
谿曰靈山港雜樹交映雲垂煙接谿中有塔山砣若
祗桂谿外徐偃王廟
龍游祠祀志曰徐偃王祠即仁惠廟在靈山去治南
四十里相傳偃王之敗不之彭城而之越城有遺廟
在龍丘
昔唐開元王孫來官斯土修而碑之元和之代王孫放
是繼跡重作是有韓愈氏之碑

韓愈徐偃王廟碑曰徐與秦俱出柏翳爲嬴姓國於夏殷周世咸有大功秦處西偏專用武勝遭世衰無明天子遂虎吞諸國爲雄諸國既皆入秦爲臣屬秦無所取利上下相賊害卒僨其國而沈其宗徐處得地中文德爲治及偃王誕當國益除去刑爭末事凡所以君國子民待四方一出於仁義當此之時周天子穆王無道意不在天下好道士說得八龍騎之西遊同王母宴於瑤池之上歌謳忘歸四方諸侯之爭辨者無所質正咸賓祭於徐贄玉帛死生之物於徐

之庭者三十六國得朱弓一作象犀赤矢之瑞穆王聞之恐遂稱受命命造父御長驅而歸與楚連謀伐徐徐不忍鬭其民北走彭城武原山下百姓隨而從之萬有餘家偃王死民號其山爲徐山鑿石爲室以祠偃王偃王雖走死失國民戴其嗣爲君如初一無爲字駒王章禹祖孫相望自秦至今名公巨人繼跡史書徐氏十望其九皆本於偃王而秦後迄茲無聞家天於柏翳之緒非偏有厚薄施仁與暴之報自然異也衢故會稽太末也民多姓徐氏支縣龍丘有偃王遺廟或

曰偃王之逃戰不之彭城之越城之隅棄玉几硯於會稽之水或曰徐子章禹既執於吳徐之公族子弟散之徐揚二州間即其居立先王廟云開元初徐姓二人相屬爲刺史帥其部之同姓改作廟屋載事於碑後九十年當元和九年而徐氏放復爲刺史放字達夫前碑所謂今戶部侍郎其大父也春行視農至於龍丘有事於廟思惟本原曰故制殊樸下窄不足以揭虔妥靈而又梁桷赤白陊剝不治圖像之威黜昧就滅蕃拔級夷庭木禿缺祈甿日慢祥慶弗下州

之羣支不獲蔭庥余惟遺紹而尸其上不卽不圖以
有資聚訓其可辭乃命因故爲新衆工齊事惟月若
日工告訖功大祠於廟宗鄉石本作卿一本作御咸序應是歲
州無恠風劇雨民不夭厲穀果完實民皆曰耿耿祉
哉其不可誣乃相與請辭京師歸而鑱之於石辭曰
秦傑以顚徐由遜綿秦兇久饑徐有廟存婉娩偃王
惟道之耽以國易仁爲笑於頑自初擅命其實幾姓
厤短嵒長有不償亡課其利害孰與王當姑蔑之墟
太末之里誰思王恩立廟以祀王之聞孫世世多有

唯臨茲邦廟士實守堅嶠之後達夫廓之王殁萬年如始祔時王孫多孝世奉王廟達夫之來先慎詔敎盡惠廟民不主於神維是達夫知孝之元太末之里姑蔑之城廟事時修仁孝振聲宜寵其人以及後生嗟嗟維王雖古一作死誰九王死於仁彼以暴喪文追作誄刻示茫茫

五百家注昌黎集曰石本云朝議郎守尚書考功郎中知制誥昌黎韓愈撰福州刺史元錫書元和十年十二月九日立

按曰衢州府志引孝義徐氏譜曰放之譜曰向代宗大厤八年爲衢州刺史夫徐向爲衢州刺史其人有之宰相世系表云向字文伯衢江陳頴鄭宋六州刺史然斷非放之大父韓碑稱放大父爲戶部侍郎而唐書但云六州刺史且唐書列向諸孫亦絕無放名則孝義譜之妄爲牽合可知且韓碑所云徐姓二人相屬爲刺史者是堅嶠父子其下銘辭明言之若所稱放大父則此人並不曾刺衢州蓋堅嶠修廟碑中稱及徐姓顯宦故有今戶部侍郎之語韓以其孫修

廟而前碑適及其祖故取而述之詳玩文辭其非衢州刺史斷然無疑作衢志者職官表中列向名是已而其注徵引不能援自唐書乃采及不學無術之孝義譜亦可笑也

在宋紹定中袁甫守衢州作而新之請封於朝是有錫命封王爲靈惠慈仁聖濟英烈王及其夫人曰協濟夫人記而碑之

龍游祠祀志曰及宋紹興乾道淳熙閒屢燬屢建紹定中郡守袁甫重建

浙江通志引袁甫祠記曰王封靈惠慈仁聖濟英烈王王妻姜氏協濟夫人子寶宗祐順侯寶衡祐德侯寶明祐澤侯龍游志同○按曰蒙齋集不載封號故依浙志先錄於此蓋碑本固具列之也○又按曰龍游志載袁記甚畧浙志尤畧今依本集具錄于後

袁甫衢州徐偃王廟記曰禮諸侯方祀山川之神能興雲爲風雨在其地則祭之古也今之郡守視古諸侯衢邦靈山有徐偃王廟血食歲久靈跡愈著邦人虔奉如一日寶慶二年冬甫假守於茲祀事惟謹越明年夏潦秋旱禱輒響答歲獲中稔民用輯甯拜王

賜爲多邦人僉言王有大功德於民封爵宜極襃崇又王妃王子亦當隆品秩以侈報稱迺具以實聞於
朝事下儀曹且施行矣是歲十有二月旁地居民曲突弗謹延及王祠倏爲灰燼寺以事神治民爲職廟燬神怒民失憑依甫甚震懼焉方慨然有興復志邦人有言王功德在民民痛棟宇之壞智獻謀富輸財踊躍從事一反手閒事濟矣於是協衆志捐郡帑端緒始開效財植之需給工程之役者輪運輻集迺廣規制迺拓基址前袪蔽障翠巘層出背起樓閣清谿

環繞賈區之淆處者斥之祝史之根據者從之翼以重垣周衛扃也映以方沼增勝槩也四方之民聞廟載新炷香乞靈者肩相摩於道適會前所請封爵事儀曹關諸奉常奉常上之朝省朝省下之轉運使者檄嚴婺官屬互覈其事合辭以聞天子嘉王功德加封某王妻封某夫人子某封某侯某某侯如所請命下之日甫躬率邦人郊迎鉦鼓嘈囋夾道聳觀戴白之老感動垂泣迺委官僚奉安告命於廟而禮於是成矣夫禮者其天理之謂乎人之事神者以此神之

所以爲神者亦以此貫幽顯之閒未嘗一日磨滅也周穆連楚以伐徐王不忍鬬其民流連失國國可失也而萬有餘家之從王者不可遏棄玉几硯於會稽之水几硯可棄也而聞孫之死守王祠者不可絶自周迄唐更千有餘年廟宇隊剝黝昧屢矣屋可圮也而昌黎伯鑱之石辭不可泯自唐迄今又更數百年不知幾壞幾興矣世變可推也而人心之依戴信向者不可奪乃今鬱攸挺禍人謂不復有廟而祠宇之輪奐爵命之便蕃二美集於一朝光寵超於疇昔剝

窮而復否極而泰功久彌振德久彌新非天理周流不息之妙行其間是孰使之然哉藐爾守臣非敢自謂不獲罪於王也求庶幾不獲罪於禮耳乃於奉安之日謂之辭曰王之立國仁以爲基施及百世仁聞昭垂昔誦王仁得於聞知今誦王仁見而知之龍巨之原有廟奕奕民曰宜哉競赴厥役帝曰休哉寵光有赫二美同時王仁愈白古也有志復禮爲仁祀事孔修惟禮是循禮既無曠仁心純純願推此仁永芘生民

爰逮明室相繼改作其祠禮縣令以月正二十日用特

龍游祠祀志曰元正至閒燬於火入明重建嘉靖中

燬隆慶六年知縣涂杰重建其祀典縣官歲以正月

二十日用特牲

劉章偃王廟詩曰枌榆青蔭密不記幾周星造化留

神迹山川妥地靈一時捐玉几千古享彤庭仁義終

難泯丹心昭汗青

汪藻謁偃王廟詩曰石馬金輿識故宮斷碑磨滅覆

杉松誰憐邠國干戈地空有塗山玉帛蹤芳草滿庭

留晚色斷雲連野歛春容中原逐鹿歸狙詐此意悠
悠委暮鐘
無名氏謁偃王廟詩曰姑蔑之墟太末里偃王立廟
垂千紀當時逃戰越城隅玉几曾投會稽水靈山杳
杳白雲飛古木蒼蒼翠煙起仁義從來慶緒長州人
太末爲徐氏
無名氏謁偃王廟詩曰靈山之名何以名莫是神洲
移蓬瀛或言鶩嶺飛來峯羣巒獻秀長川平紛紛遠
方贊董陸矧子洗耳流水聲溫驪騄駬從馳驅重在

仁義几硯輕祥風甘雨司元功坐令四時品物亨統
仰宇宙不可極徐山千古蒼雲横
其東三十五里則有龍泉之廟
龍游祠祀志曰龍泉廟在縣東三十五里祀徐偃王
有記
元鄭倫龍泉廟記距縣東三十五里曰龍泉谿畈平
衍面山翼然丹楹而素壁偃王之别廟也王生周末
世國於徐以仁義爲治穆天子將謀伐徐徐不忍鬬
委而去之韓文公所謂姑蔑之墟太末之里立廟祀

之者今之靈山歟信安郡志王嘗築室竹谿之源或曰長芝是巳或曰龍泉廟舊有碑相傳州縣長吏祀農展敬有倦於將迎者徙而沉諸水是以肇端歲月莫考也重建於宋湻熙己亥更代之後大德丙午又新正殿往往督工者𥅾為故事司祭者𥅾為己物惟務贏餘閱二十年未克就緒至治癸亥春正月鳳谿寺僧行滿目擊頹儆諗於余余適將擁氈嚴谿乃集鄉之耆艾謀焉命猶子繼往代厥勞措置規畫罔敢不盡遂大雅鄭綺輩實贊之於是衆皆翕從願捐己

貲銖積寸累儲蓄沛然矣既各服乃事雖旦暮飲饍之費毫髮無所侵漁凡正殿前軒三門將軍祠之朽腐撓折者咸易之殿之旁復構翼室二間東西步廊十有四間以至泡湢之屬靡不一新經始於是年之夏六月甲申冬十月乙未告成方經營之際谿港絕流工役無所施手杯珓卜之已而果大雨暴漲巨木之在山者不動聲色悉致於庭後三年有李興鍜鐵人也棄而業去妻子口酒肉來奉祀事似能言人禍福瘟疫之家禱焉乞鑪燼飲之卽愈繇是禳禬者接

踵得所施金䃚飾藻繪內外煥然積其羨置田若干畝以備營葺丙寅已巳夏迄秋大旱露拜累日雨輒應衆礱石請紀其事吁世俗信妖妄多昧於理之所亡其所以然夫豈有過人者大抵公私之閒而替興繋焉向之累歲而不完者意蔽之也今不數月僝功李又繼之皆能感通乎神一於公而已矣因書所感并列任事者氏名於碑之陰

〔按曰〕右文載龍游縣志祠甚蕪雜因有修廟歲月且相傳已久姑錄之

東華湖鎮沐塵錦谿各有支廟暨其鄉隅亦各有支廟
龍游祠祀志曰東華湖鎮沐塵錦谿並有祠與靈山
相埒它則諸鄉隅並有之士人供伏臘咸於是
北宋徐氏譜曰又有行祠在水北錦谿最著靈異
宋謝翱憶游錦谿徐偃王祠下詩曰徐王遺踐地花
落舊巖阿山鬼下茆屋野禽啼芸蘿别祠谿路見疑
塚草閒多寒食思家客空山記此過
月正二十日衢人謂是日也王生是飾羽旄鐘鼓之盛
與其社神以登東華之山以爲王壽

龍游風俗志曰正月二十日爲徐偃王誕辰王廟在東華山先一日城中里社羅列祭品窮極珍錯送城隍出廟率各社諸土神爲王上壽旌旄蔽空笳鼓動地儀衛之盛絡繹數里越二日薄暮迎城隍入廟則列隊持鐙千火星列照耀通衢以誇勝事故龍邑鐙節至是日始解較他處獨久云

北宋徐氏譜曰王生於周昭王三十六年丙寅正月二十己酉日癸酉時

按曰夫子生日載在公穀春秋後世猶推測莫定譜

記王生日孰得而信之而龍游志亦復云然徐氏譜來自台州台州之先實居衢州唐僖昭閒始遷於台則生曰實衢人說也然則其來亦已久矣

其立於龍游之城者是曰行祠

袁甫徐偃王行宮記曰靈山重作偃王廟前鑿方沼曠如也後建傑閣屹如也廟貌顯嚴神人具喜而行祠向之在城者前隘後庳規制弗稱余一日謁祠下徘徊顧瞻默若有啟予者亟呼工指畫疏舊池之蕪穢設周垣焉拓故址之下窅增內寢焉於是前之曠

如後之屹如畧與靈山等嗚呼神無不在亦無在也
豈計此區區哉顧念民覃王仁千古無極舍是則無
以示昭報厥今奕奕新宇相望不越三舍竊意雲旆
霓旌逍遥二者之閒景物如一不移而具在城之適
猶靈山也於是可以稱吾民依歸報事之心矣工既
竣事醑酒告虔乃作送神之詞遺邦人歌之其詞曰
朱弓兮發祥玉几兮耿光國易仁兮寖昌緬行祠兮
城一方儼血食兮閱幾霜屋老兮闇其弗章地褊兮
威靈弗揚羌四顧兮徬徨拊予心兮弗康靈龜告余

兮十月孔良亟其改作兮廟貌堂堂碧沼邃宇兮匪
王孰當紛祈𣅀兮炷薌羅酒肴兮芬芳我王兮來降
容與兮相羊春遲遲兮日載陽淡微月兮秋夜長我
民兮世世不忘鎮茲土兮慶未央

凡在龍游五百有餘廟

北宋徐氏譜曰別廟在龍游者凡五百餘所
自龍游而西南爲郡又西南則有江山之縣縣東二十
里爲㵎山有廟是其旁有三泉焉旱則禱之
江山縣志曰縣東二十里有㵎山俗名大靈山巍然

秀出上有偃王廟旁發泉三泓旱暵必禱輒應邑人徐逸平記焉按逸平名存字誠叟江山人嘗從楊時學隱居教授執經門下者千餘人

其在台之太平則廟於古城之東是在其縣西北三十有五里

輿地紀勝曰徐偃王古城在黃巖縣南三十五里城東偏有偃王廟

台州府志曰徐偃王古城在今太平縣西北三十五里城東偏有偃王廟

又南五里有將軍葉鮑之廟是謂王從亡之臣

台州府志曰又南五里有葉鮑二將軍廟或謂卽偃王將也按太平縣志徐偃廟在古城旁有葉鮑二將軍廟或謂王嘗城其地二將軍與焉黃巖縣志壇字葉將軍廟縣南四十里或謂徐偃王將云○又徐偃王廟在縣東南二十五里舊傳廟前嘗產六芝按此二廟自在黃巖與志中所說古蹟之廟不同在壽昌縣東長嶺有行祠縣西六都有廟曰大同壽昌縣志徐偃王行祠在縣東長嶺本廟在衢州之靈山韓昌黎集中有碑文故老云時有村民葉氏欲就長嶺作墳立表已定次日有香鑪在地視之乃徐

王廟中物也遂建今祠
又大同廟在縣西六都爲衢州徐偃王廟之分祠
立於無錫者在其縣南二十五里近廟之山曰廟山
毗陵志山水無錫石塘山一名廣塘在縣南二十五
里枕長廣溪有徐偃王廟近有僧剏庵名寶慶卷十五之
七
又廟山在縣南近偃王廟十五之七
宋史能之咸淳重修毗陵志徐偃王廟在無錫縣南
二十五里廣塘山下韓文公衢州廟碑載之詳矣衢州

本會稽太末縣徐姓皆其子孫或云徐子章禹嘗執於吳其族散處
徐揚間黃巖縣志謂墓在其縣故文恭宿嘗賦詩云
故國無歸日叢祠幾換秋本十四之十一
他如徐杜嶴之二廟江山縣之十餘廟龍游縣之別廟
及在僻處者尤多不可盡攷
姚燮它山圖經今水源委徐杜墺多徐姓居嶴西有
仙人巖如側帽看雲沿流索句甚奇特也其下爲崩
巖漩多石斑魚有嵩巖靈山二廟奉祀皆徐姓云祖
偃王姚志稿本有粘簽不知何人筆此條粘云徐杜嶴舊稱徐臯嶴曾見先人[illegible]明時筆記云萬歷間

宅西仙人巖有大石崩下刻徐鳧巖三字甚分明又云舊傳徐仙姑至此遺履一隻樵人拾之卽化鳧飛去故稱是巖爲徐鳧巖故隩爲徐鳧隩云按徐仙姑卽徐之才女然則四明志以徐鳧巖無覔處遂以猢猻巖當之又强爲之解良由其未聞此說也云云余謂徐杜隩蓋以居人之姓爲名代遠年久有徐無杜遂啟此等妄說耳不可信也

元盛如梓恕齋老學叢談上之廿二姑蔑故城卽今之龍游縣姑蔑墓在東華山偃王廟後正逵按此廟卽別廟之一

元豐九域志古蹟中有徐偃王廟不知何縣

天啟江山縣志感應廟俗名大功廟祀徐偃王在縣境者凡十餘處惟雙橋之祠附城今存廢不可盡攷

徐偃王志卷五

徐偃王志卷六

裔孫鄞徐時棟述

論說第五

第一論路史說若木君費之妄

羅泌路史後紀曰伯翳大費能馴鳥獸知其語言以服事虞夏帝乃錫之皁斿元玉姚女而封之費若木事夏襲翳之封後有費昌爲湯御右費仲事紂史紀載舜命益之詞曰咨爾費是以費爲作益之名矣竹書紀年稱費侯伯益是以費爲伯益之國矣兩說相

歧莫能定一羅氏嘵嘵辨伯益伯翳爲二人今曰伯翳封費據竹書乎則合益翳爲一顯與己說矛盾不據竹書乎則羅氏生趙宋之世去唐虞遠之又遠安從知之然此猶依違之說不足深詰而伯益之子若木則凡在路史以前諸書若百家譜廣韻姓纂唐書之屬靡不云封徐者而羅氏忽自立一說曰若木事夏襲翳之封誰告之則必有執史記以相難者史曰大費生子二人一曰大廉實鳥俗氏二曰若木實費氏又曰若木元孫曰費昌是蓋羅氏之所本夫史固以費爲名者也羅氏方

以爲國何得反據史記且由史說觀之費爲國名將無
鳥俗亦國名耶實費氏者是言費氏之所自出非若木
卽費氏也正如楚國芈姓史明載爲周成王封熊繹之
日而帝繫及世本敘陸終之子季連曰是爲芈姓亦是
言芈姓所自出耳或曰費昌費仲若木支子之後所謂
以王父字氏者或曰卽是徐國之君徐爲國名而費爲
君號若楚爲國名而熊爲君號者然或曰益封費益子
若木封徐而益他子有襲費封者費昌費仲其後也然
年代荒遠不可周知費之果爲國名爲人名費昌費仲

果爲徐國君爲費國君或非國君而爲氏費之人皆莫能決而若木龔費封則斷斷乎爲羅氏之臆說而無疑也又按墨子云夏后開使蜚廉析金於山或謂蜚廉即大廉蜚與費通據此則即從竹書以費爲國其嗣君亦當是大廉安得漫無考索而以若木爲費君耶

第二論路史說夏王封調於徐之妄

路史後紀曰其立於淮者爲嬴氏夏世有調王命以徐伯主淮夷三十二世君偃

若木封徐之說雖始見於齊梁以後書然記載之筆衆

口同聲則必有所由本特書鈇有閒無從知其原始耳今羅氏既闢衆說以若木爲費國繼統之君然則安從而有徐國乎於是特地爲徐造始封之君曰調造始封之爵曰伯造始封之時曰夏大書特書之曰其立於淮者爲嬴氏按其文義似所謂調乃若木之後也者又似非若木之後也者又似嬴氏是始於調也者遁辭游說眞可謂離奇而恍惚矣而世之妄人爲徐氏譜者遂私造世系於夏初則大書調名以爲始封之祖故余每閱徐氏譜凡有調名者卽棄去弗覽童時作月湖徐氏家

乘郎巳疑之然不敢闢之以爲泌既作書豈敢白日夢
囈捌立名號因故附載其說於下乃積十餘年而此疑
始豁然解也水經徐縣注曰地理志曰臨淮郡漢武帝
元狩五年置治徐縣王莽更之曰淮平縣曰徐調國也
夫但曰徐調國則未知其爲夏封與商封與周封與確
鑿之曰夏世有調巳爲大妄地理志非他班固漢書之
地理志也泌既著書立說據水經注爲文宜取其所引
原書畧考之地理志曰臨淮郡武帝元狩六年置莽曰
淮平又曰縣二十九徐故國盈姓至春秋時徐子章禹

爲楚所滅莽曰徐調是正與改黎縣孟康曰詩黎侯國爲黎治莒縣原注曰故國盈姓陳縣又曰故國舜後爲莒陵陳陵鄆縣又曰楚別邑故鄆騶縣又曰故國曹姓爲鄆亭騶亭之屬同一紛更可笑若調爲徐始封之君則治與陵與亭皆將爲五國分茅之祖耶泥胡不據而改正之既考原書復取水經注覆視之則王莽更之曰淮平爲句縣曰徐調爲句而國也二字或誤或衍或有脫文皆不待智而博者始能知之而乃略不加察遂據譌本自造三代典故其鹵莽若此羅氏蓋讀王莽更之曰淮平縣爲句曰徐調國也爲句非特無此文法抑且徐調始封而外又添一淮平縣典故矣武

英殿刻水經注是改正之曰王莽更之曰雒平縣曰徐調故徐國也注曰近刻脫故徐二字而趙氏一清校水經注曰漢書地理志曰徐故國莽曰徐調寰宇記引班志云故徐國也此文徐調下落故徐字精明詳慎眞熙朝儒者之言正逵按王莽更郡縣名而參以調字者不僅徐調如太原郡之狠孟而曰狠調五原郡之固陵而曰固調漁陽郡之泉州而曰泉調是與臨淮郡之徐而曰徐調者無以異也而究其所以更之曰調者又絕無意義可言羅氏乃據徐調爲徐始封之君非所謂嗜博而荒者耶又按王冰黃帝經序稱黃帝九子二曰金天封荊三曰挈封青四曰青陽封徐夫挈者摯之悞也金天摯青陽同是一人即是

少昊而分之為三徐始封於夏而遠在
唐虞以前皆道家依附之說不足憑信

第三論王逸說周宣封於徐之謬

王逸楚辭注曰徐偃王國名也周宣王之舅申伯所封也詩曰申伯番番既入於徐周衰於後僭號稱王也

崧高之詩曰亹亹申伯王纘之事于邑於謝南國是式又曰申伯番番既入于謝謝也非徐也謝為申國封內之境宣王命召伯城謝使居之故曰于邑于謝又曰王命召伯定申伯之宅謝者城邑也非封國也漢地理志南陽郡有縣三十六其首曰宛故申伯國有屈申城而其支縣曰棘陽棘陽東北有謝城地去徐之在淮泗閒

者甚遠豈得混而一之易林大畜之中孚周公禱謝謝字與安甯如故故字爲韻左思魏都賦慎墨而謝謝字與神藥形茹茹字爲韻蓋古者徐謝二字音近故有此誤齊魯韓詩未亡時或有作既入於徐者然不過詩之異文而即據爲典要王氏之疏矣且申侯爵而姜姓徐子爵而嬴姓此其謬誤無待深論

第四論偃王名號

竹書紀年曰徐子誕來朝

班固古今人表曰徐隱王師古曰即偃王也

高誘注淮南子說山訓曰偃謚

王逸注楚辭曰偃謚也

博物志引徐偃王志曰得朱弓矢以已得天瑞遂因

名爲號自稱徐偃王按曰今本作遂因名爲弓於是有據以爲說者曰偃王名誕一名弓此大誤也蓋俗寫爲号作号号與弓形近致誤今據水經注所引改正○又按曰昌黎集樊注及蔣刻皆依誤本引作弓蓋見上有朱弓字遂不疑耳

又曰生時正偃故以爲名

裴駰史記集解引尸子曰徐偃王有筋而無骨駰謂號偃由此

王僧孺百家譜曰偃王名誕字子孺北宋徐氏譜同

楊倞荀子注曰其狀偃仰而不能俯故謂之偃王

章懷太子後漢書注引尸子曰偃王有筋而無骨故

曰偃按曰詳玩裴駰集解中語原文必無故曰偃三字

北宋徐氏譜曰諸侯相與尊奉爲王稱偃王自此始

也

又曰王死從亡之臣謚之曰偃

羅泌路史曰夏世有調王命以徐伯主淮夷三十二

世君偃自注曰偃卽康王按曰路史本泌自注而假名於其子苹者四庫提要中已發其覆矣

以誕爲名據之竹書無可疑者偃王之稱周秦人無解

之者而生號當時所無自當從王逸說以偃爲謚特謚

法無偃字北宋譜稱謚之曰隱與人表合則偃隱聲近周秦人稱偃王或即隱王之假借後人因而傳之耳史冊凋亡年代湮遠莫能徵信姑以傳疑王厚齋困學紀聞以檀弓駒王謂即偃王蓋據西討濟河以合夫後漢書之至於河上然後漢說未可盡信辨語見下若羅氏康王之說則又其妄也羅氏於此既云偃即康王而下敘宋事復曰武王封微子爲周客三十有二世君偃不道自注云偃謚康見呂覽國事按呂覽無國事篇目國策亦載宋康王事當策之誤宋偃謚康既注所出然則徐偃之爲康王何以不明

厥由來乎三十二世同君偃同遂爲之同謚曰康泌多妄說不足詰也至其稱王則亦有說徐楚介在蠻夷欲統攝與國則必崇奉其號而於朝聘會同之往來仍依其本爵未嘗有加禮也猶之魯爲侯爵於其本國則稱公魯春秋書公夫子不之追改也故齊桓召陵責包茅不責王號晉人絕秦且大聲曰楚三王絕不爲諱亦不以爲嫌此皆揆之情事想當然者知不免爲說名譚理君子之所呵矣正達按號徐君爲偃王猶號孔子爲素王陸贄曰王之謂者德合乎人也

第五論漢晉人說徐偃王作亂周穆王命楚伐徐之謬

史秦本紀曰造父以善御幸於周繆王得驥溫驪驊
駵騄耳之駟西巡狩樂而忘歸徐偃王作亂造父爲
繆王御長驅歸周一日千里而救亂
又趙世家曰造父幸於周繆王造父取驥之乘匹與
桃林盜驪驊騮騄耳獻之繆王繆王使造父御西巡
狩見西王母樂之忘歸而徐偃王反繆王日馳千里
馬攻徐偃王大破之
潛夫論氏姓曰造父以善御事周穆王穆王遊西海
忘歸於是徐偃王作亂造父御一日千里以征之

後漢書東夷列傳曰康王之時肅愼復至後徐夷僭號乃率九夷以伐宗周西至河上王詠霓云檀弓容居言西討濟於河疑即此事穆王畏其方熾乃分東方諸侯命徐偃王主之偃王處潢池王曰潢池疑即黃池地方五百里行仁義陸地而朝者三十有六國穆王後得驥騄之乘乃使造父御以告楚令伐徐一日而至於是楚文王大舉兵而滅之偃王仁而無權不忍鬭其人故致於敗乃北走彭城武原縣東山下百姓隨之者以萬數因名其山爲徐山注武原縣故城在今泗州下邳縣北徐山在其東

博物志引徐偃王志曰江淮諸侯皆伏從伏從者三十六國周王聞之東夷傳注引作穆王遷使乘駟按曰一作驛或作馹蓋因駟誤馹又因馹誤驛也一日至楚使伐之

徐偃王廟碑曰周大子穆王無道意不在天下好道士說得八龍騎之西遊同王母宴於瑤池之上歌謳忘歸四方諸侯之爭辯者無所質正咸賓祭於徐穆王聞之恐遂稱受命命造父御長驅而歸與楚連謀伐徐

北宋徐氏譜曰穆王聞諸侯朝徐怒遣使至楚俾大

舉兵南伐按曰周穆命楚伐徐之說多不勝載六約依史記爲說此千古寃獄也倡自遷史諸儒從而和之毀與譽者屬和同聲豈惟巇偃抑且誣穆司馬遷曰一日千里以救亂又曰日馳千里馬攻而大破之王符曰一日千里以征之譙周聞而笑曰王者行有周衛豈聞亂而獨長驅日行千里乎趙世家索隱秦本紀正義引古史考且作亂與反必有迹焉寇京師乎賊鄰國乎胡不指而陳之金樓子漢世祖文叔嘗有獻千里馬者帝曰鑾旗在前屬車在後朕乘此安之按此語後漢書光武本紀未錄乃若後漢之說則更有大不可通者夫率九夷以伐宗周是反亂也此時

不圖而曰畏其方熾至乎行仁義以朝諸侯無叛迹也
而遽討之豈所以權勝敗者即在此驥騄之乘得與未
得乎反亂者賊仁害義者也伯者尊王猶曰假仁仗義
既反亂矣謂之行仁義可乎既曰無權向何以率九夷
既曰不忍鬭向何以伐宗周驥騄之乘不過八駿今屛
其貳車而八八者千里赴楚昭王之不復不其殆鑿哉
淮南王多讀中祕典籍招致賓客數千作内外書成帝
求天下遺書劉子政實司校讎經傳諸子靡不覽觀王
仲任過目成誦博通衆流百家之言三子者之聞見亦

足以敵子長節信而淮南人間訓稱偃王行仁義王孫厲高誘曰楚臣也說楚莊而滅之說苑指武篇稱偃王好行仁義王孫厲勸楚文而殘之論衡非韓篇稱偃王修行仁義彊楚滅之安先於遷充並於符皆絕無徐叛周伐之說何也且東方朔七諫則亦有之曰偃王行其仁義兮荆文寤而徐亡王逸注之曰言徐偃修行仁義諸侯朝之三十餘國而無武備楚文王見諸侯朝徐者衆心中覺悟恐爲所并因興兵擊之而滅徐也故司馬法曰國雖強忘戰必危蓋謂此也其說可謂詳矣而絕不言周

命楚伐又何也然而以漢難漢尚不定鉗耳食者之口而降其心則請證之周秦之書荀子戰國大儒也其作非相篇稱徐偃王乃冠於仲尼周公皐陶閎夭傅說伊尹禹湯堯舜若反矣作亂矣毋乃擬人不於倫乎韓非喻老篇曰夫治國者則以名號爲罪徐偃王是也則以城與池爲罪虞虢是也五蠹篇曰古者文王處豐鎬之間地方百里行仁義而懷西戎遂王天下徐偃王處漢東地方五百里行仁義割地而朝者三十有六國荆文王恐其害己也舉兵伐徐遂滅之故文王行仁義而王

天下偃王行仁義而喪其國是仁義用於古不用於今也雖其立論不必盡純而徐偃王之未嘗叛周與穆天子之未嘗征徐則已撥雲霧而覩青天矣且穆天子傳西周史官之書也後世以爲起居注之祖凡謂賓西王母得名馬與造父御王事皆詳言之而若史遷之說絕不之及又且史遷作周本紀紀穆王凡征犬戎作呂刑諸事皆歷言之而若秦本紀紀趙世家之說不之載近人有剽竊繹史作尚史者直采無稽之說取偃王以冠周亂臣之首而不知繹史則已載漢晉說而深疑之曰

史稱造父御王巡狩見西王母徐偃王反日馳千里馬攻破之豈王之貳車遂足以制勝抑六師之衆咸有此捷足哉史不錄於周本紀亦不過雜采異說以傳疑焉氏讀書精審若此而李鍇若未見之雖然叛周伐楚之說起於子長子長豈鑿空爲之哉則必有所由本亦必有所由誤乃今讀竹書紀年而恍然悟也紀年曰穆王十三年徐戎侵洛冬十月造父御王入於宗周十四年王率楚子伐徐戎克之夫徐戎者徐州之戎也成王之初嘗反亂矣書所謂淮夷徐戎並興者而紀年載之曰

成王二年奄人徐人及淮人入於邶以叛宣王之世嘗反亂矣詩所謂率彼淮浦省此徐土者而紀年載之曰宣王六年王帥師伐徐戎皇父休父從王伐徐戎次於淮乃唯穆王之伐徐戎書缺有閒僅見於紀年紀年晚出兩漢儒者不得見而微聞周穆有命楚伐徐戎之事而徐偃王之國界淮泗適與戎居之地相近而徐偃王之滅於楚在周穆之世適與戎叛之時相若於是附而合之曰徐偃王反曰徐偃王作亂曰徐率九夷伐宗周曰造父御王告楚曰王率楚子滅之故曰此千古冤獄

也而不知楚人滅徐之事紀年則亦詳之紀年曰穆王三十五年荆人入徐毛伯遷帥師敗荆人於泲三十七年伐楚是年荆人來貢是則徐戎侵洛王率楚子伐之一事也徐子方受命作伯紀年曰穆王六年徐子誕來朝錫命爲伯身行仁義而楚人滅之王怒而伐楚又連伐之必來貢謝罪而後已又一事也劃然兩事而顛倒錯亂合之爲一不亦過乎

第六論徐之不得合於徐戎

然則何以知徐偃王卽非徐戎也曰是大有說率楚伐

徐戎在穆之十四年楚人伐徐在穆之三十五年既克之矣越二十年而復入之乎若謂嬴徐熸其餘燼重致干戈則前既率楚而滅徐後乃因徐而敗楚乎觀之竹書紀年其證一楚既滅徐周穆復封其子眞所謂蕞爾國者而當宣之世忽復反亂至勞六師既獲凱旋作詩歌頌若勝之天不易者有是理乎觀之大疋其證二周既復徐至魯昭公三十年爲吳所滅後三十年當魯哀十三年此時徐滅久矣不聞其重興也而吳語載黃池之會夫差聞越亂王孫雄謂無會而歸越聞章矣齊宋

徐夷將夾溝而㢗我蓋是時吳已通溝江淮吳人歸道必出淮水故懼徐夷是則嬴徐雖滅而戎之在徐州者固依然無恙也觀之國語其證三嬴徐之徐國名也徐戎之徐地名也漢人合二為一遂有此誤後儒注詩書亦往往淆雜故吾本之詩書考之左傳輔之國語而參之竹書以正之左昭元年趙孟曰周有徐奄杜謂徐奄二國皆嬴姓又引書序曰成王伐淮遂踐奄又曰徐即淮夷夫趙孟所言之徐即徐戎也謂即淮夷可也而謂即嬴姓之徐國則大不可此在正義已駁正之且春秋

曰楚子蔡侯陳侯鄭伯許男徐子滕子頓子胡子沈子小邾子宋世子佐淮夷會於申上既書徐子下復書淮夷可合而一之乎杜注左傳而不覩春秋亦太疏矣世本稱淮夷亦是嬴姓而其後為淮夷氏故姓纂十四皆曰淮夷氏周有淮夷小國後世氏焉杜當注明曰徐乃徐州之戎即淮夷也嬴姓不當混稱徐國鄭語曰當成周者北有徐蒲韋昭謂徐蒲皆赤狄隗姓是則嬴徐戎徐而外復有隗徐春秋三徐亦解經論史者所當知也

第七論毛奇齡以徐為戎之妄

春秋毛氏傳莊十八年夏公追戎於濟西傳曰戎者徐戎也又莊二十六年秋公會宋人齊人伐徐傳曰徐卽戎也春公伐戎而不服是年春公伐戎夏公至是伐戎故此會兩國大天伐之費誓淮夷徐戎並興書序稱徐夷並興以夷卽是淮戎卽是徐也前凡會戎盟戎俱是以戎該徐者胡氏謂戎與徐必合與表裏非是又僖三年徐人取舒其小注曰徐舒小國名徐在下邳僮縣舒在廬江舒縣又僖十五年楚人伐徐傳曰徐卽徐戎在淮泗之間與齊魯近雅詩所謂徐方者楚得越

國而伐之其無東方諸侯甚矣故齊魯必救之下皆記齊魯救徐之事又楚人敗徐於婁林傳曰婁林徐地穀梁云夷狄相敗以徐亦戎也又昭四年楚子蔡侯至淮夷會于申傳曰楚子于弑立之後假合諸侯以自固故爲申之會而地偏力絀究不能狎主齊盟與强伯比故齊晉魯衛曹邾燕秦諸國並無一與祇鄭許陳蔡是其舊屬餘俱夷蠻小國而已又屬辭比事記隱二年春公會戎于潛小注戎徐戎也大注古夷狄雜處中國如西南之猺獠然又春秋開卷即與

戎盟此亦不得已而以與國禮相待故然胡氏謂以楚爲夷狄而擯之夫蠻夷猾夏所在都有徒擯荆楚無爲也況荆楚本先王所封國實五等諸侯非夷狄也魯詩曰戎狄是膺荆舒是懲戎狄指淮夷徐戎非荆舒也又作春秋條貫篇以莊公伐戎爲一貫二十六年春公伐戎小注三條一貫夏公至自伐戎○秋公會宋人齊人伐徐注徐卽戎也又僖三年徐人取舒此專條大注徐戎也○三月公會齊侯至于匡○公孫敖至救徐大注但徐雖戎國而迫于齊魯之間楚得越境而伐

其國則切膚矣因合諸侯之師以救之○秋七月齊師曹師伐厲大注不惟救之且伐厲以牽制之厲亦楚與國也○九月公至自會○楚人敗徐於婁林大注乃以救之緩楚人終敗徐師於徐地而去○十有七年春齊人徐人伐英氏大注越二年而齊與徐不能報楚乃伐楚與國以報之又以公孫敖奔莒始末爲一貫文七年冬徐伐莒小注五條一貫注策書闕○公孫敖如莒涖盟注此涖莒盟與徐伐莒並無干涉未有莒被戎伐而反來與魯盟者此皆策書之無據者也

按此語蓋
駁左傳文
甚矣奇齡說經之妄也夫戎則戎之徐則徐之豈有聖
人著春秋忽戎忽徐之理乃莊公二十六年魯伐戎于
春伐徐于秋截然兩事而忽牽合之曰徐即戎也則春
之伐也曰戎而秋之伐也曰徐有是理乎以楚爲先生
所封之國實五等諸侯而非夷狄然則徐獨非先王封
國獨非五等之諸侯乎夫子春秋昭四年兩書徐子昭
三十年故書徐子而夷狄之乎魯公會戎于潛是不得
已而儼然以子爵與夷狄以諸侯禮相待乎而乃申之

會竟序之于滕薛頓子胡子沈子小邾子宋世子佐之上而且淮夷夷也故雖其君來會反降而下于宋世子以其夷也若徐子亦夷何以反在諸小國之上乎又況齊桓公娶於徐其三夫人徐嬴班在王姬之下蔡姬之上而大國之女反以爲如夫人不意齊桓方攘夷狄而乃與夷狄爲昏姻乎又且叔孫昭子以齊景之伐徐謂諸侯之無伯且以興師伐遠方爲無道夫果徐爲徐戎則齊景此舉正繼桓公攘夷狄之舊業正是伯者舉動而反謂之無道謂之無伯可乎又且證之他書若管子

之稱徐伯檀弓之稱徐君新序史記諸書之記季札贈劍其爲春秋時一小國諸侯皆顯有明證而可妄以徐戎當之乎故曰奇齡之妄也

第八論韓非說楚文伐徐之亦必無據

韓非子曰徐偃王行仁義荆文王恐其害己也舉兵伐徐

淮南子曰王孫厲爲楚莊王曰王不伐徐必反朝徐高誘注淮南曰居衰亂之世修行仁義爲楚文王所滅

七諫曰偃王行其仁義兮荆文寤而徐亡

說苑曰王孫厲謂楚文王曰徐偃王好行仁義之道

東夷傳曰於是楚文王大舉兵而滅之

楚文在春秋之世去周穆三百餘年安得滅徐偃乎故譙周疑而辨之而吾以爲可存一說者公旦文王子也既與父同謚而魯侯興又謚文公晉仇既謚文侯而重耳復謚文公秦有文公復有惠文王復有孝文王滕亦有兩文公其他魯之孝齊之莊衛之成懷晉之武獻成

孝昭靖厲皆一謚兩見則周莊之世有楚文不能必周穆之世無楚文也韓公子去周不遠當有所據益之以舅倩子政之說亦一助矣淮南稱楚莊傳聞異辭今不敢以爲然者亦舍季從胡之義

第九論路史說周穆改嬴徐爲姬徐之妄

羅泌路史後紀曰周之初興大封同姓巴周徐橋皆姬國也

又曰頓徐胡入於楚

又國名紀曰徐姬國原註曰齊桓妃穆王時滅偃以封姬姓

周之初興既有徐國而穆復封姬於徐合之戎徐隗徐不應春秋有四徐耶其自相矛盾如此齊桓之有徐妃羅氏安知之於左氏知之而左傳則明曰徐嬴不曰徐姬其荒謬又如此徐人於吳不入於楚凡三言而三失而史齊本紀世家則曰齊桓公之夫人三曰王姬徐姬蔡姬索隱曰按系本徐嬴姓禮婦人稱國及姓今言此徐姬者然姬是衆妾之總名故漢祿秩令云姬妾數百婦人亦總稱姬姬亦未必盡是姓也云云正逵按姬亦婦人之美稱師古曰姬本周姓其女貴於列國之女所以婦人美號皆稱姬夫史文本之左傳以嬴

爲姬蓋傳寫之譌索隱雖辨要爲迴護之說然亦可見古來從無以徐爲姬姓者而羅氏特造此典故豈卽據史遷誤說耶羅泌讀水經注而不讀水經注所引之後漢書讀史記而不讀史記所據之左傳蓋其讀書鹵莽大率類此

第十論公羊傳說徐滅杞之誤

僖十四公羊傳曰諸侯城緣陵孰城之城杞也曷爲城杞滅也孰滅之蓋徐莒脅之曷爲不言徐莒脅之爲桓公諱也曷爲爲桓公諱上無天子下無方伯天下諸侯有相滅亡者桓公不能救則桓公恥之也然則孰城之桓公城之

僖十五春秋曰楚人敗徐於婁林何休曰謂之徐者
爲滅杞不知尊先聖法度惡重故狄之也
文七春秋曰徐伐莒何休曰謂之徐者前共滅王者
後不知尊先聖法度
此亦誤嬴徐爲淮夷者也前者爲鹹之會是年城緣陵
左氏曰會於鹹淮夷病杞故公羊誤以徐爲淮夷於是
竊取左氏之說而妙變其詞不知是時徐方爲齊與國
且爲昏姻杞服於齊徐安得違齊桓而伐之若齊桓以
昏姻之故舍徐弗討而姑城緣陵以慰杞人則齊桓何

以令諸侯曰蓋徐莒脅之蓋者疑辭公羊氏殆尚未堅信而何氏嘵嘵不已言之再三亦可謂墨守無斷者矣

第十一論路史說徐滅冥之妄

羅泌路史後紀曰白郯復巴冥皆嬴國也

又曰冥則徐滅之

又造典故矣史記載嬴姓之國有白冥連讀之也而離之爲二問其始封不能說也漫曰嬴國而已問其亡國不能詳也漫曰白滅於楚冥則徐滅之而已而吾竆之於其所著之國名記又不能有原本之說也于白則又

漫曰楚平威以封勝曰白公于寘則竊左傳伐鄭三門
而又漫曰冀伐之者後爲虞氏邑而於後紀徐威之説
語焉若忘夫白公之白爲楚邑伐鄭之鄭爲虞邑皆非
國號與史所記嬴國之白寘風馬牛不相及者而妄言
之若此羅氏作路史據讖緯以説皇古已爲不經而其
屬詞尤多乖舛即以徐事而論因水經注之誤而造徐
誷之名因宋康之誤而造徐康之謚因史記之誤而造
徐姬之姓而威寘一事又不知其誤於何書尚當詳察
之

第十二論孔穎達說春秋後徐復重興之無據

禮記檀弓正義曰按春秋昭三十年吳滅徐滅而後興至春秋之後僭號强大稱王猶楚滅陳蔡後更興此因邾考公卒在春秋後而久滅之徐國忽通弔使故不得已而爲此說然已削趾而就屨矣鄭康成曰考或爲定鄭豈無本而漫爲此言

第十三論徐偃王志

博物志引徐偃王志一段不知何人所撰自博物外無見引於他說者書中說周王命楚伐徐已襲史記且云

彭城武原縣則斷非周秦人著作矣水經注濟水條則嘗及之曰張華博物志錄著作令史茅温所爲送武英殿校本曰此三字當有脫誤未詳劉成國徐州地理志云徐偃王之異言徐君宮人娠而生卵云云據其文義似劉成國將宦徐州而茅温作徐州地理志以送之者似博物志說偃王一段皆在徐州地理志中者似徐州地理志中篇目有曰徐偃王之異者果爾則張華博物志時何以不稱徐州地理志而乃故造名目曰徐偃王志耶酈道元作水經注何以不直引徐州地理志而必輾轉說博物志引

徐州地理志耶皆不可解今余作此書亦名之曰徐偃王志者以爲雜采舊聞無當大雅謹避子長世家之號聊仍茂先博物之名云爾

徐偃王志卷六

先三伯祖柳泉公兩上春官卽家居不復出藏四部
書六萬卷盡發而讀之耽思研精至老彌篤論經主
先秦之書以平衆難不蹈近人壘守之弊論史獨推
史遷班范以下則條舉而糾之羽經翼傳學者宗之
號爲柳泉先生生平著述如遼湯誓考六卷山中學
詩記四卷四明宋元六志校勘記三十一卷煙嶼樓
文集四十卷詩集十八卷讀書志十六卷筆記八卷
皆已梓行惟鄞藝文志錄公所撰之徐偃王志六卷
迄未刊也曰記事上曰記事下曰世系曰地理曰冢

廟曰論說悉本周書戴禮國語世本之屬之可信者
不足則益證之以正史及漢晉人言其他讖言別史
絕不采及義正詞確一歸至當是信史亦才史也可
任其久湮耶二十八年春日寇深入蛟門告急公曾
孫宇曾檢交志稿正副兩本惟己蠹侵亟粘補並亟
謄錄幸副本有未明者得稽諸正稿稿末摘錄周秦
漢魏人語之堪爲論斷者乃釐而分附於紀事之後
紀事內有糾正史謬者亦移歸於論說之中世系原
撰鑑譜不知何人所附茲仍之者資攷證也首有朱

述之姚梅伯兩先生序姚序未書歲次惟於稿首書
應珍藏勿失等語則當在公歿之後文因啟篋失次
難以卒讀茲就其語氣而次第之蓋斯序姚屬他人
代撰而改定之也朱序道光戊申是歲公年三十五
今公百三十有五歲則志於今適百載不可謂不久
而得勿失亦云幸矣乃攜謄錄本繞道來滬老友約
園見之大喜謂可入其四明叢書第八集惟時百物
騰踊紙値高鋟板亦非易僅錄副而序之甲申冬復
出志稿重行讎校知尚有公所欲言而未盡者擇要

補繹刪以正達按語附注於下有鈌誤者悉補正之從新鈔錄未竟而約園歸道山矣閲兩月日箴平明年其子星聯刻八集告竣獨所刻之徐偃王志較余續校之手鈔本少十之一星聯謂當補刻因思約園校鄉先哲著述序而刻之多至百六十種年七十抱痼猶自序其雜著曰鄉書之輯十得其八天其許我繼續爲之宜乎其有後也徐偃王志晉時已有之惜亡佚莫可攷我公闡揚聖德博綜羣籍以攷定之俾讀者知所依嚮不爲荒妄慢誕者所淆有裨經史實

非淺鮮我子孫尤當珍視之也民國三十七年十月

從孫正逵謹識

四明文獻集摘抄

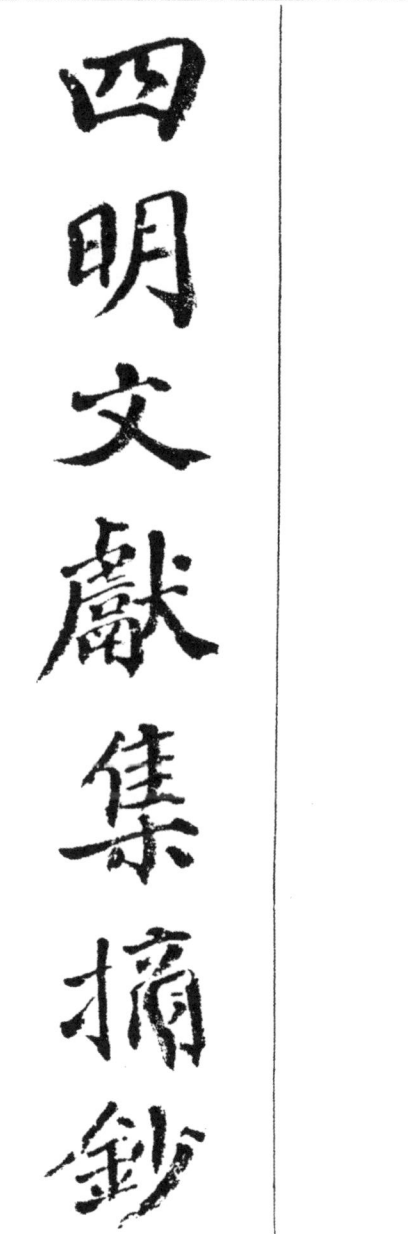

四明文獻摘抄

碑

周侯去思碑　徐良傅

周侯者，名相，字大卿，號姜崖，浙甯波鄞縣人也。嘉靖癸未進士，即以進士之明年來令臨川。臨川素劇，侯手披目閱，洞關窒竇，芟蠹猾睨咋舌，不得出一語以對，而來修之間，三年無敢出門，廉明之聲無異，而乃當是時，大江以西，論吏宜在天子左右為法從，無如周臨川者。考滿日入為御史，會貴河唐，大臣持賀，獨周御史言不當賀，左遷韶州經歷，稍從東鄉，東鄉之民聞侯至也，喜聞其以御史至也。慎東鄉與臨川比壤，臨川之政，東鄉習聞之，是以喜頌。時從滴發，多不半事，甚則泄其消意，不平之賁于民，而侯皆薄之，不為治東鄉，如其治臨川，有過無不及，出丸佃弱，阽危不能自存，

四明文獻摘抄　一

曲加亂字而抵以豪猾于法、捕盜尤峻、乃一切無所縱舍、先時盜
魁公藏匿黨盜、吏莫敢至門、比到官、又多為之耳目、往往得解、以
杖盜曰蔓、玉是治、俱有自縛歸首者、由是道不拾遺、夜戶不閉、豈
但東鄉數環、而縣盡然、為當道路之衝、嘗大閧突至、威氣散有所
浚于民、侯由甬路直上、連叢語中若忌畏、閣噎唔以去、劍四郊壇、
役不下及、水旱齋宿、祈禱應叩、侯又教自縣北三港口達臨川金
雉城前並水為水門、通舟楫、便持濟以救百貨、為東鄉無窮之利、
會遷任不果、侯之還也、父老即其墅亭表思、以侯發蹟未離江右、
格于見任、及是亭成、侯去東鄉二十餘年矣、亭在縣廓外、東去縣
治里許、通衢上、徐良傅曰、治侯為臨川時、良傅以諸生受知愛于
侯、侯為人堅苦、勤慕古治、不肯事凡近、嘗稱曰、牧民如牧羊、凡其
病亟去之、無令敗羣、其治大都嚴勝、自衛尤謹、稅貲百壯一錢文、

不翅出私藏不獲已寧出私藏錢貲百姓故去逾久而百姓逾思之如一日。孟子曰上德不德是以有德夫三代而上黄虞湯穆之風不可得追已。滕李穎川桐鄉中牟卓以循吏著稱亦足風厲後来為世歡法故太上無極名有名抑其次也然余嘗周遊天下久所在留轉踵為故事曾未幾時而其姓名里之泯不知余竊笑之乃今周侯去思獨表于桑鄉二十餘年之後于戲視者亦尚有感于斯

賜通議大夫從督湖廣川貴少司馬兼御史中丞屠公祠營

中憲大夫辰州府太守屠公生祠碑　鄒炳光

余垣戶塞耳頗急廣播州兵事一日而辰沅使至則辰之縉紳大夫及鬢髦父老若雀公資徐公然曰公成龍張公文燿等始之書具言播之役幸而抬有寧宇而再委頓于皮林苗不腆敝郡寨迷

槃瓠患匯朝夕窮有感于嘉靖庚戌事云微屠公吾未知所底止
康僖公者鄞人也諱大山异時黔楚之間山曰臘爾猫猺結亂從寇
槃瓠苗自出吳將盛踞山窟朝以猿結嬌禍萬司莫任畏僅社衰
其魁遂班師而撫許降矣豈苗猖獗甚執逮我郡守恐凌我城郭
虔劉我人民上赫然震怒以張襄惠移鎮辰州而公自閩左伯抉
撫楚合策進兵俘斬二千餘執其孥上賜公金幣晉少司空然我
兵甫戢而喙息之魁倏及而思逞尋令公撫楚如故久之猜慝得
蟠縛許保于田寨又久之踰黑苗賊以獻而函陽半會河北大盜
李邦珍甫其妻馬三兒聚眾橫行劫掠郡邑已剽應山公授指
知州梁震亨逆擊之而擒其偽將張至遴馬三兒者能勇鉞為兵
自空中墜若甲馬奔騰而妖雲飆霧相薄矣發如雨將士辟易公
仗劍叱之立墜行刑向守者乞水復從水遁去尋為沅州兵所

汎而妖氛除公逡巡謙讓帰功且指胡公宗憲以捷聞尋何公晉
少司馬兼僉都御史代張襄憲總制三省矣公益選將同賢左右
冀擊而自以精兵深入執苗堂譯細奴誘之曰能以衆首就何仔
来吾官若不然若族且成擒細奴但以計降何仔而我軍直搗其
巢遂就逮公前後有功德于辰人甚著我父老子弟用不敢忘公
之功祠于江南驛之左而祀之欣子一言以識永承余私念居公
功偉鴻鉅歷數十禩而乃始有祠世將安以太守故乎我已嘗書
竟而因且舉國及之其至曰吾非敢以太守故也播之後某等再
伏劍瘝乃事之殷悉忄敝熾不遑啓處暴骨丸恭非其父兄即其
子弟某等旦夕籲天庭控我于其有罪也豈其痛定而遽躋之
與昔異情哉某等何敢以小嫌而忘大惠不佞唯唯因見舉乃
又言曰某等更有請也去前數十年而動勤師旅以底定我有司

未蒐會衆中約來會苗龍何仔往以私
詞公遣將

馬公也。後數十年而勳勤師旅以辰宣我者，太守公也。播羊繹騷，
衣為林，白羽如月，赤羽如日，旌旗蔽天，特輪犇地，有一能不自辰
而借途之天者乎。守不市行間，若乃剿其後患而鋤其禁亂，御其
供億而拊循其疾苦，司馬公析薪，太守乃克負荷已于茅而守中
吏議：夫守實生我，嘗其為政，不敢欺也；我實德守，當其既去，不忘
倍也。請以公肖貌于司馬公之祠，惟子並記之。鄒子曰：是矣。以文
子之於市，以有成也。司馬公以戡定著，匪守為之後，則其恩不新；
太守以惠愛著，匪司馬公為之前，則其恩不永。余考世廟朝故實，
圉場角雖世以多張公功，彼夫周襄惠而進籌，後襄惠而救寧者，
徽司馬、即張公能一手一足為為烈哉。國家神靈所鼓舞，才臣智
士無難設奇賈勇以請疆場，而操文墨議論之臣得隨而攖孽其
後。司馬既平苗，再遷，治倭吳淞之亂，非上念修潛邸及太和宮功

侂不免太守無論風雅蘊藉靡靡循吏善守守之言曰卒畯待雅
三年失飛丹激此乾坤何等時而一制府二臬臣一直指諸監司
能究其器然不事事以迎操白簡者聊此足以釋群疑矣去直道
不能必于上之黜陟而猶必于下之好惡是役也司馬公功不奇
在辰而辰祠之太守既去辰而辰祠之凡以成其三代之直而已
卯子既記之而系以辭其辭曰仰岑岡兮酉陽偏急浪兮沅湘劬
嶄峩兮甘棠擷沅芷兮葯房蕙肴蒸兮蘭漿靈連蜷兮洋洋儼有
聞兮慨慷昔溢上兮干戈動勸乎未假兮為民樂康昔桔槔兮呱
呱庚逢乎遊庭兮鳴玉鏘鏘閔貞鑒兮納方將去矣兮高翔我民
思公兮異室同堂儼的敷子會兮惟深其旁神人歧兮靈格堂風
浸浸兮若境別而旁星雲冉冉兮又若指赤董而偕戲後千百年
兮祝此桐鄉宜我禾黍兮穰穰來蒸嘗兮永無疆
卷六

鏡川楊氏先塋神道碑

楊守阯

楊氏世居鄞之鏡川距所居西北三里許有阡曰和嘉阜即先塋也塋域东向自曾大父既正府君將葬其中礼东向以南為上大父栖芸府君葬其南吾父梅讀府君葬其北仲父兄事府君南之次季父章菴府君又北之次吾才守隨徵士以早世祔其北又其次也弘治十一年十二月有詔兩京文臣悉予應得誥勅于是栖芸梅讀皆贈通議大夫南京吏部右侍郎兄事贈通議大夫南京大理寺卿章菴贈奉直大夫兵部員外郎栖芸梅讀兄事官至三品例得立神道碑守阯已撰梅讀碑文從兄司空謂曰塋域既同神道無二盍只為一碑乎應曰諾謹按家乘既正府君諱起沃字浩卿姓楊氏五世祖禹十一府君以世為宋臣義不仕元作詠史詩有恥為膚敏士寧作殷頑民之句既正生元季亦不仕世以貲雄

于鄉國而治泰右方慶照正以族之家也惧及乃捐家貲避居鄞
里別業又為重徭苛斂所困亡其室陸婦人韩克蔡其李子昱以
庠生充吏被誣徵吏贓至家別業爲蕩侯歸卒于先廬壽七十二
子孫議葬地顧先業之未鬻者獨和嘉[illegible]窠阜耳呂堪輿家祝之
曰吉遂奉二喪葬之時永樂十一年癸巳正月十二日也今先塋
之居中者是也栖芸府君興正長子也長身美髯容貌儁爽通易
書詩三經力希濂洛閩關之學德性剛方踐履誠確少生富家長
雅惠難老而益尊賢從子孫輩貴其服食言行如一人不見其少
异一修郡志三修實錄有司皆聘為總裁晚年造履彌篤更抑思
誠曳為文操筆立就皆高古爾雅其自為墓志有曰少而慕古壯
而參古老而益好古者吾三行所著有栖芸藁四書真說近統一言
行錄詠物詠菊等詩和李對聯數十卷藏于家壽七十八字所[illegible]

婚安以不肖孫守沚推恩也玄人蘇桝朱氏淵愨儉勤治家有法
壽八十八卒子姪淵人生二子梅讀史未章廉也梅讀府史諱自
懋字復之栖芸長子也天性孝友德量恢宏宣德中以易應鄉舉
有聲有司強辟為從事正統初上京應順天辛酉甲子兩科秋試
皆不偶積功入官戊辰待選吏部己巳之變目擊時事有集向隸
史詩二十章知者以為長歌之哀過於慟哭者也景泰元年授福
建泉州府僉別使知者曰才高位卑李何應曰位雖卑職易祿孔
子嘗為委吏安敢不盡心乎監司知其賢檄署德化縣務適鄧寇
兵變之餘玉孫勞心撫事民懷其德又委師承去民兵捕逋寇招
徠有方寇亦復業既還泉州監司直指交章薦其堪為牧民之職
不幸以病卒官壽五十七以長子守陳為其姪翰林侍講學士今
所姪官以不肖子守沚推恩也玄人桂陽張氏張氏賢明孝慈以

男悲苦侍養無違始終未嘗從宦壽七十三年和義孺人姚宜人
亦姚州人兄素府君諱自愈字樂之栖芸仲子也性沈靜少嗜學
經書史畧李杜詩皆默誦如流居鄉平心率物雖斗斛權衡之出
納未嘗虧人以利己梅讀有年蒼宦官李京師兄素獨持家政李二人
親撫諸孤御群僕一門四十人怡然禮法中無一懲侮者鄉以為
難以子守從貴封監察御史雖命服光耀然自處如韋布時壽七
十三年與所姚安以子為大理時推恩也宜人鄞里張氏溫良慈
惠兄素雲病躬侍湯藥累年不懈和義孺人壽七十五年與姚州
人韋蓉府君諱自悉字勉之栖芸子也性爽愷讀書識達古今議
論英發正統未從梅議在京師親兄許閣誤國事每言及輒切齒
怒罵天順初聞奪門有功專輒曰此輩貪天功以為己力安能免
乎既而果敗居京時學徒雲集多所造就及從宦永州太守胡公

聞其賢延致諸子欲以懷才抱德辭之不就從子文懿懷女嘗
之德以入貲授宜義郎壽七十一卒其所贈皆以子守偶為兵部
時推官恩也夫人殷浦陳氏敏慧端淑母儀是法加贈太安人
壽八十二卒與姪宜人之夫守愚徵士字惟升初攻舉業善屬文
尤工鍾王筆法成化而有詔舉經明行修福建尤溪縣舉之移文
至家延之以事母辭不就年三十六卒室王氏無繼卒于祖墳西
北冥田葬之栖芸三子九翁梅讀子三人長守陳官至吏部右侍
郎贈禮部尚書謚文懿次所守阯官至南京吏部尚書次所守恒兄
孝子二人長守防次守隨官至工部尚書掌大理寺卿事章孝子
四人長守隨江西豐城李訓導次守陸守陘次守陽官至江西布
政司左參政曾孫茂元官至廣西布政司右參政茂仁官至四
川按察使皆文懿子也鉅來仕尚幼初顒正之葬無墓志文懿公

有識羨之文其載昭末栖芸自撰墓銘文辭亦為作小傳梅溪刻
太子少師大學士蕭公鎡銘之見素刻太子少保尚書大學士商
公輅銘之章巷刻大理卿夏公時正銘之春宮大篆足垂不朽然
皆藏于之墓中與歎列于神道小子狂簡不能且述掛一漏萬不
能免乎不敢不任之咎強顏書之而系以銘曰
吳宗和牒自有周王支庶散楊溪楊溪苗裔遍九州嶷川一派儒
家流於侍讀禮學魯郡仕宦作宰承賢表比肩左秩吾父羞歷世
逃名文何求任畬心地耕且穫辛勤奕葉方有秋一門榮祿功名
收永懷學藝始欽謨姚吾錫命屢且優煒賁先壠昭潛幽父子聿
先有寵褒婦姑姊姒咸承休九原會聚含笑不我心感愴悼悲憂
枕淚書銘石鐫傍之恩圖報酬下姓嗣徽垂千秋
之吏部右侍郎兼詹事府丞贈禮部尚書謚文懿楊公神道碑
[illegible]系之

墓誌銘　王[illegible]

憲宗皇帝臨御之日遴選文学侍從之臣既目擢用之而尤簡其質重才良博雅有涵術者莫任東朝宮職俾之日侍儲君以講明義理輔成德性以期他嗣守太平之業其寄任之专責望之重謂賢不可也古人有言匠之愛其子猶必求明哲之師而教之况我乘之嗣繫四海之命乎故吏部右侍郎楊公在景泰初以浙省第一人發解明年辛未登進士第改庶吉士天順戊寅授職編修再修大明一統志癸未禮部会試聘為同考成化初開經筵以選為講官有白金寶鏹文綺之賜丁亥編修九載滿陞侍講踰月英廟實錄成陞司經局洗馬賜白金三十兩綵幣六表裏戊子調吉歸省辛卯考主考應天鄉試壬辰遷侍講學士校正通鑑綱目賜楮幣五百貫預修宋元通鑑綱目未成聞母太孺人喪上念公侍從

久特旨差官諭祭庠子順天鄉試復為主考壬寅今上出閣公侍
講讀文華大訓成陞詹事府少詹事兼侍講學士賜楮幣千貫丁
未陞吏部右侍郎戊申纂修憲廟實錄為副總裁己酉七月辭部
務命以本官兼詹事府丞專典史事蓋公在先朝不出本天石渠
者三十有七年吏部雖嘗薦公為祭酒在廷大臣又嘗合辭舉公
入內閣皆不果用後雖稍遷詹事六年而遇今上登極始有吏部
之命而當道猶擬公南京吏部上覽疏取御筆塗抹南京二字左
右謂吏部右侍郎劉宣故在上曰劉宣特左比公再上章請解
部事皆不許既而章三上辭益懇始許之先帝之不盡用公而今
上之果于當用而眷遇之意各有在也奈何天不假年不臻輔用
以大展其經綸濟世之才實命也文公諱守陳字維新號晉庵鄞
人也自其遠祖仁爽以來十世居鄞之鏡川大父樓芸先生潛心

理學遂宗楊慈湖黄東發諸公學既為時名儒以自懲為泉州司
俞以公貴累贈翰林侍講學士母張氏贈宜人公在妊時母嘗夢
大星入懷及生天有七星子狀如北斗人以為異八歲入小學已
敏慧絶倫讀書目五行下日記數百言稍長便能作詩文下筆有
驚人語然樓芸教之不以記誦文辭為能而以精思力踐為務公
感語遂作致知力行持敬二銘題于牖以自勵比登第入翰林學
益進文益奇議論益醇正每進講必傅經義以納忠誨一日講書
説命篇有曰明君圖治嘗患其臣不言忠臣進言惟恐其君不行
臣不言則君徒負聰明而罔聞乎治要君不行則臣徒費辭説而
無補乎上德臣言之而君行之若高宗傅説可以為萬世法矣于
武成篇有曰疊論稱舜無為而治周書稱武王垂拱而天下治是
則帝王之治皆不勞而佚也然後世人主有欲悉耳目所娛窮心

志所樂而深拱禁中委政內侍者乃召望夷之禍有以朝事付宰
於邊事付諸將而高居無為惟甄嬖倖者乃啓祿山之變是何也
蓋舜所以無為者由其封山濬川以至舉相去凶無不一盡其道
武之所以垂拱者由其列爵分土以至崇德報功無一不究其心
皆嘗憂勞而有為乃治佚樂而無為也後世人主則孟子所謂安
其危而利其菑樂其所以亡者再至狂治亂之異非以此歟上欽
宗聽之大臣退班於語曰真諶發也至于應制詩文亦不忘勸戒
嘗于內宴樂語以時方事逸豫則曰豐大必宜日中啟宴泰尚虞
城復以時方尚邊功則曰恭帝舜之格有苗思宋國之於司馬以
時方貴異物則曰不作無益而功成不寶異物而民足乃呂公之
格言無輕民事而惟艱無安厥位而惟危又伊尹之所訓公既進
呈退清參士曰萬一天子過聽不賢于俊孟稽之謨乎會有詔

議祧廟公上疏言礼天子七廟祖有功而宗有德我太祖皇帝有大功于天下當為百世不遷之祖今憲宗升祔宜併祧德懿僖三祖自仁廟祖以下為七廟異時祧盡太祖居初室四時享祫正位南嚮三歲一祫則德祖居南嚮之位各不失其尊庶無悖理礼時礼官已定議九廟以德祖為始祖不祧第祧懿祖而一歲一祫不盡如公議然知礼者韙之成化改元正月公上講學聽政之疏其略曰精一執中此堯舜之得于内者深而措為出治之本也以目達聰此堯舜之資于外者博而為致治之綱也臣願陛下遵用舊制開經筵以講學御午朝以聽政一日之間居文華殿之時多處乾宮之時少力行堯舜之道而深得于内博資于外則宿弊可革善政可成而唐虞之治可馴致矣反覆數百言于正心修德保邦政治存天理遏人欲親君子遠小人凡有益于天下国家者靡

不詳盡而罔極剴切上嘉納之即日諭礼部以三月御經筵礼部
請併午朝如楊某奏制報可至于作史予奪一出于公書法一以
春秋通鑑綱目為準公嘗謂古人云国可滅史不可滅太祖定天下
即命儒臣撰元史太宗靖内難其後史廢于建文更事諱而不書
遂使當時朝廷政事與忠于其事者皆缺略無傳及今猶可補撰
景皇帝已復位號而英廟實錄標目猶書郕戾王附是宜改正前
代人臣章奏雖不報者猶書近時留中之奏例不得書亦宜付史
館凡若此者數事章未及上而公已屬病識者尤深惜之已不十
月太白犯進賢星急占者云賢人厄跌而公卒于是月十八日蓋
其應也去秋六十有五上聞訃嗟悼贈礼部尚書謚文懿命礼部
諭祭工部營葬配丁氏邑名家女躬勤儉以佐公盡孝修甘旨以
事事姑張太人得其歡心初以公貴封孺人後進宜人時節入朝

四明文獻集摘抄　十

朝哭兩宮加賜賚甚富矣猶日課諸孫習工女不輟教諸子勤尚
吝玉有文于朝從訓飭之使無忘儆戒宗姻外內頌其賢年六十四
以庚戌六月十一日卒其年十一月六日與公合葬玉璧山之原
三子歲元中乙未進士早役湖廣按察副使茂貞卒茂仁中丁
未進士授刑部主事孫男七美珩鄉庠生美瑛美琚美瑀美瑤美
璟美瑜女三公天性孝友與人交篤于信義居處退然謙若不勝
衣言若不出諸口至論確義理論是非曲直則侃侃剛直雖壯夫
不逮也嘗被命教內侍省嚴立規範無少假貸數成多去為近幸
與公同事者率困之取就黃而公獨無少恣籍士論多之公節孝
喜讀書遇有所得即為論著咨或嘗作五經四書私抄叙正其錯
簡更定其章句擇取諸家傳注而自以所見立說晚年屢加刪定
皆擴前賢之所未發而傳書二經尤為精到至其家庭授受用以

取科第則手門易李義公既得之接芸而遂以待之求若子公求
三人並李進士守仕亦顯附省歷官翰林侍講告位愉德守隨由
應天尹為廣西參政守偶工部郎主事文學政理爭爽競秀而茂
元茂仁尤儕美于公為文章華豆成不煩宿搆閱雜閎博而乎澤
于理討尤深雄流麗然不戾于雅正四方求者接踵户外公應之
不以為讀也廿所著有晉菴饒川東觀桂芳金坡銓部諸稿藏于
家○公疾亟諸愉德見泊茂仁曰吾李孟為丈子仕登三品年逾六
袞文復何憾惟新天子厚恩未能報先祖接芸先生未及表汝曾
廿闈勉之又曰吾所示皆文章鉅公然知我深者惟家宰王廷貴
司寇何廷秀少宰劉伯和我死可求廷秀作神道碑廷秀作墓誌
伯和作傳言訖精神猶耿耿喘息漸微瞑目端坐而逝公卒從越
月茂元奔訃過金陵以公治命告予既而愉德見遂以公行述來

顧予何人乃敢承公之托耶第以同年及第同安翰林道義相款之日久公三弟府尹諭德嘗同安兩京工部從予受業甫雍而予子參政沂又公孝廉天所取士公子憲副復甫沂同年契直之深誠無適予者遂不揣菲陋撮公言行之大論次之而系之以銘銘

曰

惟古盛時士多方闡窮理以學載道以文世教日偷侏儒滅裂學殖將詭辭有枝舉有燁煬公越產奇才夙承家訓茂擢倫魁徑登甲科列職翰苑更事三后薦沐天眷今皇紹統信任不疑曰予舊學先帝所遠公感知遇誓竭忠藎銓發稱平論傳無隱去秋之筆周孔之言總國史裁國史劝講經筵道合義從秉用伊迓邦国珍瘁而公已矣訃音上聞當宁興嗟飾終之典視眾有加感恩未報公有遺恨易簀之言以勗厥允有來有子世學世科三鳳二龍踵

校了

接肩摩諸孫振振亦復穎異世德方殷丕承未已公雖云亡簡編具存殘膏賸馥詒丐後人公亡云何宜人奄逝淑德令儀殆不勝紀玉出之山有水若出既固既安雙壁同藏墓門有石過者必式公有治命予安愧色

少司馬竹壇屈公墓表　余有丁

少司馬屈公卒于家遺命勿乞祭葬勿以聞于朝命卽窆于甬東之原公之子道命惟謹不三月襄事已而竊復自思曰遺命得無以不朽吾父所不必請于朝先公志也所必請于名公以圖不朽者則在本朝于是屬水部郎余君寅爲狀走太倉乞中丞王公世貞爲志銘又請於有三品得樹石神道則又奏長安于二公所爲狀銘謁余盖公壽八十九冠而學十年學而仕三十年仕而歸二十五年其勞勤在於廷其行誼在閭里在朝之重在里之重是烏可使没之不傳于世于是爲題之琬石曰有明司馬屈公之墓而因摭狀志中所述犖犖大者表之狀志曰公筮知合州輒得父老心因知所使其以與民更始所爲興革甚倫民切頌目爲神明知吉州安府其治亦如合州時擢山東副使飭徐州兵徐時新中寇

公簡牟余慎固書守徐方以憲擢山东布政使移福建左不將為
可喜為務以實勝所至皆有去後思此以吏治為法于民可表者
曰公以右副都御史巡按湘廣会川貴兵討苗民吳里苗說許保
于蘭陽大勝之大盜李邦珍与其妻馬三兒剿以東大驛廣以东
三兒扶妖術邀士以檄湘北寨臣計獲以獻苗說所仔為楚患久
調议会湘廣川貴為一鎮設大帥節以任公公遣裨將以一軍軍
苗脆而誘其黨譚細奴令譯傳說所仔來言減說民而說他衆亦
獭譚族苗號不敢為患此能殄寇綏民為全楚保障可表者曰方
公官時权貴用事立能生死人有二尚書其女一則有子橫里中
公傅其葵我野袁寡于理其一則有男中冤為公吏曹以屬公公
不少詭李以賄遂因然公公以是佛徐州八年不得迁至其既家
忤者分宜父子以公嘗守鄢郡既連得重地不能無望公之絕不

荅乃銜公甚以貴州苗蠻責公已又以蘇州倭難將東公死地紀
天子神聖首領不保矣此不畏強禦而明于義命者可表也曰帥
冉世蕃欲暴其父住行其寔為勵殊公稱旦抵公家出閒户世蕃
様門杖之百諸士帥請命乃已終公在楚不敢肝父官公征苗時
王當守為曹侍尌乾以廉而釋之已當守行千里為公壽以卦之
曰老為幽寵不問而幽胡犯簡書乎公在官久歷更州郡重鎮多
而家蕭然無長物歷々所遺先人屋此外廉於官於家瞻然不渾
可表也曰以歸海上即下楗却埽不過他家日與里中父老會飲
引酌曰老臣無狀當死賴主上恩不賜死以有今日與諸君杯酒
道生平為蘿羽素似有他異乎日尚羊山水間酒酣耳熱執呼華
燭長短句立就執自吟々竟執棄去歸則嗒然無坐時或經伸呼
吸為導引家術以自愉快即病革形神安雅不亂所遺言甚正及

四明文獻集摘抄　墓表

逆知女所逝之期、此為見道明性、瀟洒朗諾、死生不貳、可表也、狀
志所述公舉、茲是、余收為表女墓云、公諱大山、字國望、號竹壚、
有子一人、本畯、家吳、為其先系、祀嗣生年月日詳具狀志中、

[illegible]

四明文獻集摘抄

墓表碣志

奉直大夫尚寶司少卿袁公墓表　李暎

士生天地間有道遇明時而不得見用于世者有見于世而不得見知于君者有見知于君而長才術以顯其名者有名既顯而不能保全始終福壽俱隆者今之君子兼而有之者吾于尚寶袁公見之於乎休哉其子鴻臚君某忽衰絰而言曰孤不肖先人棄世有治命曰表吾墓必属南陽先生某奉命而來予惟其周情義不容辭按狀公諱忠徹字公達別号静思前人世居南昌至八世祖某仕宋累官刑部尚書南渡時護蹕遂家于鄞十世祖某吉州太和縣令遷成都路提點刑獄高祖某咸淳進士為宋室死難于德祐丙子曾祖澤民守道不仕祖士元元翰林檢閱官父某国朝太

庚申誤 當是甲申之誤

常寺丞贈少卿母倪氏封太恭人公自幼穎敏神氣異常讀書△
△總丱已能詩文凡名公鉅儒一見知為大器太常先生精于風
鑑公得其傳尤妙文廟在潛邸時聞太常先生名以書幣召之公
送侍文廟見公論相大喜賞賚殊厚尋許歸家未幾廟高崩建文
嗣位信私人猜忌親王文廟不安因有靖難志召公問之對曰天
命有在誰能禦之奉命恭人象大成以獻賚予有加壬午夏文廟
入正大統首遣使召公父子至即宜其父太常丞且曰某臨事有
斷制所言多驗特授鴻臚寺序班賞賚殊厚公入謝曰陛下當畏
天修德偃武崇文率由舊章振肅綱紀樽節財用所慎刑罰礼貌
大臣黜陟臧否用臻太平之治益嘉納之尋知公戎籍即令兵部
開免又嘗命公進李公以務兄對遂陞尚寶司丞且曰此職多暇
可親詩書公退而感激不怠庚申改中書舍人己丑幸北京公扈

丙子丙字恐是庚字因程
是永樂十八年以

從既至、日與大議後遣中使召太常君于南京至則父子相隨出
入禁庭尋塞遣公乘傳看楚王子璽瞻無他異庚寅春以公父壽
高優奏還家公扈從北征而回一日上屏左右從容密詢大臣優
劣之狀武臣丘福朱能張輔陳懋柳升李遠薛祿許華文臣姚廣
孝夏元吉蹇義金忠呂震李慶吳中方賓許華公一一論斷以對
上曰卿所識鑒正合朕意是歲冬太常君卒賻塟加厚公奔喪塟
畢赴京癸巳春公隨駕至北京甲午春公扈征瓦剌以所言驗屢
有賜予乙未夏上曰東宮不聞教子公對曰古者不記教子宜選
文學老成之人以輔導之責其成效遂選儒臣儀智陳山日侍講
讀丙申春秩滿復陞尚寶司丞特加賞賚戊戌春召公有賜且示
進陞之意公辭之以父未有贈即日召吏部贈其父某中順大夫
太常寺少卿給與誥命公益感激進相書幾要丙子陞尚寶司少

此寞词也仁庙恐为宣杜生归耳

卯恩典稠叠莫與為比壬寅春護從北征公言利出东路上不從既还軍從东路去果大獲利後观將兵者得利已而捷至每驗輒有所賜仁廟登極待之尤厚給與誥命封父母妻室尋賜還家焚黄省侍宣廟嗣位召公至京宣德改元丁内艱不獲命喪畢遣姪應驍代回原安葬一日見上容色曰宗室人有謀上之意七日内果有報漢王謀反狀者公隨駕往征之既克而还特賜班秀甲寅春得展省之請鄉人榮之乙卯春今上嗣位公入相屢有賞賚己未夏公因疾早圖晚節懇請致政遂得还鄉辭之日傾朝搢紳祖餞于东門外人皆羨之二疏云公之術驗于文廟者如日观目下紫氣而知有得孫之喜見雍邸紫氣而知有天神之助相服氣而病者即愈見武庫赤氣而妄者服罪又如观东宮瑞氣而致寬恩見二王來郡而知必回訴如此類未可殫述皆公之奇驗也若夫公

自己未歸家至戊寅適二十年

之忠效于文廟考以終大孝之情而情察機事論眷賢之實而膝其取給乞嬀孔氏玉軸之誥歷言遣使取宝之私諫武職宜准終表疏服藥弗信方士誨以此類不一而足皆公之說論也及休官居閒宅南溪山優游桑梓嘉賓親友芳樸雅集適情晚景二十餘年凡所置亭菴門橋或昭君恩或表祖德或利鄉人或顯家世年生志願毫髮不爽及適疾頤其子曰死生常理吾何憾焉惟誠信忠孝可以立身汝宜勉之毋墜家聲屏藥端坐而逝公生洪武丙辰十一月初七卒于天順戊寅三月初三日享年八十有三娶邊氏封宜人先公二年卒生子男二人長某早歿次某鴻臚寺序班女七長適泰甯侯孫鏞次適鹽運使前翰林檢討金建次適光祿寺卿井泉子禮次適甯波衛指揮弟全次遠行人使副金亮次適昌國衛指揮武銘次適長亭王迴孫男三孫女二將以天順三年

三月三日与宜人合葬于前婁山之陽遺文有鳳池吟稿待輩外集其言從容典雅浩瀚雄偉能鳴國家之盛公為人慷慨有大志不隨流俗正論毅然不以害利少沮与人交洞見肺腑不立町畦見人患難恍然力援傾囊不惜理有不直面折不少貸其致政也聞朝廷出令之善用人之當則躍然而喜有不便于民者必憂于色此豈常情所能測哉用據其概為表勒石于墓俾之悠久云

、故中憲大夫山東按察副使楊君墓表　　楊守阯

易曰風行地上觀先生以省方觀民設教豈惟先王然哉今朝廷以觀風之使董庠序之教者盡取諸此吾友楊君質夫初以山西按察僉事奉勅提調學政繼升副使提學山東其在山西嚴條約公勸懲課士以詩書執禮又省境內風俗凡巫覡之術皆屏之淫褻之祠皆撤之縉紳之居私創者更為社學選民間之秀讀書習

不知何处

礼其中士民風俗為之一变其在山东造就士類畧如山西属憲
長靈庠待代德皋事大家彊宗有奔而犯理怙侵滅義者必寘之
法而居官律己務為清約門無私謁室無長物雖至死棄無餘貲
嗚呼质夫真可謂观民設教者哉于山东所謂国奢者則示之以
儉也于山西所謂国儉則示以礼也观風之使质夫優為之矣惜
天不假年而不至大任也噫君諱文卿质夫其字也漢太尉之後有
諱岩者仕吳越子孫散居会稽号游左院至宋有諱適者以孝行
稱隱慈溪山中不就徵辟人稱為大隱先生十一傳至諱雲者贅
居鄞葉氏遂為鄞人雲孫曰孟暉君之曾祖也祖諱瀕以高年例
授仕者冠服其季白頓永樂庚子舉人早世考諱实舉鄉選為安
福训導以君贵贈刑部主事母金氏少師兵部尚書從孫女贈安
人继母陈氏封安人君少穎敏不凡七歲入小學十三通舉子業

四明文獻集摘抄

翁社入郡庠成化四年發解浙省第一十四年會試第二廷試第
二甲前列初授兵部武選主事吏掄故牘白事摭剌可否乾沒售
利君發其奸狀杖之遣皆畏服未幾丁父憂起復改刑部主事時
有尹清者夜飲殺人事覺遁京師令其妻婿同飲者代之公
一訊知其誣根捕尹清豪貴者為請終無所聽竟坐尹清而釋鋒
左驗者皆曰天開眼矣通魅席英王勇白晝殺人遝者不能捕逮
躡蹤所逃抵逆旅主人逮繫之有廣才者坐窩主死公爭之曰
廣才迫于凶勢飲食之何物之窩竟坐之如廣才坐死者二十人
皆得釋人以為當聞大父喪君以嫡孫承重弘治元年起復至京
時山西缺提學僉事三原王太宰議非其任者時吾兄文懿公為
少宰以君對太宰曰年未艾乎文懿曰年已五十矣遂奉用之歷
四載陞山東君兩總參政三晉齊魯之士類庸□者多出其門亦

十二年乃宏治丁巳 下言宏治丁未乃抄本之誤

可謂以人事君矣其為人外圓而內方平雖各和易臨事確然不可奪甚省中有大事或重獄輿論紛紜君至一言中其肯綮罔不帖伏十年考當大比君出行部簡閱應試之士奕略積勞力疾視事至九月疾甚其子侍側君謂之曰吾平生所為惟上合天心內盡吾心外無不愧人心而已又指桐前書箧曰吾無以遺汝惟存此心亦此書耳汝等能繼述吾無憾焉遂瞑時弘治丁未九月二十九日也距其生正統丙辰得壽六十有二君天資秀敏諸經子史百氏之書無不究覽其發之文宏深博雅自成一家為詩亦清麗可喜君自號菽畦有筆談類稿若干卷藏于家配李氏安福尹峽川李公某之女封安人子男二長烨選嘗入粟賑飢例授承事郎次烨適弟進士授南京兵部主事女三長適澤平知縣吳照次適士人生鏞次適庠生盧倅孫男二女一皆幼某年某月某日葬于

山之原其子以郎僉憲賢啟為狀示予閩性不朽昔司馬公與范蜀公生同志相約後死者誌墓且曰吾與景仁兄弟也但姓不同耳予與庚文同年同志姓又同也今幸後死誌[illegible]已愆期故即外碑刻文而題詩之以表君之墓詩曰

敎敷五教咨司徒明刑弼教虞士師有虞命官萬世法憲臣董教今良規三晉齊魯異風俗覌民設教隨地施棱楚不威士心服延及齊民知禮儀喬迁伊迩遽徂落青衿黔首摧傷怨知君厚積有餘慶鳳毛已上青雲梯平生忝結金蘭契表銘愧乏瓊瑤辭安得温公大手筆為君一掃墳前碑

兵科給事中豐溪徐君墓表 此篇已於文苑抄出補遺此末耘 李攀龍

君諱易字希文季嘉靖甲辰進士明年授鄞縣令先是縣以荐飢饑饉載道君至輒大發振起者萬計夏大旱用璧天井山龍見于雩雨踵君至邑遂以有秋乙巳復大旱乃再雩而雨邑每大君不

悍鬱伎出必直風々以及其氣機動數此些蓋治越則俱有參伍
邑無產厚薄無不出手劑其稟中民至無不均之患潤鄞堂湖若
千頃築堰東西鄉凡三十有二所瀦洩唯時邑甚利之嘗來城見
嵌豁赫然在陴下輒屬吏某所樹可爲振英焉而後去詰朝冢壘
壘數千出其地矣不必盡見嵌豁赫然也歸是旁邑之民來歸者
三年殆數千戶居則募兵教以戰大餘餉以養其卒或以淵藪遁
逃逮阻之弗能也亡何海寇作矣人始服其前識云日能詔常數
十牒獄無留繫庭無暴卒歲當疫則出因魁期入逮若風在焉性
敏捷一經目即更數年不忘以故人不能欺然亦不以欺人其視
百姓之害去之如仇讎視敝政如亟澣衣之在体蓋三年人無能
犯其守者戋歡邑豪家競相勸幹矣莫不回虞幾有一事効公上
手郡報檄下則自取其儀又若謂不敢以小民之微勞使神明令

四明文獻集摘抄　六

有循義君卒耻之亦謂不敢以其守婦睭恤之善族云久之徵為兵科給事中凡三月而卒于官君父某子克敬世廣信之永豐人

鄞人薛晨以郡諸生嘗餞于其縣署請次狀為此表曰

義家之邑精物亦大矣凡以令身自出之也雩而雨大而反風每天邪我一歎宗相勸効急公上而後食人不自知其使之鄉義金湖始數百年之利流澤無已時後之君子不以居常募兵教水戰為廷而益為所守倭安能輒傅城下也鄞之政備矣以給事中何加為三月而卒于官美先尽矣守然未有為人臣而遂力讓賢者也其亦才不持數已哉

明宣義郎簡菴陸公墓表　陸　錢

余從父簡菴公之殁也族人聚而哭之延相揖而請余曰夫弗泯泯公行傳而厥闕後則闕之余泣且諾曰是公遺命也其昌敢弗

勉惟公之行足以勵天下必天下之公言斯信吾余言則宗秉云
余往余嘗往燕侍公之南康孫其甚一日謂余曰他日汝必表吾
墓吾平生無過人者幸而獲知海内縉紳襄揚紀頌溢于篇章行
實具在苟手遍已丑夏余自楚歸謁公則公疾憊况之然矣問後
命如和越數日竟不起嗚呼痛哉于是披閱前藏得諸縉紳名作
如西涯李公之詠和瑞碧川楊公之稱念德董山李公之頌忠貞
太史徐公楊公之述厚德倫丰湖陳公甬川張公之原篤慶致齋
黄公之陳范報昭潛發隱金石鏗鏘所謂天下之公言矣然則
雖家乘可表也嗟乎王教息而睦族之意衰宗法亡而懿親之情
薄分門割戶鬩爰閲墻世道可勝慨哉先教孝友厥行輝之如吾
筠菴公者非獨高于一鄉蓋天下鮮為者獨為世之所難雖三代
以下寥寥不多見也公諱德字文亨筠菴其號世為鄞人宏治間

以輸助授宣義郎高祖渭贈資政大夫刑部尚書曾祖應祥祖琇父境贈文林郎監察御史也有隱德母錢氏贈孺人監察公生子五人長偕次儀次公次倩余父憲副君居最少監察公與孺人早世諸從父咸先後起家獨余父困庠校監察公易簀之日呼公囑曰使弱子不廢于業者必吾兄也公稽顙泣受奉以周旋與余父居同合食者數十年內外愉睦時家蓄亂猫出入相代哺謔者謂和氣之感家事無纖巨公悉任勞勤弗以始余父故克專志問學既成進士官御史出副廉訪十九在外公為贏貲蓄豐田廬給服食供費用撫余兄弟成立為畢婚娶延師督課視己子無少異故余父所至著聲績凡以無內顧憂余父既歸田遭逆璫酷罰貲產盡蕩藉公輸助僅存君子曰惜分祿也輕貲義也不廢命忠也或可能也愛父母之子然愛其身愛兄弟之子然愛其子仁也公也倫

之尽也是所难也公性笃简有度事父母孝敬中藏家秋时[illegible]监
蔡公与孙人生年腆[illegible]每至泣下墓祭时享必致丰洁族人有贫
不能立者收育之遇姻党有恩云族[illegible]能忍难[illegible]恒怡怡如也他
若拚金结谊焚券激贪恤孤惠穷高风独行[illegible]可书而余独详
于孝友者纪行本云公生于正统癸亥二月十一日亥时卒于嘉
靖己丑十月廿九日亥时享年八十有七娶徐氏范氏侧陈氏子
男一铉女三孙男三淳浡沛女二以庚寅正月十六日葬于西山
之阳

、史中散墓志铭　宣缙

四明山川之秀钟为人物者数多英伟特而其气之蟠且聚又
有周流于民族阀阅若独厚者〇如近之名门史氏也缙史氏出
也故自其上世之种灵毓秀以及于芝兰玉树之蕃衍或闻而知

董縣元

或見而知或相與群居浹洽于議論講習之素其遲而所與用而
未究其已不勝佗逦若奪之壽嗇其施去又非人所及識也繒童
稚时聞許翁行同律深字徐翁自幼敏悟不好戲弄七八歲时奉
止堪對此成人長而嗜學從父之太師越國忠宣王素奇賞之每
令詣家塾偕與長子待制仲子提刑同肄業志趣高遠期以科目
奮身口誦心維晝夜不倦飢渴寒暑有不暇計嘗受學于三山鄭
公屯田出所為舉子業辭義明贍已見許多然作文遲思精苦太
甚終以致疾年二十三而卒太師悼為文以誄之有曰汝之事親
曾閔一致汝之事兄祥覽無異于此可以知君孝友之實矣生紹興
二十年四月辛亥終于乾道八年三月壬申娶吳興楊氏大理丞
湄之孫無子立從兄漸之子弥舉以嗣今迪功郎峽州州學教授居
卒之年十月辛酉葬于陽堂山鄉西溪寶華山祖諱贈太師魏國

公父先母蔣氏淳熙四年蔣氏亡五年父亡延卽其山合塋而以
君附于側嗚呼其昊毓秀與宗黨不殊而壽之壽蓋其施所謂人
不及識者也孫輩之為繼紹以儒孝自奮策勵含匯文多男子假
務求文也是之謂此其身在其子孫者矣孫輩求銘于增不得
辭故匯所聞而銘之曰
毓之池天其騶鳳之穴覆其雜山川之秀宜有膺其餘者乎
宋安吉州長興縣尉袁君墓志銘　趙希洽
昔曹孟德有生稱善人死表于道曰處士之墓之語我朝陳無己
嘗襲而用之二公雖言同而蹟則遠矣要之人生得以善稱蓋古
今所共慕如吾鄉袁君仲山與予相知久其為人性趣安恬聲利
淡薄于律己何迺乎嚴于接物何迺乎和于治家則位置井井豈
當中度凡所以為德者華皓一焉孫而進之善人之域樂正子二

之也君平生自牧以謙政使尚在職未肯當此名然外是予知以
表之矣君諱崗仲山其字也曾大父同賢大父子誠父章皆累仕
而顯甚先爲南昌人也後僑居于鄞因家焉宅在近市君欲塹隔
囂塵乃卜築城南(南)之渭林塘相縈雲山不礙其心懷如也君自謂
筆墨不足有生無用慨然奉詔飭以助邊軍告捷九品官人皆賀
之君曰予豈樂仕進哉先人已化姑使免華知藍袍之貴耳調長
興尉人又賀之君曰予始念不如此以贊得官取世厭薄更願免
知明經之尤貴耳居無何得微疾遂不果行君于死生窮達之際
不加欣戚世所奏抑又可知君生慶元乙卯四月乙亥卒于淳祐
戊申二月丙戌享年五十有四娶余氏繼室張氏男三長錫次鎬
次鍊女一早卒君昆季四人今獨李存焉先是君之二女之有林
下風不肯逐雄飛每言同所(氣)生同毋(與)而歸庸何嫌仲伯既先棄我

去存亡當無易吾言君不能重違其意爰與其季預營宅兆于清
道鄉西山董墓之原女兄卒同奉其柩于是窆焉實是年十一月
壬申也君本魁偉外無寡交若落落難合者及其即之曾無一
毫機械此乎所以許之以善人也先塋期其孤奉母命出而銘不
名門之適而下求予予甚憐之何以辭因序次其梗概且系之以
詞曰　嗟彼人為善也真餘慶之報私于其身殛露一朝松風幾幾
春

·袁七居士墓誌　　宋　袁埴

袁氏本江西派僑寓于明而為鄞人亡姊姓袁氏諱善空曾大父
子誠大父國賢父章母王氏亡姊雲心簡淡絕意驕奢聲不顧事
人以姑自處累慈祥好善得于天性倜儻捐施曾無靳色皈于道
宮梵宇力與緣修營飯供僧殆無虛月年踰希有今與考終其吉

校己

德之報也亡姊生于淳熙戊戌七月戊辰卒于淳祐庚戌十二月
壬寅今將以辛亥年閏月甲申葬于清道鄉西山之塋界合姊妹
而窆焉故營葬創餘殊未整辦今一新營造易舊規權經武奠修
設莅嚴備極莊至靖以一身任之將可無憾于地矣葬日脩未晚
求銘姑摭歲月而屬之石弟擬承信郎靖謹識

史架閣所生母歸氏恭人壙志　史岩之

余先伯氏少師丞相莊肅魯公嘉定丙寅丙子歲喪齊國夫人陳
氏鰥居失助先妣亦魏國夫人命之遴選所以奉衾裯無越二年
戊寅得城居歸氏女二十有二勤儉溫克伯氏入私室托之閫再
安伯氏登庚辰進士第再娶魏國夫人趙氏魏國名宗典刑歸奉
承小心無違禮和氣滿室許女孩幼保抱鞠育不异視出伯氏遠
宦勞邊遠當多事歸隨侍左右相勉以義或贊畫邊交馳了無怖色

丁巳五年

伯氏二十年間出將入相得以一愧猶無反顧之累者雖魏國綜
理之密而能不爲外物也嘉熙已亥伯氏以右授督師被逮既釋
遂以既属邑錫封錦國氏孺人命名將正坐入坐無羞謝事歸里
追等增封于以見伯氏執法素嚴未嘗敢流俗窮名欲以營私既
矣寶祐丁巳伯氏以疾薨于家越二年而魏國薨偉氏[illegible]侍奉踰
四十年前後生男十人皆早夭獨承奉郎理卿成人授室仕至主
簽尚書刑工部架閣文字孫男女凡五人不幸皆已未秋理卿又
以疾不祿婦程氏守柏舟之節男一倪伯承務郎女四皆在幼孤
寡懦弱哭泣頻仍偉積憂成疾至益困瘁不復問及家事子婦請
孫時有所咨白必怡色愉聲相與籌畫教告之勤合禮度蓋其寓
心和平遇事素有條理人無間言妾婦之賢近世不多見也累官
五年十一月辛卯薨以疾終享年六十有八偉氏曾祖世榮祖母

[illegible] 四明文獻集摘抄 土

祖父宗顯母王氏是歲十二月辛丑葬于鄞縣蒼藤嶴之原從理卿兆侃伯哀泣以請謂唐祖母韓氏實曾祖母齊魏國所以展我祖莊肅公世濟厥德行始終一節有助于重闈惟我曾祖知之最詳今即遠有日將筆以貽後世嫌祖世諱之乃爲書其顛末而納諸壙

宋故齊韓國夫人林氏壙記　史宇之

夫人姓林諱妙融字德秋鄞姝齋世居溫之平陽曾祖朏以平方功授訓武郎累贈武翼大夫祖授贈武經大夫父璹從義郎幹辦玉牒殿母趙氏繼徐氏皆官齋夫人徐氏出也夫人隨侍如京慧行綽著先妣齊魯國夫人聞之思欲延致年二十有三歸于先衛社例室服年乃生宇之幼多病極力保扶迨至成人迨先衛社薨總宗務具有成式實已勤而儉御下從而寬凡先衛社宗黨姻戚族

其敬之愛其受之力可及不可少者於矜守約不問疏逖儼然先
衛社[然]氣象用是人皆敬服守之早歌偉皓夫人一意使守之祀
師友從詢李世榮[館]游泰宿今日皆教載扶持之力故人有淋底
篤孝行痛父兄之不幸齋舍具營即墳以遷塋葉佛[封]以追嚴族
類頗感其來相依者幸廩給之常戒守已曰女子莫能顯其祀吾
父母許先已葉之骨惟汝終庇焉是以守之于歸時祭享諱日僧
崇不敢闕而先衛社服除上念勳勞加惠後人凡節序生朝錫予
押至特給官人祿自故存遺蹤多修寓西湖山園上祀濃游參二
守偶揭于堂支人自加冠帔至封者安郡皆用先衛社恩寵枯三
年九月以守之遇勑局進書迁根乞回封安國景定二年二月年
登七十上嘉獎有錫珠翠首飾金器精幣儀物甚備特封齊國以
榮之登守之假守建溪未滿歲支人忽得足疾不良于行亟上章

祈閑特頒旨命既至仍界内祠奉朝請乃力辭就列一意供湯藥迨期于有瘳上方屢出珍劑使療之禬禱無靈月逾年罔功薨于淵齋正寢嗚呼痛哉康纘之父昭不及家爲第熟以忠孝再訃聞内廷木水銀龍腦以斂特贈齊緯國夫人嬅媚加厚内府禄錫亦許終喪上恩優隆罕有其比可謂生榮死哀無遠憾矣夫人生于紹熙甲子之閏二月十六日薨于吳宅甲子六月十七日享年七十有三宇之不孝特以六月壬子忌□奉柩歸葬越十有九日庚午塟于本邑陽堂鄉大慈名山梧宦院之東麓行應疏法尚有待于立言君子

鄭真四明文獻回按此本不足録所以存之于此者用以見妾母而貴盛若此其所謂母以子貴者耶又按楊範奏疏其略云林氏衛王之嬖妾也洪氏乃宇之妻衛王在時所娉之婦也今

一旦以不孝而出之陛下以林氏為嬖妾而曲狥其情獨不思洪氏為衛王之歸乎寧且閒衛王之頼也且不念及此其何以寧天下臣愚欲乞置斷先寢前命訪問其家正其主僕之分戒林氏以恩於婦職洪氏以順事姑戒之以理家使上下和睦號聲不聞於王政識所以補其範之林氏如此可謂夫且忠臣之言矣當是時衛王薨背未久蒐之繼秉國鈞而範不欲忌蓋上正朝廷之典下以正大臣之家私不計一身危禍何如也理宗不能聽而用之而林生死哀榮極而至于兩國之貴亦可謂道正臣論之誠矣春秋書惠公仲子之賵榮叔歸含且賵何以異于此若夫墓記之文孝子揚美之詞蔑固在此而不在也

、通奉大夫封鄞縣開國男達使府君壙誌　史森卿

先公姓史氏諱宬之字子西源溪翁世為鄞人高祖諱詔以八行

奉于鄉曾祖諱師仲並贈太史越國公妣徐氏洪氏贈越國夫人
祖諱浩相孝宗爲太師保寧軍節度使封越王謚忠定妣吳氏魏
越國夫人父生母陸氏安國夫人父諱彌堅光祿大夫奉化郡開
國公贈太傅開府儀同三司資政殿大學士謚忠宣妣趙氏新安
郡主贈魯國夫人公生于宗紹熙元年十二月十六日終于淳祐
十一年八月十三日享年六十有二以開禧二年祖澤授承務郎
紹興務監酒三年改承奉郎兩洒江西提舉司幹辦公事四年磨勘轉
宣議郎知武康縣以政事稱爲右諫議大夫趙至道吏部尚書楊
晦姊以知支存于上特轉宣教郎知寶應縣時伯父忠獻王秉鈞軸
聞其賢美作詩慰之詩曰絃歌百里風流寧袁冕傳家忠孝只此
政聲聞海內他時端可繼吾門嘉定四年轉通直郎建康分司糧
料院六年丁母魯國憂哀毀逾禮十一年轉奉議郎江西確院十五

年轉朝散郎知潭州理宗皇帝即位改元寶慶轉朝散郎知慶府
三年轉朝奉大夫知饒州紹定五年丁父憂踰禫祭猶蔬食端
平二年起知衢州歲始周轉朝請大夫知徽州嘉熙二年轉朝散
大夫將作監丞知嚴州凡六為郡守皆以治辦聞政績并美民謠
滿道臺諫薦將轉朝議大夫將作大監湖南提舉鹽司嘗糾劾
州縣吏曾檢轄等官及論危賢否奏其贓罰無不得其當者後有
臺諫論不遂志即解印以歸乞奉祠主管華州雲臺觀給事中鄭
清之徹臺諫之紀後除公戶部郎中直敷文閣轉中大夫荊湖北
道轉運使及按罪囚重者必刑輕者從寬民皆信之至年九月以
明禋恩封鄞縣開國男食邑三百戶賜緋銀魚袋致仕贈通奉大
夫主玉隆觀娶金華王氏丞相淮之孫女先四十五年卒繼番陽
葉氏尚書世龍之女先十四年卒並封宜人贈碩人先公自幼居

四明文獻集摘抄

外祖崇憲請王府固出宰武康縣，滿始歸里。和至縣，首捐己俸修
學宮之廢缺，次給緡錢展縣治之狹隘，舉行鄉飲酒禮，父坐子
立，至今行之。縣有富民張氏，為王氏之壻，欺其妻弟幼，而據其家
妹越十年。其妻弟長，又欲以半子之名其家財也。妻弟不從，反以
抵罵其姊為詞而訟之。官府受其賄，而綫于固。及公至，吏不敢呈。
固審其因，遂其言。公以為此事然見矣，呼而造之廳下，諭之曰：汝
欲奪其財，而反以此為詞，是罔官也。既呈之，瀆甚如之詢。
人皆敬畏之。凡至官所，未嘗以私害公。處事皆合法。要遇公事，頃
刻決斷，無越于理。時忠宣公歸，築第東湖，往來動詢無虛月，讀書
中閩。公有政事之美，則回可以慰欣，慰老懷矣。又嘗遣寄大花爲
葉二百餘本，皆名品，以為壯觀。悅親之謀，時稱其孝。公少附事邱
文定公宗及鄭忠定王，嘗家塾，遂從其遊，年未老亦歸隱東湖，遨

遊于山林之間以繼先志啟築第城中乃先越王之舊居也扃其
堂曰衮繡以終身焉嘗命森卿曰吾祖暨外祖皆真太師汝曾當
擇姻對毋辱吾門次年九月初七日奉柩葬于鄞縣寶華山世忠
寺右合王氏秉氏兆祔先隴焉男二人長森卿宣教郎大社令次
築卿在幼女二人長嶽卿適天台太尉贈化軍節度使謝堃次標
卿適袁洪孫男一昇孫在幼袁卿不孝塋日薄未暇爲銘于當
世鉅筆姑述梗概歲月以備納壙云

、馬千里墓誌銘　　　陳著

余夙游越道四明山中知有馬千里以儒名久矣他日戴衰來踵
門手刺曰馬千里之子也拜且泣曰先君歿已
八年有故猶在殯今將襄事於得當世君子一言賁其坎孤爲不
孝敢不量踈遠冒以請余念人之子能爲父乞銘闡世教爲大劃

按下原空一字

原抄如是當有誤

余昔所聞名於孔漢然年從乃閱其狀而嘉其可君諱之驥千里其字也曾祖某祖某父某世力本負長者稱所居蕭芳艳年水清土渥秀而生君果嶸奮銳于親師取友涉經史録性有得氣舉律每時世皆語戈入場屋衡文者類屬之試輒然曰是有命焉要不在我暇日景物逢迎長歌短詠不以律自狭放手游戲皆其天趣鄉卧孫公我監府卿伯季廷升方公援余之進甚洽山棚盜弄井里稟有至肉憂伏義勇濟事既治如也若未嘗親△難者而人往其勇晚年揮風埃黃雞白酒青鞋布襪與猿鶴爾汝綽綽有餘樂俄寢疾精神如常語孤在前命易簀而終已居矣庚戌乎逆于死生之際生于辛巳四月十七日卒于丁亥七月二十八日得年七十有七娶王氏子男三長即行可次立可載可女一適里士卓孫男　女　行可等于甲午十一月二十八日奉柩窆于王巡塞

乾山之原、嗟乎、世遠道散，死而可書者幾希，有善于後，皆足為方來劫、其可不銘、銘〻曰

志足以自接而名之晝也矣，悅氣足以自任而義之比也矣，議我銘其墓，尚百世之後，信于其里也

應長卿墓誌銘　陳英

花厓吾友應君長卿，諱伯震，號自號也，世居鄞通遠之蔡岩，曾祖琮、祖中羲、父祥之、君早悟，少依外家杜氏，學長從西軒黃先生受詩、深得奧旨、眼空流輩、謂科名可拾、反試乃輒為異見者黜、不自沮、業此益力、洵築花厓書院，藏書五千卷，延良師教子姪，且將就恢拓之，以來遠遊，規授其弟仲謹，功未半，仲謹殁，時艱乘之，莫竟其成，有識者歎焉、儒臺聞其賢，以耆儒聘爲率多番鄉校，擇歷落筆中有溪光山色，清勁左右，朋舊樂与之宴、每以別去爲難，家有集

原本之字下少一字

此下少一字原抄

青飯、滌愛軒、叅句叅亭、抱甕園、游息處、修禊、寒晴雨、各適其趣、光

景逆迎一有佳趣寫之于詩、時年縱逸、手抄及十四帙、曰我死而

飲、當以附、性直氣盛、不能俟人、亦不喜俟、不欲負、亦決不為人負、

晚逢有懷、隱約自全、俯仰傲睨、未嘗為門外叫囂陵藉、鄉曲亦賴

以重、年生康強、不餌藥、餓感寒疾、戒家人勿禱祀鬼、一日早起下

床、指所藏書屬二孫要弟諸、旦而殁、甲午十二月十五日也、得年

七十有五、子男一文明、孫男二在孫、佳孫、女三安娘、勝年可年卜

戊戌九月二十五日己卯、葬柩塋于桃源鄉蘇山之原、從治命也、

文明衰絰門以銘請、余以友義不得辭、乃為銘之曰、

氣揚揚其矯㪘張兮、孰使之焉以翁、文原之其浩歛出兮、孰使之

無所手入性也、有命矣、惟避之嘉命、有性兮、莫块、習支既此手有

得矣兮、庶幾得全、蘇之岩哉之兮、尚花之可挹、

承直郎永嘉公壙誌

史昄孫

先公姓史氏諱䥶卿字景義世為鄞人五世祖諱詒以行奉于鄉贈太師越國公曾大父諱浩相宋孝宗為太師保寧軍節度使封越王謚忠定妣貝氏魏越國夫人大父諱彌堅端明殿學士光祿大夫奉化郡開國公特贈資政殿大學士謚忠宣累贈太保妣趙氏新安郡主贈魯國夫人父諱賓之朝議大夫直敷文閣戶部郎官贈通奉大夫妣繼榮氏封贈碩人先公生于宋淳祐戊申五月己未卒于皇慶癸丑九月辛卯享年六十有六先公以祖澤承務郎中吏部銓初調監臨安府樓店務咸淳二年淮帥應山李公庭芝辟知海州贛榆縣兼帥司參議是年賜緋徙祐元年充沿海制置司主管機宜文字階至宣教郎明年是為至元十三年越二年敕授昭信校尉蘄州路判官丁生母蕢氏憂不赴服闋二十二年

授嚴州路青田縣尹、三十二年、授婺州路武義縣尹、大德十一年調處州路龍泉縣尹、皇慶二年、換授承直郎溫州路永嘉縣尹、未赴而卒。嗚呼、先公之生、先世大父敷文嘗夢伯祖忠獻衛王、心奇之、因小字曰肖衛、四歲而孤、生母蕭氏、親教讀書、望于有成、當貴盛時、清勤自持、有章布習、愛心慈祥、詶醋事務物、未有忤人意者、好施有勇于爲趙義、宗族鄉黨賴焉、嘗慕陶淵明、自號菊泉、和歸去來詞一篇、書于屋壁、日哦其間、有詩稿藏于家。先公娶臨安郡王女德清郡主趙氏、先三十年卒、子男十有五、時孫、早亡、敢孫、瞻孫、曜孫、婦黃老氏、暉孫、曄孫、昄孫、暎孫、時孫、曉孫、昕孫、晒孫、曘孫、耶孫、早夭、曄孫、女四、長適奉訓大夫廣海道茶鹽提舉趙由䅵、餘未行、孫男公秩等十有六人、孫女十人、長適吳潛、次許適劉燕孫、陳安孫、陳宗孫、餘在幼。先公大德丙午預營樂邱于鄞縣陽堂鄉寶蕭

曾祖宜作祖

山之原。述曾祖太傅瑩。睦孫等不孝罪死。將以是年十一月己丑
奉柩歸窆。謹次歲月。納諸幽。罔極之恩。曷勝痛哉。孤哀子睦孫等
泣血謹識。眷生從仕郎前程鄉尹趙孟何填諱。

袁君夫人史氏墓志銘　元明善

夫人史氏。四明人。曾大父浩。相宋孝宗。太師、保寧軍節度使、魏國
公。致仕。追封越王。謚忠定。曾祖妣貝氏。齊魏國夫人。從大父彌遠
相寧宗、理宗。太師、中書令。大父彌堅。端明殿學士。屬元中書令、會稽國
家居十七年。以資政學士、光祿大夫、奉化郡開國公致仕。贈太贈
大傅。謚忠宣。祖妣趙氏。新安郡主。封衛國夫人。崇獻靖王伯圭之
女。父諱廣之。朝請大夫、直敷文閣、荊湖北路轉運副使。贈通奉大
夫。妣王氏。宋相淮之女孫。萊氏俱贈碩人。處州姓袁氏。同郡人。曾
大父舜。贈太師、衛國公。大父韶。同知樞密院事、資政殿大學士、銀

青光禄大夫奉化郡公贈太師越国公之諱似道朝列大夫知嚴州軍州事和敷文每言吾大父外大父皆真太師婚嫁必當吾门敷文病嚴州日侄候之敷文曰願以幼女属公子某嚴州起謝吉日納幣既七日敷文卒夫人时年六歲未幾嚴州亦卒越十有一年歲辛酉夫人嬪于袁支人諱棣卿字景蕃幼簡靜有威儀父卒时坐牀下哭不輟声强之食不食未葬不離殯次服除常一至庶母室至嫁後一至别之外庭不識其面伯父廣州家法嚴正有事于廟夫人礼相祀事低首儷立至撤不少動既歸廣州敬爲廣州少好騎射夫人正色諫止交遊有至廡事母夫人牖房洞窺或乳清謹士即掩衾就睡明日徐曰先丞相家恐客虞州亦爲之謝絕中表俱貴家務相扇以侈夫人独崇節儉動尊礼則歲丙寅某月某日以疾卒于臨安官舍壽二十有一是歲冬十一月葬于鄞

縣通遠鄉建興之原以宋宗祀明堂恩追封安人後三十有三年
處州卒別塋于桃源鄉慈溪興之原相距十里外處州諱洪字某
清粹雅博爲士林之表仕宋皇朝奉郎通判建康府事歸聖朝同
邵武溫州處州三路總管府事階朝列大夫俱不任夫人一男三
女男摘翰林待制文林郎兼國史院編修官女長適宋相史莊肅
公嵩之之孫仲伯前將仕郎次適宋工部尚書余天任之孫昌期
前通仕郎次適宋資政殿大學士史岩之之孫益伯前承務郎孫
男三璋早世璀琥女四長適同知餘姚州事趙孟貫餘許嫁未行
初夫人卒少母張氏來撫袁氏兒及見袁氏兒女嫁娶終于袁氏
處州葬之于夫人塋外翰林博學能文辭而學甚正辭甚古故宗
流風清修可尚明善友焉一日手書其世家以請曰楠生七月先
夫人沒由楠之生之而不識母之音容何痛似之願得君文表墓

四明文獻集摘抄　九

使先夫人之世日往不泯而遠或庶可以慰楠不天之罪再拜以善答拜起讀其所書曰夫人出大門歸大門處林州為夫翰林為子可謂無憾雖不永年得于天者止乎是又何歸咎其銘曰

相彼里仁有樂惟鄞詵其高閎奕世相臣相臣女孫來嫁于袁猗有袁氏輔宗天子左闥右闥聯芳對峙維處州君士林孤秀靜女其來君子是嬪被服澗澗其儀肅肅廟祀斯嚴膺茲百福治爾宮事莫不柔嘉內則無違載宗有家嗟哉物理無忌成虧何靳大年卅一而止昔祿中免世業未傳克開厥後有壽而先壽匪自人天奚咎天生之無憾沒不隱其身壽不百名壽踰千我銘勒堅畢世昭宣

周愛孫墓誌銘

程端履

君姓周氏諱愛孫孝宗其字也世居鄞月湖之西其先有諱造者

擢進士第任大理評事近殿中丞贈正議大夫君十世祖也生三
子曰處厚温厚師厚伯季皆纘世科五世祖枚随父宦寓于蕭山
建炎南渡從車駕復還于鄞卜居大墺勤儉成家表表為一鄉所
推重見鄉先達樓公瓌所撰狀高祖諱楨中曾祖諱敬先祖諱守
成父諱道全皆欽慕勿擢君自幼岐嶷不凡庸然以老老成人容
言笑慎取予尤篤于友勤于問學比長極家業力於盡躬督僮僕
力耕桑以資歲計故之勤勵不息以是家貲日裕御家嚴肅儉約
處已以恭待人以和下至臧獲之類亦皆以恩惠接之循循禮節
皆有其序每延師教授其子孫尤躬自規誨有異其成立者悉先
人之語凡事之在公者率先集之毋使尤輕財好施予樂善不倦
鄉鄰有貧乏者喪葬不給者已資以賻之有頑嚣紛爭不決者推公
道以責之人皆感其德而服其公晚厭紛嚣置別業于居之[illegible]南

有園林之勝，日以力本爲業，暇則賓朋嘯傲觴咏以娛之。室中圖書之外乇長物焉。後植數松于室外，取其歲寒之節操以見志，遂號爲松隱居士。嘗預戒諸孫曰：吾今優游自適，得爲太平之民，幸不疾以終天年，是所願也。治喪慎毋用浮屠法。迺于元至治三年癸亥十月十四日竟無恙，一蹶而逝，可謂果如所願矣。生于宋淳祐八年戊申三月十八日，卒至治三年癸亥十月十四日（重出當刪），享年七十有六。娶祝氏。子男三，曰姊義、姊菌、姊茂。孫男十五，曰杜翁、熙翁、坡翁、淳翁、興翁、立翁、宗翁、奎翁、仁翁、業翁、甯翁、義翁、禧翁、壽翁、道翁。孫女適清道鄉朱子和。卒之明年甲子，從治命葬于通遠鄉僕頭岩。後八年，其孫姊義輩謁予請銘。予惟周氏自宋迄今，族大以蕃，或默或晦，各行其志而未艾者，所謂祉厚者慶必遠矣。若君者，又能樂天知命，不失其爲君子之歸焉。遂銘曰：

周氏在宋奕葉簪纓族大以衍克振先声至于雲士隱徒勿耀綜
理宗務具有咸要知厥攸重務本名重生產裕如嗣續繁昌庭無
間言孝友仁義無恙而終克遂厥志宅藏新阡永固是宜用無潛
徒述此銘詞

胡景聖墓志銘　　董復礼

余友景聖寢病疾往省謂余曰崇之不淋適蘇大蘇度不復起恨
不獲卒業于先進之門請從先訣翌日病革訴父昆弟環而視之
顧其父曰我之不類以集戾于厥躬如天之往恨莫克振壽夭命
也吾勿戚又顧其兄若弟曰吾將与若戮力以光吾宗今遽止于
斯命也奈何尚轉勗尔位勵尔徒早夜孳孳毋忝厥祖則吾死猶
無死也言訖纔息絶矣至治二年某月某日也始予從鄉先生魯月
卿學見生惆人中冲曠澹泊齋止詳緩書語侃侃不妄嬉笑心固

已奇之先師就世後漢儒門人以相授法故獲與胡氏諸子同研摩慨於義盛麗之請于外而求其中也迺就館于漢上別業與之辨析理趣意授而神領吟哦情性若有可觀者焉劇如挾策以歌哦杖以將相娛也未幾以疾告竟以是夭胡氏內外姻黨無慮數十百人長者如哭其子弟幼者如哭父兄翔予時昔之分莫逆之情宜乎不知淚之橫集也將葬其弟善先來請銘余謂世之君子身既沒而名不腐者文辭功業耳若生之不幸弱喪百不一試宜乎無傳焉然而拱把之木培之植之可使拂雲汎濫之流疏之導之可使赴壑使天之假以年安知其無所表見于世耶觀其疾亟于正命之際神色不變無呻吟顛頓之態此子曾子之易簀所以大過人者胡氏以弱子能之其果賢乎哉是宜銘生諱某字景望姓胡氏世為鄞人曾祖考諱某曾祖妣某氏祖諱某祖母某氏父

諱某妣某氏生死時終十有八未娶無子以幼弟宏翁繼杖也塋于鄞縣胡塈之原從母居也窆之日去歲某月某日也銘曰

猗蘭播芳凝霜殺兮輶車發軔摧厥軸兮若人之萎我心孔悲陵墮谷圻視此刻辭

鄭同昇墓甎銘　　鄭真

洪武六年秋真以鄉貢進士典教臨淮家兄明學訓導以書來曰同昇以六月三十日死矣以汝有姊姪之親用以訃汝又曰是子氣性頗異常兒吾老且多庶望其底于成矣今吾望絕矣奈之何真捧書慟哭再四默念同昇之生之病之死深有足悲而家兄之言尤不可忘哉某因執筆論次其畧云同昇姓鄭氏故慶元路儒學録榮隱先生諱芳孫字德仲之曾孫寧州路儒學教授諱覺民字以道之孫今明州府儒學訓導諱駒字千里之次子也母孫氏

訓導與真為同母兄弟先教授在時與同舁外祖正父先生偕行
往行文章師表一鄉婚姻之家為郡士大夫家稱重同舁之生姿
挽玉雪左襁褓中能伺人意先妣瑞氏深愛之起居坐卧嘗與之
偕年八歲出就外傅讀書琅然會真館授韓氏同舁亦就學焉四
書朱子集注杜少陵詩選讀之畧徧授以詩易二經能通大意作
字遒謹釋疑解義多可觀論語詩騷長篇短製已斷就繩墨矣其
居家也不好戲弄意有所忤雖飢渴不輒飲食論事之是非曲直
亦時有中者以是一家之長皆稱之先教授即世同舁患鶴膝風
經年而癒先妣率家難相仍同舁疾已復作卧枕席上撞之骨立
項背拘攣展轉不能作氣痛不可忍常終夜有聲其母拊視頃刻
不俟許母亦憐之間以針刺少緩值六氣不齊寒熱後作疾益甚
緊要用藥或溫以補或涼以疏曾不一效計日數之殆及三歲去

冬十二月真來京師與同昇執手為別相顧各涕淚不自禁嗣是
果以書問其疾否噫同昇今不復見矣然夫昔昌黎公祭兄子老
成有曰吾兄之盛德而夭其嗣矣汝之純明宜世其家者而不克
蒙其澤矣一在天之涯一在地之角斂不得憑其棺窆不得臨其
穴自今以往吾其無意于人世矣三復斯言未嘗不嘆其悲且哀
也嗚呼孰知去公數百載而真之于同昇其悲且哀有適相似而
甚焉者乎同昇生于丁丑歲二月某日距今歲癸丑死時年十有
七以某月某日葬縣桃源鄉西嶴先教授墓左真向嘗以春秋同
盟之義字同昇曰彥盟而未著于人人許特係以舊銘之墓敢以
慰其靈云夭殤罹兮骨肉爭而父老矣其何以為懷也耶

逢庐處士史公墓志銘　　鄭真

上在位十有五年歲在壬戌夏六月詔前奉直大夫知北平府添

州事史行可進階中順大夫官山西道提刑按察司副使行可既拜命入謝侍朝三日面聞聖諭陛辭上道過臨淮訪真縣庠日行可荷國厚恩寔先公遺教然及先公殁已三十餘年而墓石未有刻文失今不圖後時將奚及子其執筆爲真退而論次如左公姓史氏諱公珽字擢叟遂庵處士其號也世居鄞之甬東八世祖簡宋贈冀國公簡生贈太師越國公八行先生詔詔生贈太師衛國公木木生贈太師齊國公東臯先生浩浩生寶章大監鄞縣開國男彌忞公四世祖也曾祖諱璧之秘閣大理少卿祖諱儀卿從事郎監泰州丁溪鹽場父遂伯入元隱居不耀鄉稱曰處士曾祖妣鄭氏丞相安晚魏王女特贈碩人祖妣鄭氏 恭人母盧氏公本端山先生諱彥伯季子以從弟遂伯無子來爲之後公生而秀爽詞氣溫恭早志于學通詩經子史而尤邃于易延祐科詔行郡守

条堂试法，公年未弱冠，以书经屡占前列庠序间，名声籍籍。安晚曾孙习斋先生奕文奇之，愿敦世好，妻之以女。先生素以道学文章自任，述作论撰，多侯公鉴定。先生曰：韩昌黎婿李汉而文益振，吾于摺叟戕我。公不自矜喜，李日进而往，以成家。居教授，从之游者每数十人。许生范梔、赵景年贫不能为礼，公不为意，训迪成至，卒有闻。时方承平，故家子弟多跻仕版，公慨然叹曰：王者之民，解以如也。吾得为王者之民足矣，爵禄如彼何哉。程先生端礼尝荐为甬东书院主奉，即弃去。两试浙闱不售，绝迹场屋，用意古作，慕陶靖节之为人，追和其辞赋，西州陶写性情，自以为得江山之助。名士大夫若黄公望、杨九思、俞镇南为神交。诗涵泳究悦，仰今古，论宋季典故甚谙，人物臧否，终日及至国亡忠臣义士之死节者，必慷慨流涕。两遭大丧，克尽礼制，每春秋祀享忌日，祼荐哀慕之情见

三 四明文献集摘抄 苛

于顏面雖家道中微而田園猶足自給將芟整輯爲終老計而竟以疾終惜哉公生于元大德五年辛丑十月十九日卒于至正八年戊子八月十六日享年四十有七以是年十一月廿五日葬于陽豐鄉義塾之先塋所著有蓬廬集若干卷易演義象數叢揮三卷配鄭氏克相其志子三人長景祖即行可有司奏户籍時即其字爲名次晟祖次晏祖早夭女二人長適鄭必政次幼亡孫男一必彪晟祖出也女二公性儉素而好施與不倦廣平李老民亡喪不舉公賙之累我且爲葬哀辭告其常往來者過錢塘西湖遇老人湯姓年七十餘蓋德祐遺民知舊事甚悉公憫其孤貧解橐中半與之暨歸急買舟費徒步不之悔處心仁厚多類此一日語其子行可曰門户之托實在汝等汝及我在屬志于學可也未幾公即世年方十五佩服不忘與其弟晟祖受業先君求我先生年幾二十

大宗周左要致之教子弟有師法際聖運肇開以詩經中洪武四
年浙江秋試計偕京師授承事郎同知義州轉承務郎調樂安州
同知陞知涿州奉母以養人以為榮云真寧惟史氏自冀国積徙
累行歷八行至三世而振家公才位登兩府自俗世相王封父子姝
姪焜耀前後天下之人歆艷而慕望之乃若獨善兼文公以衛国
之裔与公高大父大監同母嗣中散諱法之後風節行誼世以甬
東讀書種禄之独善之孫果齋蒙鄉泝考亭正傳從子公璲實学
為公以本支系孝之正学于公璲而克嗣其承信乎文獻足徵矣
然以蓮去物故不得与世禄之盛豈非命哉乃今行可鍾美世科
斯至有声上庠耳目之寄相门後與其在茲乎真為史氏门壻祝
公為外伯父行且与行可幼同研席親契之厚非一日矣斯文不
朽之托可辭耶銘曰

四明文獻集摘抄

当年録

烈烈四明，有蒋桐淵公，生其间，宰馥并越，天地蘧庐，我我留我舍

仁義蘧廬，我詩我書，上下周流，黃化一理，反身歸全，孰呼起之，有

子象賢，對敭明廷，綉衣持斧，服采寵榮，慨思教言，声究如在，錫類

疏封，时其有待，兼與之原，掌木光輝，公侯後始，福履其綏

周素菴公壙誌　　戴浩

君諱敦和，字体道，號蓮芳，其先世居邑西山之大皋。洪武中，君之

祖諱弘善，澗瑾城西十里田新莊。併君之父得延甫，徙居之，以耕

稼為業，由是家用浸殖，雄于一鄉。樂善好施，而至君尚礼好賢之

名益著。君家庭孝友，昆季三人，而君居長，敦睦大墳宗族暨鄉鄰

有還之者，屢賑恤之。天順中應詔輸粟以實京储，錫冠帶歸榮，終

身勞致鄉飲以表儀士類。配陳氏，有淑行。子男三：長璇，仲珉，季璲。

女一，適太学奉川王綺。孫男十：瓚、誠、訓、誥、諮、諫、謐、謐、訪、諭。孫女二

長適大司寇益庵王公來孫濠次未室成化乙丑秋九月廿九日以疾卒距生年洪武辛巳閏三月十六日壽六十有五以明年丙戌正月六日己丑葬于先塋之次其孤璇請書行己大槩生卒年月刻石納諸壙中以垂不朽云是爲誌

周貞素公壙志　全寶翁　鄞元金姓

處士姓周氏諱得延字昌齡號貞素其先自宋元世家四明之大墺爲名宗業儒而豐于財處士父諱弘善字壽甫隱于農躍置田于郡城西十里許新莊令處士我收其所入因徙居焉處士天性敦厚侍甚堂伴歡言笑慎取予讀書務知大義勤于治產課僮僕稼圃得種藝術未嘗踰時廢事是以日益富秋善積而能散每歲饑鄉隣有窮不姻女輒賑給不少吝處士事親至孝洽昆季以恩雖族居相去百里訪問周恤備至待賓客以誠敬始終如一延師教

子孫俱有成規鄉里以謹厚長者稱之郡邑聞而致之鄉飲位次三處以表儀士庶嘗應詔輸粟立石紀義仍賜義門表厥里宅處士生于洪武壬子正月十七日卒于景泰壬申三月二十七日享年八十一娶初配楊氏有懿德先三十二年卒繼陳氏子男三敦和敏和敷和皆楊出也敷和早卒女一適棣社李[illegible]叔借孫男七璇珉璣璉瑋琦琰曾孫七瓚謹識謨訓詰諧墓在所居之南二里許卒之明年十二月己酉將合葬楊孺人之穴其孤敦和請余志其壙余與處士交最稔遂書梗概納諸墓若夫潛德之未發者尚俟名世之士大夫書焉

周元晦翁墓誌銘

邑吳　錢　紳

予承乏較庠來于四明凡明之薦紳名士多辱內交周倬道其一也一日適講餘燕坐余生瞱持其冊進而請曰有姻家元晦處士

周君倬道之介弟也歿十有七年矣穎庠司詳高鉉已為其狀屬
先生碣一言以文諸墓庶足以發揚潛德而徵不朽焉予因重瞻
之請及感其兄交誼之舊遂按狀敘而銘之處士諱敏和字倬仁
別號元海系起宋殿中丞造代有顯人迭載諸郡乘班班可攷世
居大墺至諱熙翁者曾大父也諱弘善者大父也諱得延者父也
俱弗仕母楊氏繼母陳氏得延繼伯父弘盛後來郡城西一舍許
槩湖之褒隅曰新莊今家焉處士性倜儻操履剛毅言論威儀一
循禮度而無譎讀肆之失存心尤正直不阿未嘗以戚疎偏好
惡而人皆樂為從居家事父母以孝處兄弟以和及御家眾以恩
與兄敦和即倬道弟敦和秉心矜盤克底成家廣置田立產嘗偕
倍酬其值以成之見或不從曰弟子孫世守不謹得矣余何苦廉
其直乎以是家營視昔有加敦和早世撫猶子無踰己子凡濟人

四明文獻集摘抄

芝

利物之事靡不盡心見稀有之物必倍值以求售尤喜賓客勤力
卒。其于功名之心權勢之謟泊如也追父卒居喪葬祭如禮以故
延耆于里邑而人無間言嘗曰吾幸生逢盛世為太平之民斯無
憾矣其存心制行類如此可謂賢矣哉生以永樂乙丑二月十四
日卒之日迺景泰癸丑八月廿八日也從事一一盡所言皆寓規
勉之意春秋僅四十有九而未及中壽識者恨之葬以卒之年十
月十七日墓在清道鄉邑家滙之原配王氏生男三璣琦瑛女一
適南安府同知余公諲季男聰早世孫男八謹謨謙讓訥譊諶誼
女孫四長適章村鄭相餘幼在室噫鄞之故家文獻相承固為可
稱求如處士之昆季富而敦禮尚賢而好友蔚為一鄉之望者殆
不多見遡流知源則其先世積善累仁之所從來遠矣豈不足以
範世而表俗耶銘曰

周氏在宋世祐久隆垂休錫祉今追于公壽雖中書宗實孫豊子嗣孫継肇流年旁維彼南畝為公之封勤文貞石過者式崇

、表徵士墓志銘

陳敬宗

徵士諱忠敕、其先南昌人、八世祖諱子誠、仕宋臨安知府兼太宗正司丞、南渡時、徙家于鄞、七世祖章、景安刑部尚書、六世祖芳吉州太和令、高祖景安、寶祐進士、曾祖衍、衍無子、從父鏞、咸淳進士、以節義死、其子肇民幼、族人抑使為衍後、至子士元、以為為弟継元、于禮非宜、白諸有司、奉肇民歸宗、而已自為衍後、實忠敕祖也、元文林郎翰林國史院檢閱官、父廷玉、國朝任太常寺丞、致仕沒、贈中順大夫太常寺少卿、母倪氏、封太恭人、太常君生五子、徵士最少、朗秀警敏、倜儻豪邁、言論辯直、卓有大志、自幼讀書日數千言、若不經意、然與講論難積勤務學每不能過也、太常君昔以風

鑑際遇太宗皇帝娣弟京師時長兄忠救三兄忠敎皆已沒四兄
忠徵今尚寶少卿侍二親于金陵徵士協相二兄忠敏總理家務
于鄞宏建居室事新規制充拓田畝大致富殷皆徵士力任其勞
不以自矜徵士嘗敎充郡庠弟子員以階仕進尚寶公遂盡止之
曰吾平天性至孝卧聖終養二親者吾弟一人望可以是爲意爾
樂戊子徵士覲省至京師太宗皇帝召見便殿勅令繼習父業期
於是至寵賚尔厚時仁宗皇帝在東朝即欲授爲散騎之職尚寶
公頓首謝曰忠敷方受上旨續李來誦圖報分寸而遽寵以祿位
窮超孤負聖恩辭不敢受許之遂得奉太恭人歸養于家嘗庚寅
太常君致政歿于鄞徵士與尚寶公同治襄事終三年哀毁
如一日嘗壬辰尚寶公復命奉太恭人就養京師既至太宗皇帝
令試其學有驗喜甚賜鈔二百錠適尚寶公扈蹕北巡復命徵士

奉太恭人歸養于家歲癸巳太宗皇帝命驛召徵士至京尚寶公
力以母老為請許之徵士承顏侍綵之暇博涉羣書務欲繼述先志
明不負聖恩所望于是識見超卓心目聰明言人貴賤禍福生死
壽夭不爽毫髮凡中外貴顯大臣道經四明者無不造謁其家求
徵士一言以卜休咎歲甲辰副都御史虞公謙巡按至鄞與徵士
相好尤篤鄞之士有謁虞公者輒連徵士時尚寶公扈從北征因得
奏雪其冤太宗皇帝勅錦衣衛指揮王節來侍宥之徵士獲釋于
途至家疾作逾月而疾亟徵士覽鏡嘆曰孤負聖恩又曰弗克終
養老母有負四兄所託言訖而逝時永樂廿有二年十一月廿六
日也享年三十有八娶慈谿郭氏女相內及外恪盡婦道生子男
應聆女婉儀繼娶沈氏生子男應驍再娶湯陳氏徵士嘗于自奉
而厚以及物從于自治而急于濟人自宗親推之鄉里鄉鄰見貧不

不能嫁娶而死不能殯葬者必資以助之流離患難失所無依者存恤之惟恐不及至于津梁道途有不便人之往來者亦必鋭志葺理不異家務出入郡城未嘗有騶騎從冠服儒素食飲澹泊然寡交往來不計有無極歡乃止予交徵士昆季闊已二十餘年而尚寶卿公愛予尤篤徵士沒之明年尚寶公奉朝命歸省太恭人因屬葬徵士于其鄉桃源楊山人塢先隴之左二室祔焉郡人無少長貴賤送葬者數千人實洪熙元年四月二十日也又二年尚寶公以翰林檢討周君維翰所述徵士行實謂予曰知吾弟之詳者莫若子敢以墓銘爲託予義不可辭遂序次爲之銘銘曰

倜儻英豪忠義之胄佩仁服德鄉邦之秀克紹先志神驗逾茂聖眷攸屬期以大就既豐其才胡嗇厥壽彼蒼冥冥曾莫之究有嶽楊山二室左右永以固藏百世不朽

袁忠教墓志銘　　曾棨

君諱忠教，姓袁氏，其先南昌人。宋高宗时有曰子诚者，扈駕南渡，遂家于鄞，今為鄞人。高祖諱鏞，以宋進士死国事。曾祖諱擇民。祖士元，至正间為翰林檢閲。父廷玉，今為太常寺丞。母倪氏。君以洪武甲寅六月初七日生，自幼穎敏，經史百家氏蒐獵靡遺，雖寒折膠暑鑠金，終日諷誦不輟。比長，遨遊四方，學士大夫交口称譽之。今上龍潛時，侍父至北京，父子並見知遇，運逢眷顧，蠲予填積，愈折節自下，毋驕盈之色。既还鄉，有司以才選補郡學弟子員，由是益勵于學，習舉子業，有声。兄忠救嘗以戌轉輸遼海，溺死。君聞訃，即徒步裹糧走海上求之，哭且慟幾絶。後延父官太常，每得一美味，輒造人馳以進，唯恐後。父嘗以事就逮，即詣京師伏闕自陳，乞自以代罪，辭意懇切，有足感動人者。其孝友類如此。永樂五年六月五日，以疾終，得年三十有四。娶杜氏，長沙教諭原亮之女。男一人，應駒；女一人，婉順。余雖未及識君，而獲拜君之父太常，而與君之弟中書舍人忠徹相好也。將以永樂六年臘月十一日，葬君于黃山之原。忠徹持狀，元林君崇璧所述君之行來，徵銘，予謂以君之才之美，假之以年，則其施于世者當何如？其遠且大也。嗚呼惜哉！是宜有銘，以示後世。銘曰：

謂君無壽，顯于潛郎；謂君無壽，過于顏子。孝弟忠信，實天所畀。是蹈是循，惟善之止。四明之山，有石斯峙。刻文在茲，君爲不死。

松隱馮君墓誌銘

楊守阯

君諱常，字守貞，別號松隱，四明鄞人也。其宗乘謂先世顯于唐宋間。有諱時和者，嘗爲禮部尚書；其子行寀，爲殿前都指揮使，出鎮明之定海。子孫因居慈谿金川里。自君之曾大父始居于鄞之千

大父元所大字上當有曾字少
正當大父故居第三子或附
未填諱下為文思任初

歲坊鄞地瀕江海，東南越賈，珍舶貿易。大父元所當元季時，擅其利，以高貲潤累，麗作庫以居積。同其時有庫者，蓋三十六家，存遺變故，人亡貲散，而庫皆易主矣。獨君之大父思任、父宗肆雖謫戍徙，繇相屬，其日益落，而庫猶巋然存，不為他人有，至今人呼曰鴻家庫。君生而遭家中衰，甫十餘齡，喪母，哀毀幾不能生。居喪不食葷肉，既免喪，猶不忍食，至終身安素。父之係金陵也，君尚少，不能代久，而不勝孺慕，往往有之。見父于有廡祠，抱持頓足哭，觀者無不疏戚。會有得免歸，時以奉養之者甚至。君有從弟少孤，猶同居。君於之有恩意，人以為世之愛同產者殆不及。治生儉勤，居鄉輯睦。嘗董里之徭役，以給郡縣，守令皆材之。晚有子皆克家，以琦獨穎敏，教以詩書，俾游郡庠。琦登成化乙酉鄉薦，君甚悅，既而琦屢辭乙榜，必欲取甲科以為親榮，而君不能待矣，惜哉。君配穆孺人，祇

之四明文獻集摘抄 卌一

順慈惠，尤能以勤約相君，相守以老，相繼以卒。孺人卒于成化甲午十一月丁丑，越月丁未，君迺卒。君壽七十有七，孺人長二齡。子男四：長珍，次瑾，次即琦，次瑛，先卒。女一，適汪謨。孫男四：應其、應奎、應璧、應翼。孫女三，皆幼。君卒之後五年，琦將兆于某山之原，卜以某年某月某日合葬，請銘于予。予與琦嘗同庠舍，同鄉舉，及識君而知其梗概者，乃叙而銘之。銘曰：

前休將墮兮，式支其傾。後嗣方奮兮，弗克享其成。尚需榮贈兮，燭于幽冥。

贈工部主事朱君墓誌銘　楊守阯

君姓朱氏，諱得榮，字景春，鄞人也。曾祖諱某，祖諱某，父諱某，娶周氏，生君。君之生二齡而失恃，繼母湯氏鞠之。少長，從塾師授書，能知大義。未卒業，乃佐父治生理，服勤就養，昕夕勿懈，其父安之。父沒，

家無羨儲，君盡瘁營貲，以襄事上，奉繼母，下撫諸弟妹，以長以婚
以嫁。又外輸美賦，給里社姻黨吉凶之費，潤以贄餘，周人之急。於
家三十餘年，不私蓄一錢尺帛。為妻子計，人以為難。已而食指益
夥，或有煩言。君聞之，歎且泣曰：先人棄諸孤，家業既墮，吾忍死支
持，以有今日，迺今有是耶？吾不忍及吾之身，見骨肉離析也。家眾
感悟，故終君之世不析居。君素樹其弟得義，後筮仕官京邑典史，
君乃涉數千里，攜子瑄視之。比還，留瑄南居，命從碩師習進士業。
越數年，瑄歸省，君已遘疾，疾且亟，謂瑄曰：吾平生不為不善，而命
止于此乎，不及見汝之成，汝能力學取科第，以光吾宗，吾之願也。
死無憾焉。言訖而瞑，時天順丁丑九月十日也，享年五十有五。君
先娶陳氏，踰年卒；繼娶林氏，有賢行，先君十有一年卒；再娶張氏，
後君二十有二年卒。君卒後十二年，瑄登進士第，拜工部主事。又

八年推恩贈君承德郎工部都水司主事，林氏爲安人。君二子：一瑄，娶長子；次珏。女皆安人出。瑄娶長子，次珏，女適陸浩。孫男六：俊、傑、偉、仁、儀。其孫女一，幼。初，君之喪，與孺人權厝于棊路。今瑄奉母喪，卜吉兆于某山之原，將以某年某月某日徙而合葬，禮也。瑄與守仕居同鄉，李同年，仕同朝，相好，故具述事狀，泣拜請銘。不容以斐陋辭，爲之銘曰：

繄行善兮壽胡不長，餘慶延兮宜其後昌。臨絕之顧兮今茲既償，寵恩被兮出潛光。九泉無憾兮有同其藏。

母弟宣義郎朝周墓志銘　　屠滽

母弟諱謂，字朝周，别号介菴。弘治庚申六月朔，卒于正寢。予時致政歸，舟次徐州，其季子僖任州之利國監驛丞，聞訃來告。予未之信，既而家僮至，果然，遂與僖哭于途。嗚呼痛哉！予屠氏之先世居大梁，至宋中葉避亂，再遷至今鄞。鼻祖諱季子，開慶間徙于鄞，去城五里許桃花渡之北家焉。高祖考諱福，高祖妣蔣氏。曾祖考諱順，用予誥贈光祿大夫柱國太子太傅吏部尚書，曾祖妣周氏，贈一品夫人。祖考諱子真，累贈如曾祖考。家君松崖先生，累封至榮祿大夫太子太保吏部尚書，祖妣陳氏，妣徐氏，俱累贈如曾祖妣。家君生予昆季三人，伯諱湘，早卒，仲即予，季即渭。稟性剛直，賦質明敏，少有志舉子業。予補郡博士弟子員，弟從予藏修黌舍，雖祁寒酷暑，無怠惰意，人以遠大期之。既而病臂疽，倦于勤，嘆曰：命也，吾不能復勞矣。遂棄前業。成化丙戌，予登進士第，因病歸告，歸，弟迎醫罔卜，未嘗言勞。及予病瘳，將之京，父母議欲偕行，予以祖父母高年難之。弟曰：兄病新差，非父母將疇依乎？二尊前有渭在，當竭力奉侍，兄何以此慮。父母然其言，請于祖父母，喜而允之。予遂奉父母而行。踰年，父母始還。甲午，祖父母俱逮養，弟佐父治喪

道光辛丑

事悉如禮未幾母夫人遘疾予欲乞恩歸養弟告父母曰兄方蒙
聖天子簡用正顯父母教育之功當戮力于國毋親雖有疾弟為
害父親康强無恙謂當奉湯藥承歡膝下父母又然其言致書沮
之後母疾果瘳而予內顧之憂賴以少釋立丑閏中大饑朝廷詔
民輸粟授爵弟躍然曰此吾報君時也遂輸粟若干授七品散官
自是惟奉父母治田園不妄為不苟取不私謁公府不侮慢小民
於鄉黨以和待宗族以敬讀課諸子讀書親程其能禁甜斥情畧不
少貸且諭之曰汝伯起自窮困官至極品汝曹飽食暖衣若不各
思努力以酬我志大不孝也諸子亦能恪遵父命主家庭間嗃嗃
嚴厲內外整肅辛亥母夫人又違養弟復代理喪事于禮一無所
違予奔喪歸既襄事徙居郡城近家君侍養留弟守舊業弟乃苦
親闈隔遠亦卜居于予之東相去不數百武朝夕定省無曠暇則

旨朋舊怡情琴棋詩酒間其樂陶陶也弘治丙辰偶得奇疾藥之
乃愈越四年前疾復作藥莫弗効既革故舊請禱答曰孔子謂獲罪
于天無所禱也若素履無可罪何禱之有乃命俑治棺衾迎宗君
会許故舊顧而歎曰壽之修短有命吾死不足惜祇以父老不克
終養為恨且兒女無所依賴有望于吾兄他日歸田願許君為我
白之幸兄念之吾目瞑矣語畢而卒距生景泰庚午五月廿一日
享年五十有一配楊氏吏部侍郎兼詹事府丞贈礼部尚書謚文
懿鏡川先生之從女弟也夙閑姆訓深詩婦道次配彭氏亦有賢
行子男四長倆次佳俱遊郡庠有史科才次即儀俱出楊出次儀
彭出俱継家声女二長玉華適郡庠生王源次玉英適定海邑庠
生沃汝彤孫男一山女二如圭如璧俱幼其孤卜卒之明年十二
月十六日葬于居舊之址嗚呼予爲弟生同胞長同業怡怡愉愉

四明文獻集摘抄

未雲青忽色丈愛何如也予歸困而弟捐館止隔月餘而死不得執其手殮不得視其衣殯不得撫其棺哀痛何如也昔蘇子由銘子瞻墓哭曰小子忍銘夫子由以弟銘兄尚有不忍今予以兄銘弟情何以堪蓋予弟以身後事托予〻固不忘而其潜德人或未知乃含哀而書之銘曰

哀〻我弟早共艱辛含光養晦有志弗伸孝友傳家詩書飭身代視侍代〔祖〕七侍視輸粟資邊特以報君無諂無驕名重縉紳才堪大授何止義民德堪眉壽何止五旬未食其報祉詒後昆甬江之北有封若麟發潜闡德勒之貞珉

故宣義郎簡菴陸公墓誌銘

居應垓

居應垓曰盛哉鄞有陸氏云弛直其任者皆良大吏也顧其家有隱君子焉往予官刑曹皆故英覽觀尚書揄臥讞獄狀卓然一時

名臣也。間往其從孫銓游，為予誦説宣義公隱行，則嘆曰：嗟乎，有
本哉，有本哉。公諱億，字文亨，別號簡菴子。宏治間入粟入邊，賜秩
宣義郎，乃人又稱宣義公云。宣義公自上世居鄞。高祖脩，贈尚書；
曾祖應祥；祖琦；父垙，贈御史；母錢氏，孫人。御史蓋生五子，為長，儲；
次儀，次公，次俏，次倆，副使。副使最少，為儒生，失父母早，諸兄弟皆
異產居殖貨，儒生躬治家，其歉以家食病志數矣。宣義公既為情
之，獨不異產居，乃異籍家政，以故倆得卒業，舉進士，為御史，歷副
使。副使遂終官，不問產，惟日敬事宣義公。產亦袪，宣義公又誨諭
從子咸有立也。家常畜二貓，〻〻乳子，貯置書而借棲，而迭乳之，呼
〻不擇子，〻毋不悅有其母也。于是鄞之人謠曰：咄斑〻，尾毿〻，
群兒連卷腹，兩母貓，母綏〻，入則頤。謠聞于朝，大學士侯沙公為
之歌，入載秘史。于是宣義公之名殷〻動天下矣。宣義公又性好施

四明文獻集摘抄　廿五

里中貧人謁所欲，輒貸所欲，無券不卻，然時時忘之。里中豪猾兒
即謂宣義公已券，即詐為貧人，持空券來請貸，公亦竟貸，不記券。
其後垂十有二三年，正德己卯，逆藩亂江右，都御史孫公燧死之。
其子與喪歸，將葬，邑人訟其墓購重值急甚，其子貸弗得，謁宣義
公，公歎曰：嗟乎，孫大夫捐不貲之軀為國殉難，苟其母死，予百口
之弗恤，獨惡金乎？乃立出數百金與之，邑之人又無弗頌宣義公
矣。宣義公言曰：夫兄弟與身，子之與兄弟，子一也，遂兄弟不若身，
忘其父母也；愛兄弟之子不若子，忘其兄弟也。故其愛兄弟若
子，無弗若其身與子矣；其弟若弟之子愛敬之，亦無弗若其愛身
與其父母矣。故鄉之人有弗孝且愛，毋且卑且賤，同是胡弗若陸
宣義已也。嗚呼，是可謂篤行君子也已矣。公生于正統癸亥二月
十一日，卒于嘉靖己丑十月二十九日，享年八十有七，娶徐氏，范

氏子男一鋐女二孫男三淳濤浮孫女二以庚寅正月十二日葬
于西山之陽越明年其從子參政鈺令其弟郎中銓撰次其行徵
予銘而太史錢為之表三君皆副使公子予所謂良士友也嗚呼
是可以觀宣義公矣銘曰
棣隆邃邃居于崇基基豐如嶨如賴彼峽嶼冀冀宜義陸氏以先
矢其德順俟天而昌民斯祿斯執儒而格物怵厥靈神載之德肅
肅卽中樹梓木桐言庇其宗奕世胥賴
、請江將々丞桂莊表公墓誌銘　錢瓚
君諱孟思字子綽號桂莊世系南昌諱江滏隱表氏趙宋南渡有
八世祖諱子誠者為刑部侍郎兼太宗正司丞扈蹕至鄞遂家焉
仕行隱德代有其人宋季進士諱鏞抗節死忠元翰林檢討諱士
元正名克孝至曾大父柳莊太常卿諱珙大父靜思尚寶司少卿

諱忠徽，俱尽庠国事，為太宗文皇帝所知，恩寵優渥，光照先世。蒲
奕于时，識者以為善源綿衍所致，非倖得也。父慎斋諱鴻朋應驥，继守
成業，謙冲自持。君事膝下，愛敬兼隆，得其歡心，思圖揚厲，惟銳志
經史，而于財產多寡，置而勿問。及沒，哀毀逾度，葬祭一如其礼。时
方多故，以礼罗分，士論器重。年二十，補郡庠生，旋卒業胄監，屢困
場屋。同道咸興伏櫪之嘆。宏治甲子，任靖江縣丞，緩征科以寬民
力，抑豪右以扶孱弱，庠生善類，礼待有差，士民德之。兩考奏最，崇
當道劝奬。及督伐海寇，沙民之被脅而從者，矜其情，多所全活。既
而僉牘其勳，以功者多受賞，賞不及君，君曰：吾求心之無歉足矣。
貴何足計？殺一不辜，仁者不為也，況欺殺吾民以要賞乎？及致政
歸田，声利事了不關心，日與客彈棋飲醞，課訓諸孫而已。自娶
吾姊和，而主之以義，結髮至皓首，雖久如一日。待兄弟友而全之

以礼睦族，以恩交友，以信。田庐承先業，雖粟年厚蓄而居之裕如，吝年戚之也。錢出三子，長大經，太學生；次大綸，郡庠生；次大純，縣丞；庶子二，大繼、大維。女正庶各一出，長貴真，適定海衛指揮李聰；次端莊，適同邑士人宗文選。孫男七，承源、承流、承敬、承清、承覚、承毅。孫女五。享年七十有一，卒于嘉靖改元壬午，卜五年丙戌十月十一日葬于桃源鄉前塘之陽。大經等先期捧狀求誌于予，予乏良史才，安足當此，第以舊婚姻又知之最深，義有不容辭者，因述其梗概以答其請。為之銘曰：

才義夙著，徒豈深藏。克孝于家，克勤于邦。拯我斉民，不吐于剛。矜除海寇，而有厥功。兵年血刃，徒勤效蓍。歸老泉林，詩偏徜徉。惟喜閭野，今聞孔彰。年踰七袠，曰壽且康。埋玉千載，西山之陽。幽馨未已，厥後孫昌。

故長兄蕙鄉處士壙銘　屠倚

予家居負甬江，事海舶，販給薪蔬，亦緣江居民舊習也。正德癸酉夏四月，為江民弋習以漁海之月，予家放為之時，漁者至，吾長兄往臨其從于眾舟楫者，失慎，致兄墮水，急為援拯，及竟死焉，以尸歸。嗚呼痛哉！俗言漁海者恒有死禍，固謂夫勇夫野人，身履茫洋之險者然爾，必颶風掀湧，濤勢山立，手足亂不能操持，或有遭焉耳。孰謂乎江安流，人所不虞於得禍，而兄頗遭之耶！又胡舟卒彌接上下，無一失逮，而獨其主不免耶！兄水死，烈禍，世有善行不者，必厭毒以是為快。吾兄行負何而有是耶！嗚呼痛哉！兄生而朴真，口無放言，身無飾行，遇事懇悃，有契緊意，與吏處，不能出一戲語，施于倫理綱常，循循不枉尺寸，喜不輙輒形，怒不暴露，人見其常然，若無財喻于世俗然者，咸以木訥視之，噫，何怪哉！木訥近仁，仁之善之大幸吾兄之有是也，意其必考終牖下無疑，顧乃不得其死，至于此極，天可問乎，兄諱保，字惪卿，生于成化己丑，年四十五，娶李氏，先七六年卒，權厝祖塋之傍，繼娶李氏，無子，一女，繼出，一歲而喻喪，寔兄既死之四月也，嗚呼，吾兄弟七人，父老而强，母先傾逝，未孝服而兄又告殃，此何為哉，一家骨肉，痛可量耶，今以是年十二月二十日，奉兄柩，合前嫂氏，祔葬于母塋之左，季弟監察御史僑為元甎丹書以志于壙，而并以哀銘，銘曰，元冥之害，紀其德，胡質之厚不永年，胡為仁人無後傳，嗚呼吾兄何適焉，嗚呼吾兄何有于天，

明故承事郎訥菴范公墓志銘　　屠僑

公与吾父石菴先生，皆娶方氏為朋姻，吾母姊妹五人，吾外祖父贈監察御史友梅公，擇其婿，長于按察憲副黃公隆之長嗣璟，次

于茶溪陳公敬宗之諸孫某，次吾父，次公，又次于浮梁李諭周公某之仲嗣某，方于吾郡爲唐金紫宋忠諫之後，系出莆田，炳炳英姓，一時合姻皆名家，得壻皆良，公于時已負稱貫家之望矣，公諱琮，字倬長良，別號訥菴，本姑蘇文正公之裔，曾大父苾顯，大父鏜，皆隱徒不仕，父瀚，福建泰寧令，母余氏，公生而聰穎，自少隨侍泰寧公郡庠讀尚書，攻舉子業，有志進取，後以家督重繁，欲弗煩尊嚴心，乃棄去舉，以身任經度，不憚暑寒，凡家事，大之爲祭祀之供，旨甘之奉，次之爲百費之需給，皆出公手，嘗奉泰寧公之教曰：汝治政家，毋持二心，吾最汝勞，自兹免于汝，公由是益勤益公致富家，兄繼以泰寧倅入，產業增秩，弟某某，皆感義相感，後均以分業而公各徙邑，成化某甲子，邊饑，詔令民得輸粟拜官，公曰：下供上義也，亦吾分也，乃入粟若干石，授承事郎，榮其身，弘治丁巳，泰寧公遠春公哀毀踰禮，襄大事，克盡情力，要于禮之勿悔焉耳。公性度坦夷，與人交，不設畛域，處鄉黨親族，多惟性，不飾時依[illegible]忌諱，知者謂公性固然，不知者不能無銜于公，公皆不之卹也。居常以詩酒棋博自娛，嘗築一室，累石植其前，名曰天香窩，日處其中，遇有合者，劇談觴詠，恒不知日之夕也。享年六十有九，正德己卯十月十二日，以疾卒于正寢。方孺人厚重簡默，徒稱其迷，為婦為母，有聲范氏，凡公克勤克儉，用昌有家，不私不詭，以怡于親，孺人多助維助焉。先公十五年卒，為弘治甲子二月二日，享年五十有二。繼倪孺人，子男六人：中秉某秉誠、秉秀秉秉負、女一、惟貞、俱方未嫁卯。總孫男六，某某，孫女六，某某。諸孤揆以某年十二月一日葬公于清道鄉之原。爰狀公平生屬僑為之銘。嗚呼，僑忍銘公哉，然以昔辱公知愛最深且篤，而諸孤之所陳，皆僑之所飫聞而不可一

四明文獻集摘抄

為之表窆者也嗚呼僑其可以無辭哉謹為按狀序而系之銘方
孺人先權厝至是乃合銘曰
吾志之居重乎吾親吾督之專不私吾身吾財之阜固甯獨貧隱
不近名聊以義榮陶然沒齒閟茲佳城　維歲炯哉雙璧吁嗟
吾銘天地無極

明故文林郎湖廣道監察御史孫公墓誌銘　陸釴

公諱濂字希學姓孫氏其先河朔人宋季有諱仲者南遊至鄞遂家焉世有顯聞高祖元裳以孝行應辟主清忠書院曾祖尚珍祖某皆隱居成化間有諱紘者舉進士拜官御史以劾權貴謫判廣德州公之從伯父也考諱錕以公貴封監察御史母張氏贈孺人公生而穎敏甫髫齔日誦千餘言雖綜錯名數詰屈不可句讀一覽輒記不忘屬對賡客提育奇思長遂肆力于學以監察君久客

豪泗家既既蓄李日益奮鍾门而游其雲集亦多所成立宏治戊
午領鄉薦亞魁明年試春官中乙第例當署教事或功沮之公竟
以親屢就教業邑將之任遭張孺人之喪哀毀幾不自存凡喪具
皆已出不以累諸弟迎監察君歸養極其孝敬服闋改授南陵南
陵僻阻山隅士寡向学公至刻教範一封士心翕然正往改元孝
廟史事起修采天下实録備国萬守璉以公偕李屬纂成之庚午
典山東文衡與論服其精當辛未舉進士試政秋官遂究心法家
雖曾長郡素練寺英能窮詰蓋公天分極高所學過人類多若此
壬申拜南昌令以省施政冗又植桃源東鄉華林諸賊並熾邑幾
不支公下車不數月整頓諸廢井井有條至其廉靜勤恪為民節
縮于三年之間哉惠聲尤隆按部使連章薦之乙亥擢湖廣道監
察御史遇武皇帝西巡旋蹕被章服銀牌之賜尋奉勅清戎陝西

四明文献集摘抄

可当何

復按直隸河間諸郡凡畿輔多豪貴盤據政或撓阻公悉裁以法
亦不至矯亢宸濠之變車駕親征所過供費百出公與廵撫伍公
待協謀尾調民恃不擾嘗獲侍燕戎幄朗朗奏對無少惴上為動
容凱旋復以勞被賞賚庚辰奉監察君喪癸未起復出按山東監
竣事還京余走謁邸舍見公癯弱如不勝衣大异常度竊驚怪之蓋
公之在山東也值歲飢盜發百務倥偬窮晝夜不少停積勞内傷
矣公屢疏乞養不許仍命刷京畿卷勞悴益深復得命按廣西力
疾而南抵家月餘卒公溫厚與人樂易犯者不較居官二十年清
約如一日遇事喜為所歷多繁難精勤匪懈卒以勞瘁其躬傷哉
易簀之日命諸子曰汝輩孝養母氏以勤儉保家吾死殯葬從宜
毋作佛事且曰吾官至侍御齒踰下壽死復何憾第報忠未竭有
負國恩耳公生于成化丁亥七月二十一日卒于嘉靖丙戌二月

一日享年六十配周氏封孺人子男二長檟娶李氏邑博常之孫女次槐娶蕭氏戶侯孟銑之女女一適周子學錄姜瑞子德忠早逝孫男二觀一觀二女一皆幼檟將以公卒之明年十二月十九日葬于清道鄉壤東之原捧憲副陳公槐狀泣請余銘墓余生欣公二十年嘗辱公接引勤拳况居同里仕同朝憲副又公同志友狀皆可據故為銘敘其畧而銘之銘曰

有偉世器磐華振英爰輶爰奮爰歌鹿鳴彼為視原寒暑屢更亦底振羽鵬徙南溟百里展驥剸繁若声爰陟霜臺攬轡澄清姑歷閩陝戢向載行維時帝狩民情弗驚哀衷孔嘉錫命尓榮載按齊魯值戎麻寧既操踞尓力既摇尓精百粵之命興病瘴南征公志襄革竟其底成易簀數語耿耿心盟于家于国没有令名以俟終古勒之貞珉

四明文獻集摘抄　里

陰陽學正術李君宗翊墓誌銘　陸釴

李氏以貲雄吾邑者稱宗翊，邑之士以醇篤謹愿重鄉評者亦稱宗翊。故自縉紳大夫宗黨姻戚及里閈，此嘗與識者咸心醉焉。宗翊何以得是哉？夫世之稱有家者恒割情，割情故寡義；務豐殖者多崇私，崇私故媒怨。宗翊富而尚禮，積而能散，稅而能約，安行而不修，其知此於乎，故上下交頌之。余昔為諸生，嘗侍少司空董山先生，及與宗舜君同講學，見宗翊事董山甚虔，董山公亦不以猶子畜之。宗舜交遊多一時名賢，宗翊能推其愛而重之，諸賢士亦樂與之游。余之獲知于宗翊以是也。頃余歸請訪諸姻舊，則宗翊已在九泉矣。向嘗偕宗舜謁君之墓，見崇垣繚繞，巖宇鱗比，森泉石竹石翳墓旁，則又歎宗翊之能厚其終，非曠懷遠識，胡能及此？視世之較錐刀而靳于自奉，以至富逮其朽者，不亦陋哉。然則宗翊之賢

雖身之可想見也。西宗舜狀君述事，介其子丞嗣揮泣來請曰：先
君子葬且有年，墓石尚虛，以俟太史氏。余既追念夙好，又重孤請，
不敢以不文辭。按狀，君諱維翰，姓李氏，宗湖其字，先世深州人，宋
丞相昉之後。八世祖翼始家于鄞，遂為鄞人。高祖泰亨，妣祝氏。曾
祖伯儒，祖彝號葵軒，俱貴贈通議大夫工部右侍郎；曾祖妣蕭氏，
祖妣沈氏，俱滁人。董山公推也。葵軒生傑，號怡稼，有隱德，以例授
宣義郎，娶宣氏，實生君。君狀貌魁梧，性孝友，寬簡有度，雲人謙和，
少業舉子弗就，遂力農，積粟以贊其家。
雖權撲逆不較，樂施予，多所濟貸，較之奉火去千餘家。正統癸亥，
歷詒輸粟，授陰陽學正術，以祖居稠隘，別恢第居南，起世恩堂以
表先烈。蓋李世有為司馬郎、為方伯、為亞卿，先後炳耀，而怡稼翁
及君雖不仕，亦沾國榮，示不忘也。嘗遇正術缺，野有司委之，固辭
不赴。當董山公貴盛時，足跡罕及公庭，其恬潔多類此。董山公歸

四明文獻集摘抄

田囊厚蓄。宗翊时給艾之。公嘗欲製先塋勅賜三品儀節，力不能措。宗翊奮然曰：范文正公言，祖宗積德百年而後具，今姊丈之貴翰之起，家誰之功也？姊丈以貴顯其先，翰獨不能以貲助手。遂鳩工置成之。族人有業儒貧不能贍者，捐十金為之為產，宗舜得肆力李祠，成進士，宗翊之助尤多。君生于成化丙申二月一日，卒于嘉靖癸未八月十七日，年四十有八。娶五鄉碶傅氏，無出，立宗舜次子為嗣，故名承嗣，聘憲副汪公玉之女。甲申十一月二十四日窆，墓在城南清道鄉之原。銘曰：

李氏簪纓流世芳，君積致富雄江鄉。高城蔽日飛棟梁，原田禾黍千斯倉。漢庭輸粟不拜郎，江湖散秩身名彰。揮金结義氣宇昂，佳賓四座盈高堂。浩饑焚券無取償，三槐未數陰功長。君胡不壽嗣不昌，继兒玉立儒書香。佳城鬱鬱南岡，百年埋玉揚耿光。太史

之銘金石藏

江陰邑博戒先生墓誌銘　陸鈛

嗟乎此吾師慎菴戒先生之墓先生性謙厚溫雅抑己嚴恪外癯弱如不勝衣而中剛有智與人言訥若不出口然議論雋永有根據往往指片語折雄辯讀書期深造不競浮靡為文平實無險語而理趣自足故為諸生時及門之士屨常滿負笈而遠至者踵于途余先醫遯之豎余初業舉子家君為擇師命曰慎菴先生篤學醇行之士也余將為往遂師焉先生教有法程對諸弟子欽禮危坐言笑不輕發質疑辨難亹亹無倦容詢嘗進余兄弟語曰楩楠玲瓏匪攻弗器子慎所用哉蓋先生謂余兄弟穎穎悟故諄加器愛而其就造就期望之念視諸弟子猶至焉正德丙子先生以歲薦上春官居最授江陰邑博余兄弟亦先後成進士先生每一

四明文獻集摘抄　四三

寓書不忘規警頗余不敏于先生之教何能服膺萬一哉先生教
江陰一如家食時楷範飭廢振頽教雅抑浮尤是為許校先且善
推分任真樂施予士貧不給常捐貲䘏之故許士多感奮有家人
父子之義今先生遘疾劇尚相惴惴
晨昏醫禱罔懈及
卒哭盡哀奉櫬登道攀援號泣不忍去既乃請于當道進祠名宦
云嗟乎先生所以得許士心與許士所以眷戀弗諼先生恩義可
謂篤矣迺余于先生之歿悲啻許士之爲慟故不辭以不文之辭
爲辭先生銘墓然則士爲知己何耶按狀先生諱斌字尚质姓戎
氏別號慎菴世先維揚人九世祖諱景者始遷于鄞遂爲鄞人祖
洵以父薦授湖廣黄州節推父勵處士母李氏生先生孝養至處
養承順志意李早世處士嚴果怡適凡以先生侍奉有方尤篤友
愛昆弟怡睦有薛包風先生有子弗育擇其猶子曰立曰軿並撫

為嗣處如己出處族屬雖疎狀逮御童僕皆有恩容有負情謁先

生者語久不覺滔化市人聞而極其實聞先生履声必為引避其敬

信于人類如此先生生于天順甲申某月某日卒于嘉請癸未某

月某日享年六十配倪氏側室陳氏李氏立要陳氏嫡未聘女二

長適業松次王某墓在城南光同鄉遶湖橋之陰以卒之又明年

乙酉某月二日窆云銘曰

誰謂學之弗售河汾有徒實廣厥授誰謂道之弗彰賚祠既秩實

流厥芳誰謂業之弗繼猶子詵詵實　厥宗

孫君成齋墓誌銘　　　　陸釴

三十二年

吾邑夢菊先生成化間發解浙闈仕宜興教諭夢菊早世遂成齋

有穎資成齋甫髫齔能讀父書長益刻勵業幾就以疾廢攻醫其

窮搜方脈用本子觀理法故不數年超悟而深詣投劑輒見奇効

余素羸多疾恒賴之家人咸利其施正德末成齋遊京師朝縉紳
爭相延致門無停軌遂以一旅起家時權貴有往成齋者惟所祈
弗得成齋避弗少涉嘉靖改元年華幸進諸藝士院署一空詔選
名醫入供事科道交薦成齋既試春官果優選乃膺冠褫分醫師
之治未幾戎興甘肅諸鎮圍從募以邀近功獨成齋為大司馬
所知啟落之行以力以母老辭士大夫由是益雅重之成齋氣骨
俊發美鬚髯奮身雖以醫術而志不忘儒故言論舉止儼有儒度
至清修慎立恥謁侯門又儒所難者夢菊之澤豈淺哉菊夢菊皋
積而施吾意天必于成齋發之成齋所自期樹遠且大也年四
十四而卒位不充其藝業不盡其能亦足怨矣成齋姓孫氏諱姝
字德常以成扁齋自號遂號云世家于鄞曾祖炳倫仕長樂令祖
璧終郡庠生父銓鑰即夢菊先生母章氏繼黃氏子男二長樹次

棣、女一、適屠大綱、成齋以天順壬午十二月二十八日生、嘉靖乙
丑三月二十二日卒、林等扶柩南還、將以某月某日葬于艾山之
原、弟泣捧狀乞銘、予甥孫有連、且生負成齋之德、烏死可以不銘
之曰、
賢哉楚蘭、根清修兮芳躅、業也岐茂、潤儒波兮耿光、祿也辟士、悼
勲名以兮中止、銘也史官、勒貞珉兮永存、

廸功郎樂安少尹蓮塘董公墓志銘　王　文

嘉靖三十有六年八月十六日、蓮塘董公以故樂安少尹卒、距生
弘治十二年七月二十五日、爲年五十有九、營葬機源鄉馮宗灣
之陽、卜卒之三年十有二月二十三日、樂安未卒也、棄官而歸、樂
宗居者七年、其未歸也、以近任少尹者期年、其未近也、爲弋陽判
簿者九年、前此則兩有薦于大郡、聖天子所由嘉錫命也、庚子就

山居談

銓辛亥致政丁巳而考終不登始壽惜哉公諱湲字宗周號蓮塘漢江都公仲舒裔系是自梅隱君伯莊由慈谿今居始移鄞祖于是傳頤菴君文信封監察御史文信文信生春拔君珍贈給事中珍生遜齋君宣義郎處實生公公之同生兄四人弟一人皆弟士服其董素多貿以先輝映言路科第接踵起故其宗儒染訓典之内務相激摩恥齷齪居人後公以悼怙恃益振奮期克自樹立既而又挽頹之相束其畫從事鄉大夫梯榮上國徑捷仕階遂解得試緣飭以見治行初入弋即握令之其地衙其伎詭殊不為苦尤善推恩威之施民知愛而好究悚息馳或司府下所疑獄一屬公勘訊乃平常臨弋其今論于蓋板可知矣已閱之黃岑窠貫盈之民各見建治追復百餘年久假之役于鉛山驗田四年二力以百計去七勢家有奪僧之田而使代其之輸于是悉正詐籍其勒石龜峯

寺中惠章之也此皆古循吏所為而世之名流自待其稍武惕于
勢焉固有未敢究竟矣採厥抱蘊謂丞佐足以令公否耶及歸則
重構苗畬之列式廓前光凡有先之祠像叅北廉不致力焉其先
第比其宗郎不匿其親故以至鄉之生等以存死等以終年積餘
散之餘施庶幾其在矣飲食燕樂雅歌投壺歙蓄治理以發揮泉
石之趣樂知公者曰公少習奉子孝其所作為固宜爾也不其然
歟初娶陳氏再娶林氏姜氏側室聶氏子四人長曰穀今列職於
公官曰校太學生曰杏曰棠俱幼孫五人曰光春光儀光春光奏
奏光秦女二人銘曰
簪纓茂昌而死宗乎適隱雅而死公乎齒壽并齊而死天乎江山
蘊藏而死地乎松柏陰封而死人乎吁嗟徵銘而死余乎貞珉永
言而死文乎嗚呼公乎余其文乎

四明文獻集摘抄 四六

周徵君心田翁墓誌銘

鄭濤

徵君周姓，名湛，字廷實，鄞西大塽山人也。嘗自謂曰：人田以土，我田以心，因號心田，人亦稱心田翁云。翁自高祖福一公徙居新莊，以貲雄一邑。曾祖得延，號負素，敦實尚行，篤志好古，天順間輸粟賑饑，詔旌其義，奉執楊文懿公有富敵計然、學富言偃之褒。祖諱敏和，長厚君子也。父諱琰，以賢良舉不就，早世。翁甫七齡，族有不良子，行其利其財，翁從母氏引避外家。弱冠歸，轄訴產業，乃毅然曰：此吾家世所自植者，即不事田舍翁，奈何不念吾祖父積累始謀之心乎？于是經營芟廢，闢畦潤畝，至忘餐沐，躬倦于勞，歲課出入，視祖父時更振奭焉。翁孝友天至，事母太人，昕夕惟恐失其懽心，終厥身弗忍頃刻離。半道以舊宦游于外，追析產悉以沃腴歸之，而自取其荒且瘠者，人詢其故，曰：吾不仕，猶可以力墾也。嘗葺文素翁怡怡云。歲時伏臘，與諸父昆季燕飲其中，有貿乏者咸周之，雖捐百金不吝。其儉，其厚宗族，聯一本之義，大較若此。翁儀觀魁傑，性磊落高亮，好博施，持公道。里中有弗平事，翁立數語融之。然服御，人以故多咸重之，即王彥方不過也。嘗入城中拾遺金，嘆曰：吾獨不為寶乎？均乎。使人覓遺金者至而悉還之。居常恂恂渾厚，未嘗以意氣凌轢人，接寒細輩與高貴人無異，即下逮臧獲，亦加惠愛，不輕詬詈。秉其義，一介不取。與朋友交，久而益信。為人謀一如己謀。其寬惠豈弟，孝于族，賢聲義聞洽于人，凡此。娶徐氏，工部郎中祿之孫女，孝姑克家，儀法婉美，實于翁有助焉。翁生于成化辛卯七月廿六日，卒于嘉靖壬辰十月十八日，享年六十有二。子三：孟華，增廣生，娶鄔氏，繼郁氏；仲華，娶朱氏，繼宋氏；季益，娶王氏。孫八：畬，娶宴氏，繼張氏；儆，娶俞氏；任，庠生，娶陳氏；僖，娶楊氏，繼陳氏、林氏。

四明文獻集摘抄 四七

价庠生，娶張氏；佼娶徐氏；保娶金氏；傑庠生，娶何氏。女孫一，適李人重銓。孫柯，曾孫大順、大魁、應寅、大代、大勺、大武、應傳、大文、大呂、大才、大受、大年、大常、應宋、應辰、大雯，十六人。曾孫女二，長適參議聞公澤之孫，次許舉人余君寅之子獻可。玄孫一，玄孫女一。益之子保，今新塘先生，年隆慶辛未進士，典校雯州，文章風誼為文士依歸，行將推轂廟廊，光昭世德。君子謂心田之報云。濤等仍參例寮末，辱不鄙而屬之銘。銘曰：

夜光之珠，不以彈鷹；青萍之劍，不以斬鯨。反而惟義，富不役形。卷飾惟時，善不近名。反之天倪，守之玄冥。蒸之孫子，龍翔鳳鳴。楚英卯璈，貴爽佳城。允矣心田，種德攸徵。厝茲完壤，千秋永甯。

周君水心翁墓誌銘

郭正域

公諱萃，字惟聚，別號水心。高祖諱得迮，自大塽遷居新莊之原，以嵩雄。里中歲饑，出粟千石，佐鄉党之急。有司以聞，旌表其門，得延生敏和，敏和生琰，琰生諶，諶娶于徐，生三男，公其仲也。為人倜儻有大節，白人排難，事已無德色。里中人多附之，人有不平，就質于公，一言而決，不煩公府治也。嘗早起入郡城，城門尚扃，徘徊闉闍，見地上肶埤跆籍，若有物，蹴之，得囊裝數十金，姑牒存焉。公意為里魁訃遺，俟其人不遇，順途求之，俄一人至，惶遽失色。公詢其由，人告之故，悉舉以還之。其人謝曰：此官錢也，微公吾幾不免矣，將何以報之。乃感泣而去。宗人有鬻產者，爭值不決，眾謂非水心乃宅中有一人，素與公善，意必有左袒者，及廷論兩家言，竟無偏向。其人失望懷恨，以一瓊擲公，幾中，公笑而避之。其人自悔曰：我以私意望公，我過之也。卒受公議而去。其以徒服人若此。公素不能爲之較錢帛、問生息。中年遭海上之驚，又以閭右籍辦重役，家殖

久

益中落晚年復燬于火當其產僦舍以居稍鬱乜不樂後一年以疾卒之之日人皆流涕遠近吊者如市蓋所謂不靳言而言不靳哭而哭者矣兄文泰公革弟封主事公益最相友愛曰吾兄弟三人百歲後必同坎而葬庶得偕徉于地下乎其後公先卒後四年文泰公卒後二十年主事公卒于是卜兆于所居之南二里許寧義其中公與配朱孺人紫孺人合葬于左文學公中主事公右如平生言公生于弘治甲寅十月廿一日卒于嘉靖辛丑十二月六日得年六十有八朱孺人生弘治（甲寅至嘉靖甲午年四十一紫孺人生弘治[illegible]至嘉靖）丙午年四十六生三子長做太醫院吏目娶俞氏次任郡庠生娶陳氏次佼侯門教讀娶徐氏皆朱孺人出孫男四人長大順郡庠生早夭娶稅氏繼張氏次應寶翰林院編修娶趙氏次應寯郡庠生娶李氏應案聘莊氏郭正域曰予與應寶同官應寶有名世才身任撐行[内]之然如不出口躬行君子

也。意其先世當有善遺後人，深山大澤，實生龍蛇，今洵水心公制
行若此，其報施宜何如哉。昔管幼安鋤地得金而擲之，彼獨行其
意，非有濟也。公見利不動，有所存活，天道神明，高高在上，當其時
豈無鑒於斯乎。顧卒無以自食為善之報，庶乎屢空，不富而仁義
附焉，卒之孝友家邦，施于子孫，德之所及遠矣。一經之教，即當時
黄金滿籯何用哉。銘曰：
公為善而靡愧于德，公好義而其皇于屋，公垂教而式似以穀，公
在原而未拱其木，公食報而子若孫朱丹其轂。

明勅封承德郎刑部福建清吏司主事養心周公暨配孺安
人王氏合葬墓志銘　沈一貫

公諱益，字惟善，其先蕭山人，自諱秋舟，避兵于大塽，為鄞人。稱貞
素翁者徙新莊，定今里居，貞素積而能施，鄉里惠其儉，有司表為

義門、是生敏和、敏和生琰、琰之生諶、是稱心田翁、公心田翁子也、生
而靜慎、少年以孝友聞、母徐氏疾、親滌廁牏、不解帶者數月、居大
事、毀瘠逾理、稍長、就經生家、爲事奪不竟學、亦不忘所學、悠然適
肅然隱先君子也、伯兄華爲諸生、仲兄萃督家政、而公從兩兄
養父、左右無方、有不懌、必從容柔婉以解、王安人之來歸也、不逮
其姑、甚恨之、而敬恭孝子、以歡其翁、翁好客、嘗畜饍醴須之、賓客
簡樸、不聞纖語、服御淡素、節縮以量、而獨爲諸子延師友無所愛
曰、吾所爲不貴者、爲有貴也、此其所美、追心田翁、舉公猶孺子
慕、而扁其齋曰養心、以志思、人稱養心翁以此云、公爲人好任而
篤于誼、遠祖堂在剡山中、歲時必披榛莽識之、以爲常、有半畝之
廬在邑、燬、則集匠鳩工、必復故處乃已、恥設財帛、守數椽不憂不
跡公庭、郡大夫蔡公雅敬之、禮鄉飲奉大賓焉、公爲人長者、不設

城府人路或迂之卒乃信常曰屈伸往來天之常理吾或遺模欣
然自以為礙我苟有觖意之萌更不能寢食故終身無惡于人萬
歷壬子皇子生公以子保為刑部主事封如官而安人已前卒亦
受贈云公生弘治己未卒萬歷丙申戊享年八十有八安人生弘
治辛亥卒嘉靖乙卯享年五十有五長子儒娶楊氏繼陳氏林氏
次子保即主事今為南雄府太守娶金氏封安人一女適鄉進士
董鏜孫柯而寡孀有志節公及安人多方護持卒保嬰而逮艾和
孫男五大器娶李氏大年娶朱氏大常娶鄞氏應辰聘張氏大夏
聘范氏孫女一順臣歸陝西學憲余君寅子獻可曾孫男元表曾
孫女二安人前塟于清道鄉萬歷戊子四月二十九日奉公與之
合而諸孫應寅謁不佞書其幽以貽之後人銘曰
窿彼崇丘孝友之摯封公既游安人與偕惟帝善庇惟善是喜原

[illegible] 之四明文獻集摘抄 卒

其福址子孫祭祀

明贈詹事府詹事兼翰林院侍讀學士弘宇周公偕配封太淑人陳氏墓誌銘

葉向高

少宰周公方直講幄教庶常而失其母陳太淑人先是戊戌冬公父宮詹公捐官館舍業已卜兆于桃源鄉大包橋之西至是上命以衛慶其世制以太淑人合仍諭禮臣祭祀令甲加一壇將以丙午年十一月十七日襄事少宰公自燕馳書屬余以誌銘余與少宰同籍同官托契味之好二十餘年矣即不文無以辭斯役然誼不可辭按狀宮詹公諱任字子重號弘宇以少宰貴累贈詹事府詹事兼翰林院侍讀學士世居鄞清道鄉曾祖琰祖璁皆有隱德父萃贈如公官娶朱淑人生三子公其仲也公少治經生業精大小戴過世方籍有學宮益自勤勵哦書高樓聲徹晝夜聞者皆驚异

曰誰家書生讀苦若是然竟困有司以其學課少宰遂薦公車時公年已艾嘆曰吾老矣豈能復辛苦鉛槧間博青紫哉乃輟業又十餘年少宰南宮高第入翰林封公為編修公為封君猶徒步城市中不輿不蓋布衣蔬食無改平時或謂公似太矯公笑曰我故諸生耳奈何以一命改哉其治家纖儉節嗇事無大小尾畫井如以是能自給而少宰得安于官無饘粥憂公歿而家復困少宰太息曰吾今乃知家大人之庇我也公又篤于天倫與伯季同居至老不析箸與人交洞洞坦坦以絕無城府好面折人過而胸不停留纔急相拄必竭力救助故嘗被公折者亦終不怨公曰公肅而慈真長者也太淑人之歸公年纔十八叢不逮其姑矣太淑人曰長嫂猶母夫如也不猶姑乎朝夕恭事不敢鈞禮家政悉聽纖而躬任薪水箒帚之役暇則織紝衣公與諸子且以佐少宰讀常丙夜不

不休少年少倦輒請訶李苦乃成孺子何不自力其御臧獲甚有恩意、不輕詬詈也、終其身口不道雌黃、面不見喜慍、閨閤中之知道者、非但以婉淑稱矣、太淑人初不宜子、慈溪有張醫者、嘗赴公族人之招、至則其人已就木、家又皇遽無暇及醫、醫困甚、賴[illegible]公延而飲食之、買舟導之、乃得去、醫請公父長者、宗有病、欲療、使某藉手報手、公父謝無有、已思之曰、吾婦久不孕、是子藥否、醫者曰、是不難也、診而遣之方、謂進三劑、三月而後孕、太淑服兩月而穀、醫後遇公、父詢知其未孕也、因亟續之、無麻前功、如言而孕、人咸神其術、識者曰、周氏其昌乎、醫之神、天啟之也、蓋周自贈公而上世世好修、四明人称徐門、輒推公家、公父子祖孫三世被命秩宮端、而少年以經術行業、結知明主、受爰立有期、非其先陰德厚、何以有此、謂之天非耶、公生嘉靖丙戌正月二十一日、卒于萬曆戊

戌五月初二日太淑人生于嘉靖辛卯十二月五日卒于萬曆乙
巳三月二十日公年七十三太淑人嬴其二子男三應賓吏部右
侍郎兼翰林院侍讀學士即少宰公應儒應寀俱諸生儒後其淑
文攸寀以伯儆子天未立嗣權爲之後主其喪少宰娶趙氏封淑
人後太淑人十日殁卒應儒娶李寀娶莊繼陶孫男二元起恩生
聘少傅大學士沈公一貫女元登未聘孫女三惠姬適舉人杜登
益婉姬許苑馬少卿張邦伊子子璲端姬未字史氏曰余觀官詹
公發憤下帷潛修力學宜通顯矣然不于其身而于其子方之前
代亦昭允之于子瞻也子瞻以才遇亦以才擯則昭允縱橫之季
談之再少宰恂恂善用其才詎得于公者遠哉乃太淑人之教少
宰以視蘇母程夫人奚愧焉是爲銘銘曰
維周之先厥徒世澤鴻儒繼起家不圖窺左璞莽剖執究其施然

明系云

文四明文獻集摘抄 五十三

姚同心如瀾而楚俞並陟張良史嗣之承明入直啟沃論思誰共
番此報食年涯東海新阡双玉埋斯同室式廓宗伯陳辭高岸深
谷祝此豐碑

太學齋七弟墓志銘　周昌晉

嗚呼此吾第五齊七氏之墓也齊七氏名昌歷世居新莊生于萬
歷三十九年辛亥十一月卒于崇禎十七年甲申五月俱初三日
年亘止三十有四耳嗚呼我周自貞素公來不特科名奕葉之蓋
亦世濟耆壽焉貞素公壽八十一三傳為余高祖壽九十有一又
傳為教諭公壽八十有五博學粹行以明經任新喻教生贈公壽
八十有六先大父羡贈文林郎先大夫亦以明經起由涿訓陞知
含山遷蘇州府丞致仕進階朝列大夫壽八十有三生不肖昆季
五人而弟最少先母毛淑人得弟又最晚愛之甚性穎敏年十六

補弟子員、隨姑蘇任、援例為國子生、及先大夫之致政也、惟弟侍
而歸、夫人情莫不喜榮進、而自忘衰暮、顧稚弱、而為計久遠也、先
大夫既廉于官、又念戊子之火、延及上世歷事、對熖誓後重構、至
是用修飾、克完前業、以故囊益蕭然、而廼免致仕歸、雖先大夫之
素志定向、亦弟之栽松種菊、是以娛賦歸來也、惟嗜酒、即獨處於
誦亦命觴、必醉送、緣此得濕症、後先大夫四載而殁、嗚呼吾弟不
幸三十四歲、以一周生子、没、猶幸後殁四載、不令先大夫見、以傷先
大夫心、又幸先殁一載、不見世事之變、獲全衣冠以終、若使弟今
日在、吾不知其醉與醒與、然後知向之日湎于酒者、機先見矣、要王
氏、明經王雲龍女、女與弟同歲、生于八月廿四日、其殁也、後一弟
二百五十日、以慼傷殉身云、生一女新姬、適沈紹復、即文恭公玄
孫、一子冀泰、甫四歲耳、四弟秉六、受寄託攜鞠、過此生丁酉盗亂、

之四明文獻集摘抄　奎

翼泰暨四弟六齡兒緯泰俱被掠去，來六逗曰：使吾若得二子矣
而逃，必為鄧伯道矣。越數日，兵入搜寨，得緯泰于叢棘中，投抱擲
卒曰：收之，吾佃戶也。時山寨掠人為質，索金錢，稱佃戶，且曰吾更
有兄在鄉，呼于山而翼泰出，二子從箭叢中相負曳三十里歸，奔
室悲喜，咸異翼之幼警。乘六曰：天實賛之，以祐我齊七耳。今已為
翼泰娶文學趙人驥女，生孫光傳，弟可瞑目九京矣。先大夫亦每
臧我初乘六擬治司空，尚齊七同圩，久之未叶。超世後多故，淹齊
七淺土。爰卜庚子臘月十五日營于千丈鏡之原，葬吾弟若弟婦，
而題其石曰鏡岙兆也，而未兆也。予因系之銘。銘曰：
雖不壽而有後，祚也；祐雖不揚，逢滄桑，其幽也。蔵鏡水澄，岍山青，
弟不死也。逃禪薛醒。

舒伯可墓誌銘　　危素

君諱堯俞，字伯可，姓舒氏，余銘象山教諭楲之墓，所謂通直郎贈
承議郎𪺯之五世孫也。承議長子琥，宋宣和七年、紹興十六年兩
二舉周南鄉貢，淳熙十一年特恩對策，以直言迕世，在次等，官至
通直郎、差簽書威武軍節度判官廳公事，致仕，轉奉議郎，其子官
嘗單騎深入虜徼，以片言釋其兵。母樓宣獻公者，其[萃]承議生桐，散
郎洽，君之曾祖也。祖槃，父烨，母王氏。君生以元至元十六年正月，
父教之甚嚴，盡從外傳受業，夕講習于家庭，學博而不囿于異端，
文工而不趨于淫靡。南之家去，如坐春風，飲醇酎，至論事曲直，則
明辨力諫，而必歸于正，不可少屈也。鄉校聘為諸生師，經其指授，
皆有可觀。至順元年春，感疾，至于革，問者以寬語解之，君徐應曰：
修身以俟，夫壽不貳，平日所守，確不可拔矣。訣別骨肉，了無戚容。

□□六　　乙　四明文獻集摘抄　一

乃以七月乙亥卒，享年五十有六。葬以元統二年九月　娶蕭氏。子男祥生、元生，女三人，適俞義、適江、適甯，其婿也。君之墓在奉化州結埼之原。葬後十有三年，祥生游京師，來請銘。銘曰：

結埼之阡，蔚彼喬木。善人所藏，過者必肅。

沈秀才墓志銘　危素

始素里中陸文安公、新安朱文公同時並起，而文安公之高弟弟子在四明者四人，其沈端憲公。煥素致書大瀛海道士呂雲東曰：端憲公子郡人，遺書當存，能為求之，甚幸。至正三年秋，呂君以書介沈君師孟奉遺書來京師，既繕寫而序志之。于是師孟數相往來，察其為人，蓋謹厚簡默，可進于學者。明年春，素以使事出史館，遺書，而師孟亦歸省其大父母、父母，且曰：吾將待先生慈溪之上。及至鄞，則師孟舟次會稽死矣。其弟闓善以狀來求為墓銘。方是時

呂君孫先師孟一月以死悲夫尚忍爲之銘耶按狀師孟諱性善
至治元年三月生警敏慧篤志于學弱冠能爲舉子業居家孝
敬愛族族黨交譽之嘗曰昔之君子往往遊以充其學藏深伏隩
不幾隨手廿至京師實業命于古文而復啟行 還至呂梁疾作
卒之日三月壬子也得年卌有四父偲友母張氏大父壽翁娶方
氏子男一人道心以文明年某月日葬于慈溪縣西嶼鄉桐楊之
原悲夫尚忍爲之銘耶銘曰
端愿書以復行後嗟子之名同不朽我銘斯阡始永久

陶學錄壙志　　　　鄭　真

先君姓陶氏諱宗奎字瑞卿世居奉化州忠義之鄉之九峯曾祖
諱安祖故宋朝奉郎新改差權發遣邵武軍事兼管內勸農事妣
某氏祖諱某妣楊氏父諱某妣某氏兩世皆以儒行有名州庠先

君生于　　某年六月廿五日癸巳。幼聰悟，長端謹厚厚重寡事，
有法度。先業從鄉先生南仲李公問學，書史通大意。至大庚戌，
始來郡城東山松崖謝公，招為贅壻，居數歲，得城東廂一廛，遂徙
家焉。先君性孝友，二親色養備至，連遭大喪，籲詞延薦，捨本妹益
篤于宗族，尤盡恩意。教子若孫，必求名師，舉祀婚嫁，務盡其禮。
客相過從，遇時飲酒賦詩以為樂。急難赴義，恤貧哀窮，名勢一不
動念。至正乙未，江淛東元帥府署處州儒學錄，先君不之就，嘗曰：
南諸道行臺監察御史李文忠以先君賢達並聞薦諸
九峯衣冠故里，吾不敢望也。時往來其間，得地一區，溪峰旁遠，遠
列圍裹土，植木，築穴為壽藏于是。年既老矣，不問家事，闢一樓，雪
菴李公嘗題其額曰懷安棲雲，其中不越戶限者數年，遂以至正
二十一年三月二十八日　　卒于正寢，年六十有九。嗚呼痛哉！
娶謝氏，先十年卒。子男二：長恭，早卒；次思敬，海道都漕運萬戶，令

史女二、長許嫁李次適同里李某以李孫男一、汝賢、女二、思敬不孝忍死將以是年十一月廿三日甲申奉柩歸葬忠義鄉徃墅里瀏公橋之原與謝氏合兆日薄未暇乞銘當代鉅筆姑誌其歲月大概納諸壙哀子某泣血謹識

明朝議大夫福建布政司左參議南江戴先生墓誌銘　余胤丁

有封若斧于桃源宋嘉橋之偏曰明奉議南江戴先生之墓余瞻而望焉過而式焉者幾十五年矣始余為諸生從諸博士弟子覲鄉飲于學宮見主人儼衣冠佩觿豆而肅賓其賓頎儀修軀蒼髯出繩趨使人翼之鎖其矜嚴者戴先生也既余舉進士為史官修窆事于鄉而戴先生尚無恙不欲子弟余而獨與敵禮余慕戴先先甚嘗思効其履之以述明德以覲後生而戴先生仙逝矣已礼所謂生有施于民死有聞于後表正鄉閭者非先生其人耶按狀

墓誌

先生諱鯨字時鳴別號南江系出宋戴公後共齋散雲淛東至諱
陽者從共詩父石屏先生學詩宗子鄞高岡里七傳至封承德公
鍾承德公生亞中大夫浩歷仕大府以治行祠于學宫亞中公生連
城學諭封奉直大夫刑部員外郎横配杜氏封宜人奉直公生五
子長鰲尋甸知府次鯉宣義郎次郎公次鸞都察院副都御史次
鰲工部主事皆起家進士而宣義公獨以貲補郎先生々而不辟
与中丞公同遊李中丞公以敏聰先生以静重皆有声弟子員尋
以周易同李正德丙子御薦登嘉請癸未進士授令番禺番禺称
南海都会奉直公憲其任遣人与俱公曰大人爱兒為不任番禺
也年而佐之然兒固饒為之無煩佐也既至考政匡俗向民所疾
苦得山寇跳以捕海寇狀乃誘以恩信開以生全或降或殲民以
樂業又為闢因畝劝農桑均徭役選良鋤奸間又闢其弟子之秀

者而教之。又捐俸金以修舍，額其餘以助貧不給者。聲名籍甚。時
南海霍公韜、方公獻夫以言禮驟貴，人皆捷趨，公獨介然自處，二
公交賢之。居三載，羸羨以千餘去，年改行李蕭然。南粵奉公治
行第一，稱神君云。丁亥六年考績，陞南京工部虞衡司主事，監鑄錢。例
進錢樣若干，公卻之。已而督儀真廠，廼條陳利弊，修水門，通漕道，
職事大舉。比營顯陵，督徵太諸路領覽，公以諸路災傷，請于司空
章，公極奏減三分之一，以蘇民困。兼隸瓜洲，洲故年行廠律者不
便，遂移劄儀揚，勒石為永寄守計。已又理龍江關稅，嚴計奉公，毫
末不點。晉營繕司員外，革蘆洲積弊，減薪水頭役，革為令。尋遷南
京刑部山西司郎中，旦夕視爰書，不為重劾以鉤能聲，平反者年
憲教人。辛卯十年陞江西按察司僉事。考功郎上高況維垣請毀齊宮
垣舊廬舍，託侍御李為之地。公曰：況君非孔子之徒乎？左門墻則

毀之不可況嗛之中以蜚語誚倅鄧州公處之秩如日維䌷校經史若師儒然時京山王侍御檄以直言謫判一見語合遣其子宗茂宗蕃執經問難公訓迪如己子州治頹毀民兵若干散處無統乃屋而居之嚴操閱慎稽補規約甚詳尤加意學校先德行而後文藝隨材鑄冶士以蝟興乙未十四轉丞福建汀州先是同邑陳君以丞死坊于官公代之或曰丞罪殺人慎勿居公曰吾期無負丞亦何畏哉于是清軍伍折刑獄事無細大一以樽節愛養為心暇則與斈舍進諸生而課迪之如鄧焉時維揚馬公坤江右俞余鈿皆同官一時稱良牧云庚子十九後除僉事湖廣分巡湖南黜贓吏高尚等數人部為震肅兼領武昌值聖駕南巡之役務羅大役公私告匱公乃蠲苛專靜流民始安會督學使者員缺撫按推公代之引拔佳士居多公性簡約雖冠蓋之類不與史競羨終湖湘僅一澈盖而

已至同列論駁是非。嶹然至今。楚中士大夫。欽公風節不衰。時挎
臺陸公述。清戎姚公鳴鳳。方交章薦公爲誅道擬。而公以杜太宜
人喪去矣。乙巳服闋。補僉事福建。備兵建寧。磅賊嘯聚。殺官軍。流
入浦松政壽四邑。勢猖獗甚。公適至。曰此不足煩大兵。要在防守。
即議狀上七事。扼險隘。均戍役。廣偵伺。備虜止。厚儲偫。嚴督捕。以
賞罰。侍御何公維柏深納之。已而賊果深入。公與都指揮盧鏜犄
角而殲之。俘其魁八先生陳鳳等。戮於市。事平。何公將疏上公功
適以言事被逮。不果上。三山饑。米價騰貴。延汀皆遏糴。公請於方
伯蕭公。晚發帑開庾。所全活以萬計。嘗驗紙衡。謝絕一切請託。斥
侵蠹之奸。減浮冒之弊。公私賴之。至浚松漢舊學。新廷手畫院修
名宦陳公祠。歸國練支人祀田。政績爲尤烈云。郡故稱八閩通衢。
冠蓋湊集。時當路某欲樹綽楔以表宅里。公曰。蘇紫陽先生澗里

也。時得而掩之，為樹坊曰东南文獻。既而其人掌銓部，銜之，遂不不復敘用公。先是全閩疲于驛傳，公謀于臬使周公延及侍御趙公應祥，請行隸各道，以蘇馬遞，紓国賦，以是叢謗于公。公之曰：吾為国得請，昌邮哉。丁未春，轉本省布政司左參議，三山之民詞之，皆手額相慶曰：我公固嘗無恙，遇羅以活我者。居無幾何，丁奉直公艱，號泣來奔，廬于墓三年。司府具牒請起復，詩誄輓為之助。駕公曰：古礼七十致仕，今其時矣。隱年以干祿，欺孰甚焉。亟進以達，孰忍孰甚焉。遂投牒杜门，独坐东白樓，絕口不談榮進事，日夕手一卷，寒暑無斁。古今經疏疑義，紬繹靡倦，間商时政，斤斤之論辨，率皆有益于民。嘗蒐獵郡乘之遺，輯為成書，名曰志徵，語具張司馬敘中。尤好詩，所編田园雅音，多抒衷于情性之正。蕭亭沈太僕愷為之序。九郡大夫至鄉飲大老，于上庠審而乞言，必以公為首，公或辭

謝不敢當大司馬張公坤與公同年甚歡嘗左轄浙藩遣使候公
訪親或讀其書求速恭公知之汗慕之下因追其使命其子弟往
復焉其家居潔廉類如此公天性孝友塞湖茂懿自童時已免先
憂除樂之志與諸昆弟同往姚美而相師友當奉直公杜宜人存
時每以弗克迎養為歎自筮仕分俸以底宦成年一歸省則色愉
禮恭偹天性之歡除先丁二艱時及耆矣寢苫枕塊朝夕一溢米
哀毀逾于壯年事太守公如父終身友愛不衰尤加意祠墓展謁
祭祀一稟禮法及長族屬每時率族人拜祠下甚恭又以譜牒久
缺捐貲重修平居無疾言遽色人亦不敢以犯道干之與人交修
已郄不修人之郄諸獲侍先生者如坐春風中穆如也親故有不
不給者必援已有愧之其自奉甚菲食不重肉衣不襲綵終身無
妾媵之奉與王安人居白首相莊猶一日也時閩太宰澗宗居簡

貴。聞公車聲，則倒屣相迎，燕語終日。其為先達稱慕如此哉。丁卯春疾作，公臨鏡自像曰：病起初春，猶可療；脈跳近暑，已難支。至夏，醫果無效。一日，忽召子孫引滿訣別，問家事，則默然。逝之日，猶正衾就枕，勅家人無怛化。時隆慶改元八月二十六日也。距生成化辛丑，得壽八十有七。配王氏，封安人，同往偕老，相事治家。先生家忘窶而仕忘勞，秋毫皆安人力也。子男二：長即士元，益府典膳，娶王氏，知縣湖之孫女；次士良，邑庠生，先公卒，娶陸氏，知縣登之女。女一，適按察使呂公和孫、庠生舜臣。孫男七：昇、冕、番、禹、俁、郡邑庠生、昱、昂、晋，皆業儒。孫女一，適僉事黃公紱孫、太學生梁川。曾孫男七：君堯、君璟、君周、君相、君楙、君祓、君祥、君祥祚，尚幼。曾孫女三。公歷仕中外幾四十年，死之日，唯石田一頃、瓦屋數椽，身外無一長物。其介廉正直之行、和粹長厚之風，重于鄉評。為文宗昌黎，兼法左

穀班馬，許莽有潤，庾集、東白樓稿，郡誌徵四明文獻，四明雅集，歲于家。銘曰、

鳳有羽兮麟有趾，国有嘉祉唯君子。戴公巖巖玉爲倅，昆弟勝仕邦，許侍公獨貌，斷作惇史，不忝祖祿，曷孫子人道修，只天必啟住，世八紀，福于祀，梧栢翁翳，邱隆起，桃源游之，高閎里，誰爲表此，余仲氏。

贈登仕佐郎鴻臚寺序班正武范公墓誌銘　余有丁

范贈公有弟司馬公，與余先人同時，偕雅相愛，既余居官，與贈公子同卿里之人，嘉兩家觀相愛，共子猶子又相愛也，贈公子好書于古今圖策無不窺，尤多蔵神經怪牒，余故時之適贈公子，遊贈公子亦時時出其許藏錦文縹帙，標白朱介示余，與余道故舊相愛又甚歡，余執草制，後役例得草贈公制，一日贈公子具冠服懷

董熙元 ▶ 先

剌謁余曰：不肖幸也，邀寵主上，得弛不肖秩，贈先君子，又半而所

待制草廬先生，推先生國之文。句月，手一狀謁余，眏旁若涕長潛

横下，進曰：先君子下世數禩，墓木拱矣。先君子雖年葉立，居里閈

要亦有自弃者，敢邀先生一言銘誌石。余推國家典制，録且子勞

得命其祖父，爲有所擇于賢不賢，要直以爲恩耳。若公者，賢而可

贈者也，銘安得辭。按狀，公諱鏞，字文卿，別號正所。先宗左僕射宗

尹居湖廣襄陽鄧城里，遷南宋至鄧。仲子水部員外郎麟，贅魏丞

相杞女弟，遂居鄧城西。自水部至公十三世。公祖沂，徙巽司訓，文

懿以子司馬公欽貴，封膳部員外郎，母王氏封宜人。公生岐嶷，不

好弄，司訓翁雅愛之，嘗攜至官所。比長，代膳部公持家秉，則曰：余

家督也，爲敢愛其力，詒家大人憂。家大人左，又爲敢私一毫自多

于許昆弟。刻攻章蔬茶，晝夜蒿目，与諸儒保操作以起家。家之有緩

急難輒肬儒人，蓋瑶佐之。年少慘時，憑其弟司馬公力學，司馬公得一意官學，為時名卿者，公力也。既司馬貴顯矣，公處之若平時，喫蔬衣韋，愉愉濡如群處，不知司馬公貴人，亦不知司馬為公兄也。人有功公入貲為郎者，公曰：家世業儒，至今日有弟若是足矣。吾豈不能粟堅策肥，吾慢人謂有覓也，無以胥儌倖來，使世人不得藉口耳。性好予，貧者賑之，恐弗追，未嘗以年為解。族子摘而赴水溺矣，公拯溺者者為居澗族子，各相釋去，遁公者鬻女以償公，還其券，歸其所鬻女，且畀之使有家，以故人莫不論公誼，謂公不獨不覓其第貴也，黃好行其德云。晚年以酒自適，多賓客，輒自飲之輒醉，醉之憨憨，不辨人，亦未嘗刺刺嬈嬈，與人有所辱薄。嘗言曰：吾醉以隨由乎我，白衣相致由乎人。嗟嗟，公可不謂達哉。余讀先生書，謂醉者墜車不傷，其神全也。嵇阮者流見謂得全于酒，然亦有

臥枕以逃世，故憤悱之氣稍稍見篇什，間若公況每自尚不作爲

見不治苟得，澤然愉悅，活[淡]身而已，而不謂全與公生於弘治辛亥

十月五日，卒於嘉靖壬戌八月十有五日，享年六十有五，以癸亥

十月廿有八日卜葬於湯家涇姚董土翁之原。配陶氏，少公四歲。

生子六人：長大澈，鴻臚寺序班，娶李氏；次大涵，縣庠生，娶陳氏；次

大潤，府庠生，娶徐氏，繼娶蔣氏；次大濩，山東布政司照磨，娶馬氏；

次大泱，鴻臚寺通事，娶方氏；次大洽，府庠生，娶朱氏。孫男十一人：

汝桐，鴻臚寺通事；汝木、汝楫、汝杷、汝棒、汝霖、汝梨、汝棫、汝横、汝梗、

汝樸。孫女四人。曾孫男二人：克祜、克被。銘曰：

世賤之而若癡，世壞之而若惘，醴卿我卯，翁世一息，匹夫涵以遁。

謂天遺其厚，亦既歸只，亦既全只，儼之后祉，庶有燕乎孫子。

明贈工部主事桂軒朱公墓誌銘　余有丁

四明里中有隱君曰桂軒先生，蓋廩廩庶幾獨行君子云。某生晚未識先生面，儀獲從先生于太守君同年南宮，得概先生遠行，而太守君復問先生志于某，因得論其大。先生名銳，字仲堅，其志潔，故其稱勃若，因自號曰桂軒主人。系出中丞公偉公，世居天台，其後有仕鄞邑庠教諭者，遂家于鄞日湖之東。曾祖梅坡公，永樂中仕刑部主事。梅坡公名壽童，先生說，說生旭，先生為九中子。先生生而魁岸，人望之偉然，而性則坦夷豈弟，未始睚眦人，人亦無睚眦之者。既博獵群書，久之歎曰：丈人生不遇合，即什纆呫嗶間，善卑卑固人孝，白首年以自見，何為者哉。遂不急舉子業，立家塾，進里中鬻子弟，教之所為條式程品，甚倫而訴，往生折往義，獲獲無此少讓。訴生不能行，束脩者，先生戒之，使勿行，曰：吾未嘗無誨也。然未始徊家人產業，以故其家貧。人或規之以子之材，業舉子，詎不反一

一第，稍自慶幸，何湎酒若是？先生曰：吾正不欲邑邑從人間遨耍，
求活者，吾頗樂吾貧耳。乃自喜益甚，輒從里中故人相引為會，日
高會樂飲，極歡，洒如也。時江南大飢，斗粟千錢，先生歲入日不足
以自給，至稱貸子錢，家罄所貸，餼之外父母。沒，其外宗人將析其
遺，營昇先生，先生曰：此豈朱氏所可觀產耶？外宗人固進，先生固
謝。由是人皆服先生雅度云。事父母至孝，父朴菴公好施，嘗欲有
予人，即不問先生，先生先意予之，人人無不如朴菴公意所欲予。
母我晚且衰，一歲中往來三子家，率不再過，獨過先生，乃數見，愈
歡。蓋先生妻范氏安人相先生事其母，其母嗜之，嘗為加一飯，亦
不恤久困，免歸為也。先生年且四十未有子，范安人為先生置一
妾，安人遇之無纖微間，人謂安人賢，不當無子。無何，果舉子泰。泰
長，先生親授之書，其督課惟謹，即有不及，輒譙讓之，不少貸（貰），人謂

先生得子晚，絕之不宜太過。先生曰：天前有朱氏，尚及吾悔于吾

身，吾豈若宇羔撲其煦煦嚅嚅為邪。乃謝羅泰，泰自責，愈益力孝

之成，補弟子員。凡三就有司，三薦不。先生以文魁籍之曰：良田刈鑄

年失勤，當必逢年耳。泰果以乙卯薦于鄉，壬戌奉進士，而先生且

逝，不及見矣。癸亥，制，泰受直隸永年令，三年以考績聞，先生因得

贈知縣，范氏孺人。丙寅，泰陞工部營繕司主事。會隆慶先帝即位，

下恩澤詔，贈先生主事，范氏進安人。先生享年六十有七，生于成

化六年九月初七日巳時，卒于嘉靖十五年閏十二月十七日寅

時。安人後公逝，壽八十有七，生于成化九年二月十七日巳時，卒

于嘉靖三十八年二月二十六日戌時。子男一，即泰，娶范氏，宋范

純尚書忠宣公之裔。女一，淑貞，歸周嬰正郎姜蘭室之曾孫。孫

男三：一化，娶駱氏，繼娶周氏、紀氏，恩貢生；一范，娶金氏，國子生；一

中邑庠生，早逝。曾孫：好禮、好信、好文、好察，咸習舉子業。曾孫女二。均以丙子年十二月二十六日合窆于西山謝界之麓，妾崔氏附葬。余謂先生不能磨厲呫嗶，用文墨起家，念為積善，又恐冒聲利名，徒知盡而能求及趨人之急，即若趨水火，量所能為，各厭人意。從善不譽其能，欲肯所遺其子孫也。不然，羞其務之一念所營而碩急人從已若是耶。至教太守君通經術，以聲施于當世，則功不必為已矣。蹈前訓，從嬴若寄，而敢天之道儻可信乎。余因志其事而銘焉。銘曰：

嗚呼先生，予持而反，畜以衍其澤，若農服穡，是刈是殖，乃既有委積，于百千億，尚永奠乎茲穸。

四明文獻集摘抄

行狀

四明孫先生行狀

鄭真

先生姓孫氏，諱元蒙，字正甫。孫氏系出河朔，名全出世，有功寶州。其仲子某有補于校，以謀大事，南游吳越，遂爲明之鄞人。曾祖諱碩質，宋朝散大夫、國子司業、工部侍郎。祖諱璹，宋通直郎、知臨海縣。父諱嗣明，宋將仕郎。曾祖妣黃氏，祖妣莊氏，妣周氏。先生之爲人，靜重寡默，自幼穎悟，有志於學。歲在戊申，先生年十有八，遭家多難，父母連喪，與大長先元學、次先元佑，拮据於喪，哀踊如禮。既葬，服闋，潛心經史，家事一不經意。值國家新學校法，有司延收家俊秀，補庠序子員，先生摳衣以從。適鄉先生魯公月卿、杜公益偉，皆以老成重望，訓導太學，一見問其家牒，以先世同官于朝，有通家

特有錯誤

鄞縣八　卷

之契，喜而語之曰：文獻之傳，其惟有人乎。蓋先生之四世祖枝與
其子起予，同登宋嘉定七年進士第，以迪功郎監潭州南嶽廟，累
贈朝散大夫，嘗師事宣獻樓公鑰、端憲沈公煥、正獻袁公燮，及見
徽國文公，證其所受，學正文粹，嚮為儒宗，訖今海上稱人多傳誦
先世諸家學之懿，又有魯、杜二先生以為依歸，且以東南詩學莫
華於時，魯先生既乃其源委，于是先生往授詩，任諸家之統，旁通
出暢，學遂以成。胡松石年祀嘗擬致為師，領館之祀，十年如一日。
郡庠延聘為訓導，從者雲集。逾年以一言不合，拂衣去。太守丁公
某、與教授張道遜當之，不能以。信陽年公應復、景陽都司宣闡屈
諸賓席，俾二子執弟子禮，且請教鄞學，而兼其席，郡生生力辭
不受。葉先生恒敬常以國學生釋褐為儀姚倅，來者走過其里，延於
館下。州守劉公某、文大同知宇文先生公諒、子貞，咸致敬禮，遣子

就学、四明自宋绍兴以来、有乡饮酒礼、先生以其礼、行之郡庠、揖让进止、衣冠文物、彬彬焉、宋童杜洲先生以杨文元公慈湖之传其孙子舟请于朝、创书院奉其祠焉、司教共目黄彦实以攸雉其人、先生以董氏致诗之勤、勉就东归、申明朱子发条、季致月试、具有成式、朔望读吕氏乡约书善记过、以示劝惩、区画粮而至共凡数十条、太守楚堂阿殷图公闻先生名、復以训导属教郡学、每时与同其事者、若先发授郎先生以道、将先生景武仍戚、桂先生法、徐彦良、协力作兴、士习为变、广平董以搏霄画起、佥帅浙东、于先生雅爱重、至正八年、浙东兵起、公以復浙省功、陞参知政事、延师三聘、辟先生为杭州儒学教授、浙、或谓先生宜辞不往、先生曰、董公是知己也、况教战为将、文世教诂阅其所、院至、公为欣喜慰籍、倾盖如平时、之兵甲之任、以集许佐、谕经绝饷、先生延诸师儒

講明宗學，闡其興起，殿廷齋廡，煥然一新。監郡李顧公使僉判三
閱，平章左荅納失里公軺劉仔杭，尤加禮遇，訪以世務，先生條畫以
對。時中丞傳二公雅慕之，而不及于用，有以見先生經濟之學蘊
畜之素如此。在任二考，調松陽清忠書院山長。于是先生已老矣，
謂述欽曰：吾何復仕哉，得為晚節完人斯可矣。歸隱于家，為就宗
經計，述當時名公巨卿、四方士大夫學者，咸以先生鄉之耆碩，共
故因革，就而明證焉。先生高下隨時，不驕不屈，多得其所然大明
世武六年，朝廷以六科取士，有司以先生仲子季應詔，先生語之
曰：君就木不遠，積此等扶植以是餘日，今與此訣。吾念此從政未
之能也，以吾老故，得告還里急，脫不測禍，大以清白勿墜家聲哉。
因嗚咽不自勝。逾二年得末疾，日謹風與盥櫛，有來問謁者，必冠
帶以見，章手鄉黨。屬纊前一日，猶就枕席，不會飲，次日四鼓，悟述

而逝、神色不變、生于元至元二十八年辛卯十月二十六日、卒于大明洪武八年乙卯五月二十二日、享年八十有五、配莊氏、沉靜寡默、不尚華飾、年二十有七來歸、佐家勤儉、先生之得安于教育者其力也、生于元至元二十九年壬辰六月六日、卒于至正二十五年丙午十月三十日、享年七十五、葬以至正二十七年丁未十月十七日、子男三、長弘坎、任何南府承城鄉稅課局副使、次佳也一人、適同郡奎善彦以烏孫儒學教諭鄭駒、孫男六人、復生端生震生謙生道生陽生、孫女四人、長適同里楊發明、次幼在室、弘等以明年閏九月初三日、奉柩葬于鄞縣陽示鄉黃山之原、與莊氏合兆、蓋先生所自擇定云、先生資稟純粹、紺顏白髮、起居儀態康甯不衰、而沖澹夷坦、以詩內養、悅怡不爲勢利聲色所惑、待人接物和氣可掬、隆殺享具、豐約隨宜、而久益敬、信不偸、有善極口稱揚有要，未嘗出諸口，然不為人所窺。天性孝友，長時時穆祀事，思慕終其身，不幸于鬼神至祀，幼子偶嘗病，亟有功禱于祖禰者。先生曰：禱之誠是也，然祖宗豈不亦嗣續之盛耶？且壽夭有定之，瀆祀徼福，非所與禮，寧可哉！待竟得以人咸歎服。先世產業，以讓二兄，一無所取，已饑殖而用資復還，然亦不為己，儀於城中從家自給，不以貧窶為戚。二兄年幾八十，常延致于家，委出承順，竭力周旋，不為吝。疾病，躬調藥餌，憂形於色，衾則體緣，移坐其歡，比其歿，尤盡殯送之禮。其篤于倫理如此。平生無書不讀，至老弗倦，而以性命道德為根柢，文章出入今古，嘗病近時聞人，不屑道，不復踐揚歷，每出以待學者。且曰：至矣之學，知行體用，盡之矣，已而已矣，爵祿有命焉。而誨諭諄切，不以富貴貧賤，禮素厚薄輕重，情意不振救，隨加責讓，不假詞色，故從遊多底成立，以科第聞顯達，任州

孙岩、荆浚五六人，所著序记、碑铭、赞颂、书跋、题识、诗歌，典重温厚，成一家言。傅伸君子、孙柳公贯、道传、黄公溍、晋卿、危公素太朴，咸相推羡。浙东佥宪史公铨季衡，亦以先生可当馆阁作，劝以荐，而弗果。早谢映雪子，有映雪斋藁若干卷，藏于家。其亡也，呼其子弘等戒之曰：吾家自河朔南徙以来，历十二世，几四百年，诗礼相承。吾幸嗣遗绪，今老矣，引而弗发，实在尔等，勉之哉。先世美述，吾祖知孙所刻以传，在官每以自隐，以胜御兵难，因致焉，残藁数简之仅存者。先所继志弗及竟，此其勉为之。孙国先辈所传也。呜呼，先生于死生之际，可谓克致其重者矣。惟吾四明自宋以来，衣冠之家，株守相望，而比年来，凋耗零落，文学节行，求如先生者几何人哉。若婺郡吏履历诸老，模范后进，高照大儒，阐明正学，仰止高山，永言前烈。先生早成，闾里师表，一乡硕果不食，官止于儒，而名孙

行状云

而朝，年逾八袠，除亦大常，歸然如魯之靈光，巋然于儒先君子哉！真慨念先吾州故舊在時，與先生齊名，先駒又爲先生子婿，累世親契，至從周旋，而久客中都，居焉，聞訃，歘不及憑棺，窆不以胝穴，負愧九原矣。茲念壯角以來，歸知先生，以爲泣哭弔唁，其出吾及生歿歲月，大舉求當世立言之士銘其墓，使後世君子知斯世而有斯人焉。謹狀。洪武廿九年十一月初二日，南臺鄉貢進士同郡眷生鄭真狀。

王先生叔通行狀

鄭真

先生諱甯孫，字叔通，姓王氏。王爲瑯琊著姓，後徙居開封祥符。宋保信軍承宣使安道公，四世祖也。靖康末，金人入汴，公以兵扈從南渡，遂定居鄞。曾祖𢡟文，學優政爲時名臣，官至禮部郎中。崇政殿說書；祖應麟，中寶祐博學宏詞科，歷事三朝，掌兩制者十餘年。

高文 册、當世傳誦，故王礼部尚書、翰林學士、鄞厚齋先生，父昌世、承務郎，世稱為承事。父故侍講笙羕黄文獻公銘其墓，母楊氏，先生幼岐嶷，侍承事公側，循規導矩，出就外傅，庠校諸老，若趙公山心、石公仲剛，咸獎勵之。作詩任以俊，秉温厚之風，健以春秋帝王經世要旨，取左氏、公、穀氏、胡文定氏、張氏主一、陳氏止齋、呂氏朴鄉及鄉先達若艮齋高氏、存删趙氏、時外程氏、晝庵後書、訂正同異、史傳有未得其要者，必推明事實，極其始終而止，讀范曄後漢書，則為注釋，求果為文，敘當本實，試不肯拘有司繩墨，未嘗一造場屋。崔植傅信嘗就為二人者，後亦為名士，郡守知其矣，以幣招致郡學，訓導弟子員，郡大家鄭氏、楊氏嘗屈諸家塾，不久，輒棄去，西游浙江，以所業贄丞相府，丞相以其先吳子孫，將羅為白鹿書院山長，釋疾東歸，人遂稱為山長云。同嶴山去鄞縣東四十餘里山高水長彌目，承宣公下至承李公，皆葬其地。先生構廬其中，時致其思。先世手澤，宏章翰墨，寶藏彌惜，凜如不勝。尚書公所著彌宥集等書，累千百卷，先生與其兄厚齋遂初公同為校讎，眄分別目肄習成誦。其玉海及他書十二種，請于郡侯，共鋟梓以傳天下。學者讀其書，以王氏世有人焉。郡有鄉飲酒禮，先生每與周旋其間，升降揖讓，具中儀式，太守禮敬之。值世多事，日絕，壽恬肥遯。中更腳氣疾，常不出戶限，而遇事慨慨直言。至正末，浙東憲僉某公東皋楊佐于明，民賴安之。分省參政杭州不花、浙東僉帥朵兒只不悅，大臣為侍(時)御史廉忽魯久將由海道入京，族大以宅(它)事誣構之，毆繫諸府訟。父老民庶、寓士論行臺訴冤，及上書于朝，使未根。先生慨然曰：此非吾所當言耶？率縉士大夫抗疏甚端，大以復成。會朵兒只自海道遣帥漸城以入，變在不測，大帥郡將討之。事定，將

葬刺先生謝絶之于是先生年已艾矣將卒以家事屬其夫先注异
日葬同兆域且命以陂趙春秋狗生于有元大德十年某月某日
卒于至正二十四年某月某日年五十有八以是年某月某日葬
于同塋之先塋之左嘗娶楊氏無子以先子滯為後孫男一公校
女一先生天資穎悟少年不讀而性理文章之懿制度典故之詳
深致意焉昔文章根柢班馬出入韓柳歐[illegible]曾詩文未嘗苟稽楷
手數比共多性尤喜葉承年公說世已久子母楊氏克致其謹楊
氏深愛之僕隸養之如子至為構房娶婦割膏腴以給之早与某
先生事桑蔣先生敬之為友二先生已物故猶先子先君子求我
先生敦睦修之誼陸楊甚要論諱今古其時以子弟侍立嘗為論
唐正衙内殿之制詞科制誥檄書露布之條以世之學者不暇致
詳而獨許其為能學宋景定末度宗即位尚書公以礼部郎官草

百官表奏舊制請臨政四表已上丞相賈魏公命增擬三道尚書
公至恆殿一揮而就先生甚陋珊嘗論先朝制作之盛國素習其文
因為默誦先生書曰以孫為吾家子弟也卯嗚呼先生已矣世每
復有論此事者矣真寄观四明郡學先吳右司尚書公安慶歷階
熙洪大老之列而他不與焉蓋道法閎深有不可以盡名爵祿並
者尚書公名播天下傳及三世遺書積稿先生與父兄嗣而承之
非文科之足徵者仰仰惟聖運文明士自二藝以上皆得與禮樂
之盛使先生尚在不使居撰述之司勤成一代大典乎惜世者之
如斯悼來今之弗繼真所以於國其不朽者實惜、焉因述其平
生出處大略求當代立言君子為之銘焉謹狀洪武十一年二月朔
鄉貢進士同郡契洪子鄭真狀

從兄金華府義烏縣儒學教諭鄭先生行狀

鄭真

先生姓鄭氏諱駒千里其字也其先自吳興徙明世為宦族四世祖諱鈞宋端平淳祐間與學碩材有聞于朝丞相鄭忠定魏王延致賓館仕為迪功郎衡州軍事推官再轉監平江府百萬西倉卒官曾祖諱登國子監進士國子不第年嗣祖若叔以工部尚書范公楷從兩來健入元以薦授慶元路儒學錄學者稱為蒙隱先生翰林侍講柳公貫銘其墓父覺民處州路儒學教授學者稱為求我先生翰林承旨雪林先生危素銘其墓祖妣蔣氏妣蔣氏有授生二子先生其長也生而清狀靜秀容貌玉雪時浙東閫帥趙公某與學錄公斯文之契麾節過家從容竟日抱以示其母夫人母夫人置膝上兼以色衣愛弄賞撫期以遠器稍長先教授教以性理之訓大學中庸論孟書易等書撫之成誦十歲仍遣入郡庠王先生甫孫叔臣蔣先生宗簡教之依先生用康于西杞健訓導率

子貞先生以其性佻，科詒復行，先教授，俾專攻詩經。先生服勤不輟。自朱子集傳外，如迂仲李氏、東萊呂氏、潛庵輔氏、新安胡氏集傳，併童子問等書，裒集纂輯，統宗會元，以為明白純正，無出朱子者。不幸不生于二百年前，親炙朱子之列，而尤幸生于二百年後，讀其書而尚論其世也。每形諸論議，溫潤縝密，而用意精到。天台陳公廷言主為文會，深表異之。年二十時，受大家聘幣，為人師。有歎卿嶽焉，其子與先生年相若，願執弟子禮，而不能也。蓋先生學務平實，而待人接物，以平氣和人，人人羨慕敬愛焉。西遊吳中，蘇林怯公逢原待為通家，凡性理之微言，行之齡，歷代典故之詳，中朝文物之盛，討論往復，而先生之學為不可及矣。既歸，而以學世爭取禮致之。葉陵蒙矣。仲規為又塾，以教族人，未成而卒，遺言語其子紀鄧先生不可師，先定大規約，而為之首劍。好以其有許與

起，尝造棘闱不售，叹曰：吾宁较得失于一旦耶。修身律己，以成诣
人，然亦可矣。值时多日艰，请逃山林间，未尝践公府之门，家为巨
细，一不经意。浙东佥宪司以东皋荐为东郡学录。于是先生年四
十余矣。后十余年，际圣运肇兴，复以科目取士，有司请就试，力辞
征用三年，屡试，又命大徵儒士，郡大夫敦迫甚至，先生辞之益力。
会郡学训导缺员，郡通守以屡踵门，先生曰：吾祖若父师表郡庠，
以经学教授，后进多矣，此岂不可为耶。勉就职。座下以材艺荐，咸均
者，戈有其人。朔望讲经，反覆明畅，郡守谛听而深敬焉。象山书试，
请为考官，所舍之公士论为服。四明文献之邦，仟服为盛。任高州
余者，多至二百余人。疫冗不胜任，及疲癃以罢，居其大半。于是在
仕籍者，以山林为安，伎害嫉媢，相与牵挽而去之。而闻郡杨侃由
奠府上剡荐先生，曰：吾乃为俭巧不肯子所荐耶。辞之二年，会御史

撫臨浙江，督促尤急，先生不得已，言之吏部。會楊侃以事敗，黎秋官庚所。先生曰：果遂果未出，丢矣。老於隸吏部侍郎增城陳公度畢曩曰：先生才行久在識知，既善經，又致功，置在高等，學既以為用。先生乃不肯一出，以為多事耶？不敢煩以有司，苟授以近便教職。年力謙，先生遂領金華府義烏縣儒學教諭，迄家上冢而去。義烏故侍講黃公之里，衣冠禮樂遺風具查存。諸生受業，訓以識生知行體用之說，漸漬成就，如時雨之化。踰年，入貢禮部者凡三之一。自郡長及縉紳士大夫暨山林高蹈之士，咸羨慕禮重，以為人師表。內相宋公自翰林歸里第，先生兩造焉。公待以賓禮，握手論議，從容竟日。且曰：吾官翰林十年，見天下學官多矣，至成典重，先生莫尚矣。焉傳以潛溪集，復為誌先妣葛氏之墓。夫人知遇如此，能家扁曰西山草堂，一榻坐臥。嘗笑曰：廣文官獨冷，料肆不可得矣。

向性桐字误

象壽秋五傳及誅任史溫偉舊閣薹以至言自見而先生年丈多
疾志懣向哀欲念起於哀怨之不乐一日去之侍御史家中風疾
舁歸而絕大明洪武十一年五月一日也子蕎昇侍側無一錢以
斂知縣事孔克原為買棺主落　及父老致賻贈諸生姜祭出
禮以是明年日葉葬於東嶽李子基山明年十月二十一日歸葬
于鄞縣桃源鄉先教授墓左先生於元延祐七年庚申十一月
初四日距卒六日享年五十有九娶孫氏正父先生之女子男二
長印蕎昇次同昇早夭女子長適王中傳原齋尚書公四世孫次
許嫁吳某未行先生天性溫仁氣貌充偉樂天知命不以貧賤富
貴為忻戚為親玄學乃大歡心先教授疾亟先生在建陵山中聞
而亟歸先教授為之表喝以遠言而逝先母蔣氏不疾而卒先生
見其屬纊人皆以為孝誠所致云在外覺心動歸乎生用志古學

卷六　四明文獻集摘抄　行狀　九

自三代秦漢唐宋諸家罔不涉獵而於文章正宗及玉海詞科十
二体為有得以為世之為文者不通敘論叙事兩端而貴于識体
体制不立而別出新奇或蹈襲成言支離訛駁將焉用哉會朝廷
修元史慨然論紀載之得法以為此當屬之名世大手後生晚進于
司馬氏朱子書法未領其要迺敢執筆廁于其間耶訪以大抵
如此至于詩律之精特其緒餘之一耳觀其目以臺閣氣象非山
林枯槁者所能晚年理明文精王先生所載以冠諸名家以為士
林潤澤可證者惟先生一人有所疑者諮以辨決焉他如書譜
棋弈古今圖画鑒賞辨別真偽用以致情趣云有文集若干卷藏
于家惟古鄭氏以儒名家至先生累世矣雖不及顯榮于時皇兩
制三字之選述集成多士以為世用此之高爵重禄不既多乎哉
真以同母兄來友于之篤四十餘年洪武壬子以鄉貢計偕京師

慟哭為別，及典哉！惟先生在，又烏屢以書來曰：吾老矣，先生其夭
陸甯復有相見日耶？真時讀之，不以為然，而今其果然矣。為言之
斂洒，玉是哉！嗚呼痛矣！夫昔明道先生程公殁，其弟伊川狀其行，
表其墓者，文潞公也；東坡先生蘇公殁，其弟黃門狀其行，罪其亩
之神道者近者，雲文諡者，傳之宋史者，歐陽文公也。真之見索，不
敢竊比古人，然彝倫之重，萬代一日也。況先生之文學行誼，果有
志於先烈者哉，則夫華表之辭，勒之堅石，以光昭泉壤者，不有文
潞公、雲文諡公、歐陽文公其人乎？謹錄平生大概及生殁歲月，告
諸當代立言者。

明奉直大夫雲南鄧川州知州我潛周公行狀　王佐

公諱天覺，字后覺，初號鎮蟄，後號我潛，見志也。公長子邑庠生乃
祺，余季壻也。公殁，以書來求不朽於公，夫子瞻平生不為人作誌銘，今

余多糾吏事，不嫻於文，顧余習公久，知公深，景行惟公，安能無一言，乃詮次所聞知，以貽諸孫，亟勒之楮紙，自有宗匠在，行俟余撰。

公之先，系出睢陽，宋時有諱造者，以進士起家，近殿中丞，正議大夫名皓者，後生鋐，入元祐黨籍，于是徙浙江之蕭山，一徙撫江之下堰，一徙鄞之大墨，至明諱法廷者，居墨腔之濱，以軍餉入粟授場，又以復大役而族遂衰，又七傳生諱於官小莊公，配楊孺人，世有隱德，而諱貝之德尤異，別有傳，大生公也，舒有兄弟，公生而穎悟，母楊孺人多病，病臥經月不起，公視服食，湯藥惟謹，臨厠必記溺溲，自七歲已然，蓋天性也。髫齡從邑庠大參先生陸司訓先生學，大器重之，謂贈君曰：此君家汗血駒也，一息且千里矣。戊辰年，贈君故不遣試，公手藝示大叔祖都運敦塘公，曰：以此應試可乎，都運公哂之，迎謂贈君曰：此子才氣犀利，毋堅君以需年，今鉄於也。壬申，始出赴試，郡守鵬江王公録第一，補郡諸生。時閩碩何晉峰李先生振鐸郡學，一見即諭之曰：士子榮親，不在科名，在自立。孝弟不必遠求，在承志。毋自逸，毋自矜，小子勉之。公聞而惕然，每動履必曰：無負李夫子。踰七年己卯，以尚書登名第六。先是衡文者擬解額矣，因感異夢，易焉。宗叔景石公亦同榜，名次公。宦歷唱立曰：公自下數十人而易其序。時以公為善謀。明年試于春官，文名奕奕起。癸未，與余同邸迎都，朔夕晤對，遂迎為妥如子。丟辭析以理，證古今，予受則以形于色。余外逆失和，而內服失劉，及己丑，徐太史葵日公分校南宮，錄公文第一，及書榜而文不知所在。丞榜出，則依然試在也。太史憤惋久之。公由是卒業太學。壬辰，公叔寅所公在館局，例當分校，引嫌不就試，而與閣中林首庵公同寀，朔夕切劘。林公上第七藝，多公同訂論，莫云是時公叔訂錄士競持室為路資，贈公拂衣策蹇歸，竟不以危其行也。戊戌復不第，然良迫謂曰：孺子一第，試之策而宗七十父母望乎？誰為母於倚扶桑者，何遂不以致何官？不可離而日僅、未安乎？餓路者猶不懷李先生言乎？孺子固之。公乃勉頓首受命。辛丑，遂從選入京，受貴州鎮遠府推官，奉父母以往。次武昌，聞父疾作，疾甚而殂。楊孺人亦繼殁，公擗踊呼天曰：孤所以不憚卑棲從吏命者，為此升斗奉耳，一官何物，而令兩大人被數蹠萬里外，竟不及大官寸禄，孤何以生為。蓋絶而甦者再。哀不能斂以殉，于是楚方伯李雷薛公公同年也，弔賻[周]，擧襄副葬。石公皆鄞政，僅以公官舫挾柩還里，會貧乎，不廢禮焉。甲辰服闋，補安慶司李。公疾惡吏如仇，而時、擁護善類。[智]君屬銜鑑，何不省一家哭，與一路哭孰耳。甫蒞任，適罹水患，郡大夫蔡沖鄞公命公往視之。公親歷瀕堤，恂劝大夫、急出粟以賑、同官或難之、公曰、民且魚鱉矣、庸俟報命耶、某抑具牒上制府、伏俟命之罷、郡大夫從公請、計全活以萬計、及牒上、柄者、且紀功焉、屬有寧人某子甲侵其田百三十畝、構訟不平餘、遍歷臺司、皆檄于閩、從不得伸、公視予夫本枝故牒請決、公援筆批云、宗族自宜敦睦、公論出自學校、以區區田產仍予而構訟多年、士林羞之、其令該學查確、并歷年將糧訴歸、于是某子甲始寘、嗚呼、大鄉伸必以田為請、公曰、吾知理而已、產宜在來、吾定以貴人從三尺哉、竟以田歸于陳、獄多所平反、而尤謹慎重辟、必求所以出其而出之、池州王方慶、貴池姜吳、獄久不具、皆狀申、願就安慶同理、謝侍御某公檄下、公言副之以律、民知寬言、嘗於相城蠹賊入不循軌、公大其制、一遵太祖國法、戕者闔閭數千家、民有奇賊戚衆、雲騰郡邑某、公疑之、潛察所以、則盜鮮也、公捕置之法、而行权

四明文獻集摘抄　行狀　十二

者遂絕御史撫公試武士公揀之再不獲乃入闈所錄士多知名
郡中豪猾陵轢小民輒以米鹽細事飾爲冤狀以書余踪了不一
真公異反坐之條犯者必律行之三年奸猾爲清議者以爲近厚
似釋之定國大府察擊斷則廣漢寬饒流亞也三載奏績薦剡列
薦剡者十餘始將女好夫良出嫁疆人屬府松然今者以元直件
上官旨幾中危法公力爲護說得不坐後年以憾白閩將去去不
得數如此楊吏部郎新從京師來勢焰甚所睚眦至不言靡不叔
白晝攫人于市旬興也公捕係之犯者吏部郎大嘆曰是強項吏
不知吏部郎造爲書請郡中薦紳多矣者皆弗與也于是吏人
京師今同年者甘心焉會林甫磨墨銓書予閩而大驚咄周更言
畏友也者素知之實財且生累遂仍更何疑矣庸以布帛傳臣人
逃者且以病去奈何偉鳴夫催予者年近守真之鄞川州名雖序

迂，實則易靜，以揚故也。鄞川郡小，不啻一邑，林黍等瘵民擺脫丟
公不節吏士人，撫摧嗚咽之，恩威互施，民感又，庠生李鶚豪爽有
古义俠風，值秋瘟盛于慎民，不惜命，辛洪生園失孫火之，陰遣去。
民以蘇，以而鵬竟生然，公覓藉大駭，上書郡公，李何為帥，倚冀而
倖啟驥之足，今晚之其快如哉，郡公不以為武，以土書為倭救為
辭數為言，坐迎天鎮，先是罕暴其肆畜土司蕭所專豐白土司熱
且慈，快之不承自安，亂蔭久矣，公出偵知之，曰安有不協國俾而
惟吶是問其手，乎復其禮，抑大饋，諭之曰：鄞燈古六詔之一也，自
段氏失國以來，我明印以自牧授爾祖，恪守法制，以逮及爾。今余
承于命以文修茲土，爾以武佐職貢，文武和調，俾世世享有爵祿
秩，惟爾之榮，勿貳而自干于理，惟爾之戕。土司稽首曰：自我祖為
州牧以來，未聞有是訓，自我禁戮以來，未嘗蒙是禮，公實再生我

四明文獻集摘抄　行狀　十三

不甚乏。唯歎矣。為樹位于堂之右。昕夕孳孳。去他椒棠序之齋房。修隄堰之水利。清武弁之屯田。抑豪強之兼併。一衡量而市價不二。逐猾儈而民依不擾。獎文藝而士靡不向學。屢禱祀而雨暘以時。真有文翁化蜀之風焉。既拔士李肅和未知名。公為録之。是科遂著矣。去夷性好擄掠。公召其魁長庭下。誨諭之。自是牛羊被野。夜不收牧。比于中土矣。庚戌修計典。安人挾故隙。傳致巧詆中公。以罰安慶秩[illegible]一等。公聞報。怡然曰。我之不得志于漢庭也。我對依然直道而事人。夫飢飽由人者。不有三徑乎。促裝竟遂初志去之日。行李蕭然。金粟馬羊橐底不可入也。民夷闔閭攀留者以數千計。抵家。斂跡不及戶外。即舍旁舊圃列圖書其間。朝夕吟詠。時與宗老雅款情矣。暇則集子弟品騭古今。談一嘗極言。而西歸程孝弟。依少見諸日行。向及心性。曰。言不盡。以屢言惑人。平生詩何力也，只識字，性不善飲，輒微醺，陶然適也。而室中屢空不計也。所藏厚義者，劉克莊行素錢，令尹書字，鄭文學南蕃，家少宰寅所公，每至必留，自傾倒，暮則攜客過孫西窗，不撥蓋絕，余等勝負同志及宗戚，徵諷以出示大父，展平生歡好，每數為功，駕井庭甲寅壽，然惜哉曰：官以官羈也，則官我苦也；官以我達也，則宦馬之門，不以避世，且老從不抵長安，舟艤宮闕，獨不一發西湖乎，慢以初參王武林，而不覽大遠，烏長逝也。公素年疾，自療惕道，解煙胤，遂不善仰仰，腹中隱、蔡坝，近餌藥，齋哉，無季秋十三日，謂兩子以往，予歷辛能，困而有為，蔡子惟子房者，且曰：此父不足法也。飲不兩夜，呼休濟，詒誥且法，鹽膜畢，忽謂季子曰：吾何惡此風塵不速往乎，搦一口氣，作書，補惟之，易簀端坐，補侍于側，又耳根懈白，急呼不應，遂扶公首，以指探口中，噴之血出，已訣矣。是日午子

那系云之 四明文獻集摘抄 行狀 十五

祺，以手指郡中，不及訣。嗚呼，傷哉！先卒三日，會偽閩甲士數十萬人，傳呼空中。為近候者，越前兩日，則公遣書鄭南雷數百言，皆訣別語，文遺之茶鐺、銅鈴，臨風知逝期者。與卒後，顏色如生，比蓋板猶汗氣蓬蓬不絕。嘗過家，訪語雨化然，卯公美姿貌，善談笑，修多不作攢眉態，與人交，披肝膽，坦無城府。望若凜嶽，即之如春風，內斂外和，寢食坐人之學，嘗書史，少有修身之長，一手輯以自厲。秉性狷介伉直，絕不喜浮屠學。凡文之事，弟鍾已為；凡禮之人，王公甚憚焉。貞士時與邑令倚棠梅公為肺腑交。衛有千夫長，肌死人之孤而奪其爵，年千歲為壽，急叱之，遂逃吳淞二十年，屏跡郡邑之庭。我時赫歸之禮，俱絕同祀。李武戢，佐公少年，公所率士也，以通家誼造公廬，公不一見。海寧帥滕范公特慕高節，使公入城，卯馳造之。公旦遂兵以迎，見則范公遽以上賓之禮，公抵掌畢，即之吳范公歎曰有吳如是而人且不得亟乎夫今世猶不得一第耳朝炷麻帽而蓄軒車上錯趾公庭無虛日有守樸如公不見冊笑者哉後蒞崇郡以劉吉人填失不畏强禦蓋之死靡他者矣余懷贊捧歸省公政内外郯余信其前數皆立与坐至丙夜談及而遵如諸不及而程之如潛沖孫孝于公再以為公兀坐一室都不問當世事有族子犯其長者衆以告糴罷不較公聞歎曰礼豈以告糴廢耶内令人招至詰曰爾自以命犯上有法若以爾故抑行則爾為犯上資耳今以非是而令人不屑較猶足比于人乎其人大慚謝曰某狂悖不知所犯今為衆棄將柰何公曰子可改也善可為也改以所為人將揚以亟歸負荊長者毋憚也其人感謝去公遣人代白釋解之厥後累值窮阨嘆曰苟為不善何面目見公卒為善士弟行有以他事誤誹公者曰見必挺殺之人

阝系縣

之令四明文獻集摘抄　行狀　圭

勸公避去，公曰：以吾以為也。整衣冠俟之。及門，公揖曰：長者勞之。舉
少坐，霽威可乎。其人羞赧，揶揄而去。公以一言化暴，其為鄉也。庶
幾無令王彦方知也。生平無矜色之狀。配許孺人，患弱症，甲辰至
京邸，為置一妾，以侍妾疾及孺人卒，而亟嫁之，室中屢無人焉。以
少時禱于人神，夢賜四字曰「天外使星」，為誕生時復請，復述比抵
濮至大理公署，則子儀述棹楔而寢，遂竟以是終，豈非命哉。公生
嘉靖癸丑十一月廿一日戌時，卒萬曆甲寅九月十四日辰時，享
年六十有二。配許氏，贈孺人，先公卒。子二：長即祺，邑諸生；余季也。
歸之，次即補郡庠生，娶雲甫出靖庵知府會台李公女。孫男二：志
尚、志畏，皆補出。孫女二：孟婿子雲甫，按察司知事李性先子根誕
祺出；次婿子辛人陳鳳墀子錫圖，補出。
、潤一發授府君行實　袁士元

先考諱閬祖、字泽民、為先大父九二有元側室之子、自幼遭家多
難、襁褓時、母置之卧車中、旁以火温之、不意車覆、焚其左手之指
五、各去半、大父娘、乃出其幽、六歲值兵變、率家避难于鄞西三十
里資教寺旁之祖菴曰祀世法林、匿焉、時大父既罢筆、以晏家居憤
世多故、与甬东诸奉御、北城赵学士相结、誓以死徇國、学士閔北
兵近驻資教寺側、令大父率眾先往覘之、不期彼軍奄至、卒与之
遇、于是挺身与鬥、自辰至午、学士胡兵不赴、竟莫能敵、遂被执、大
父詬罵不屈、彼軍即穴其加于頸、以火脇之、使降、大父罵不止、遂
遇害、学士等望風降附、实宋德祐二年丙子三月初十日也、其时
家人以清明、皆往祖墳祭掃、方回、乃与伯妣胡氏等十七人共登
舟、道鰲山而出、计逼去、於是相顧驚惧、羞沉于水而死、先考亦在
艙中、时有桐脚沈大姓者抱出之、藏西山黄蟻洞、累年幸燐里斂以

[illegible]六 三 四姓文獻集摘抄 行狀 十六

食遂得不死。後趙孚士欲泯其迹，乃以白書族人天錫，俾勿暴也。先考既歸，惟嫡母危氏猶存，令家臘菇保抱之，臘菇素狡慧，欲利其貲，謀棄先考，置之大水缸中，幸朱姓僕共援之，獲免。噫，先考之生六歲矣。迨長，天錫之父惠孫，衆圖其產業，又令繼先爲後，而居受於下。至弱冠，娶大雷江氏，未三年而卒，續娶小陰楊氏。時家頗有田一二頃，當門無休日，鄉里小人屢見侵侮，乃入爲鹽運使掾屬，遷書寫掾，其後用薦爲鄞縣學訓導，時年四十三矣，在職七年，陞授慶元路儒學教授，年六十八，退歸于鄞鄉歸野航，教授生徒至老弗衰也。壽八十二而終。先考生而簡易，不藏忠，不宿怨，風流蘊藉，有故宋之遺風，善歌詠詩，好吟詠，尤工草書，有詩百餘篇藏于家。某懼先德久而湮滅無聞，用敢摭其大概，庶後之子孫有所攷焉。孝子甯老泣血謹狀。

先嫂宗六孺人杜氏行實　袁忠徹

孺人姓杜氏，諱貞素，寧波鄞縣人。曾祖某，祖某，皆不仕。父承亮，家山，好學教諭。母范氏。孺人容貌豐莊，姿性敏悟，自幼聰慧，能閑女紅，暇則習誦字書，通知孝經、論語。教諭公丁內艱，調長沙，好學。孺人隨母與俱，克盡孝敬。教諭公慎擇吳婿，久難其人，年二十七，於歸吾先兄忠教，孝事舅姑，勤慎小心，紡績縫紉，至宗寢食，夫委姻族，侍妯娌，御僕妾，和敬有恩，施之各有等差。時先兄為郡庠弟子員，郡庠距吾家八里，先兄晨去暮還，慮有所營，孺人為衣服不爽，寒暑具飲食，不逾昏旦，年近侯伺，各以其時，首侍禮師之禮，或有不足，孺人出奩具給之，不少靳。先兄讀書或至夜分，孺人勉贊慰問，惟恐其或怠，休倦而後止，以故先兄學業日新，負出儕輩，後先兄不幸，以疾卒于家，孺人脫簪珥，屏華飾，哀痛毀瘠，不勝踊李襄予，確守婦道，且復指天自誓，不易所守。生女一，嫁咸。男一，應駒。
孺人日夜訓誨，必欲底於成立。永樂十八年三月初六日，孺人不
幸以疾卒，享年五十。以卒之年六月十七日，合葬于邑之黄居山。
嗚呼！孺人事父母以孝，移其所以事父母者事其舅姑，又推其所
以事舅姑者以順其夫，以相成厥家，以不貳厥志，亦可謂至矣。有
德矣，惜其不獲享壽福于無窮也。苟不述其行實，乞銘以永其傳，
則孺人婦德懿行，亦將泯滅而無聞矣，是則益爲予悼也。遂用撰
次如右，庶幾爲銘者有所採焉。忠徽謹狀

袁節婦事狀　孫原道

節婦馮氏，名守貞，四明慈溪馮元吉長女。生而穎慧，既笄，歸同里
袁德璋。故宋臨安知府子誠王世孫也。德璋補館時，節婦甫年二
十八，子方初生始九月，上奉舅姑，年既耄。德璋臨終屬其妻曰：吾

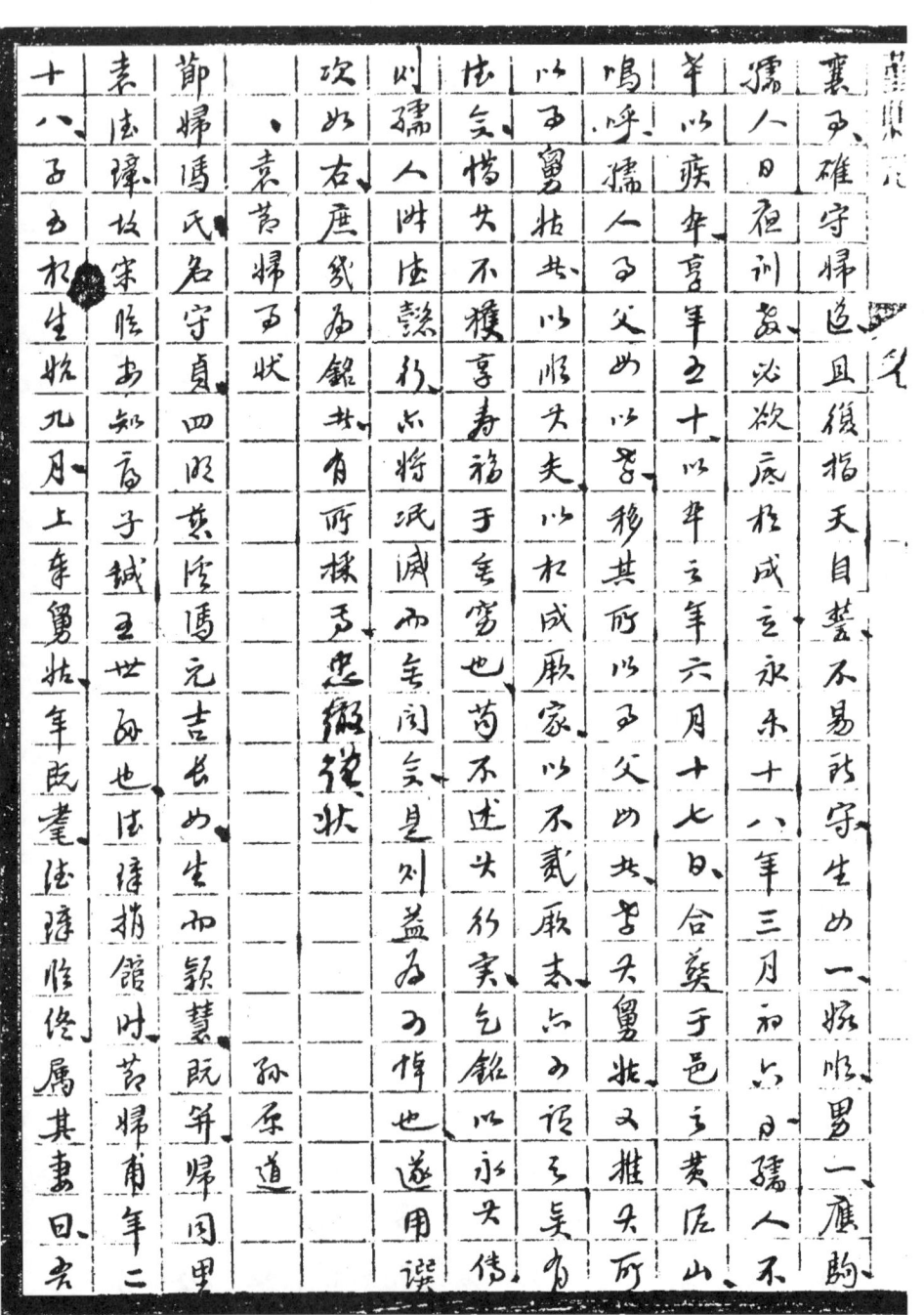

家世中衰，緦功之親，皆無可依，留婦幼子托此，其勉之。節婦誓
無他志，持夫表，哀毀骨立，親營葬地，穿冢，其側示死同穴，終身不
御酒肉，屏去輕暖美飾之具，孝事舅姑，奉宗祀，饋饍必甘旨，薦嘗必
蠲潔，勤儉治家，盡棄首飾，教其子讀書，以紹先業，及今年逾七十，
諸大夫士皆稱咏夫人之節，婦性恭慎貞靜，閨門雍睦，子孫長敬，撫下
惠愛，衆和，內外姻族咸稱道之，家僅有田數畝，衣食不給，躬奉儉
約，傾以為計，子有達，封之誥曰：爾君負先人於地下，即故夫子美
懷承色，克自樹立者。

少司馬竹墟居公遺事

泰興後倪珣

昔楚王田雲夢，獲賓豆充庖，備矣，有拾其餘田者，得歸脤使祀為
助，小人不可語，非雲夢餘矣，余借少司馬居公遺事，無以歎是乎，
公生平植立，非御覽自得者所能窺其奧，奎揆戴比之，取述擊襲

不可得細矣余幸接耳目於公所賜教記出于諸狀銘傳之外似
稗官小說不足重公大而公之大或重此
公生有卿丈人姿其丈父贈司馬公也費瑩說翔其生旦日以告
公笑曰章章一子也生而廣額長眉隆鼻哆口予伯祖宣文公美
相人一見驚曰屈明如遇偉負奇節惜年壽短耳是兒真英物跨
先父未量哉稍長戲為彈射蹴踘閑繼走馬吹簫鼓琴無弗悉解
也嘗樹大將旗立椅角指揮群兒及長治博士家言鴻肆而奇尤
好古名家書似蘇黃而遒勁或勝之
公兒時流賊劉六等作亂仲父撫如命對曰賊勢猖狂將未得人
蕩嘗聖靈公應聲曰皇恩有道陛屬只能有道惟民以仲父大喜
即手所飲玉卮予之
梨園一少年乞公季父和如扇公年十二潛題其扇額曰一枕

扇、裊裊清風拂君面、一炷香、清烟直透沁肝腸、頹顏白首不暫離
香風日日來相吹、
与錢塘許子春、蕭山來子藎、讀大統曆、自朔至晦、掩卷試誦、許不
漏一字、公略遜四五行、來倍于公、相傳惟成都楊用脩、安福鄒謙
之、吾鄞余子華三公之試誦某家壽序也亦然、
刺史合州、為上官誅求、公曰、吾拙于政、而失盜、自期會、者將待罪
矣、民閧、競與爲輸、不三日而具、
爲事比部郎、有國子生獄冤、當論讞、出、讞囚以生多罷繫、皆引慊
公曰、獄有當、乃以貪象爲夷、命易、是讞出、无范丹而王愷郭況少
無論死也、讞囚以公言、聞大司寇、大司寇亦若、下公讞、覓按左驗
出之、
太淑人素安節、亦安公之能子、在南都、鄭大偏太淑人、寢疾將負

皇帝計，公忽令火炎上，可蒲伏入，透入負太監人出，太監人前歸

帝死地，宜天赦之。

守吉安，一文學以水戲殺一丞，艇因致覆溺。公論文學罪死。或曰：

此戲殺，非故殺。曰：戲而以殺乎？曰：殺而以嬉論死，今無嬉。曰：無嬉

而殺人死乎？遂抵死。

有友邑徐州，留飲浹旬，將閑情語先向曰：昨指詞胡不出甲而坐

乙。公不答。比友去，竟出甲。後來大臣曰：某甲可出，然素何不睦友

人。公曰：非所知也。有余某者，公記章附人中表也，謀于附人求章

某曰：聞彼尹某因罪重，何以得丞城旦舂？章聞未竟，公怒，因是坐

此書可以閑說並釋此，因而羨遣二子。公持法平，內不狗私，外不

撓。公類如此。

按察廣東，民有治垣廢（屋）者，校瓦礫當公輦。公怒曰：何物小醜敢玩

褭依瓦雅俟投於夫人素助祝官爲其手摩而知其善作飛語中
人者、立答之，明日死城中。諺曰：蕭小子敲阿彌屏斧色焚爐不敢
飛。前蕭駱二公按察時遍之網、至是死杖下。
長吏和丞閣收子捕不得，衣緋從城南門入，入者時則有火災，其
郡五虎山當牆國中門而入者亦如之。公從父少保簡肅公像為
左方伯、和丞吏白前予以邦陸入烏、坎之。忽雷雨夜作，傑寺浮屏
突杙傳浮屏自隋時以銅鐵覆其巔，至是忽墜地，鑄文于上曰：語
天極人、各由見鐵地據陸霖。天雨四花、土田三變、今古國時屏人
摇閣、雨衣三拜、方大時、少保衣雨衣絕三拜而大滅，遂叩首而起
後十餘年而司馬公爲左方伯、和司馬公在山東，夜夢有人予六
字、曰識鐵樹文在極閣，至是守藏者以鐵告。嗚呼，一鑄鐵識于數千餘
年前一通，夢于十餘年後、天之閔于二公也，豈其微哉。

在徐遺如附毛惜陰父任府州詹縣蕭然為閩左方伯有吏私請
為義舒筆而遂之有光洚儕其公旁時友也所因公觀錢號公笑
曰寄以此才而器之而胡犯簡書將不聞楊霽事乎都之閩莊簡
公嘗稱稱公廉而不近名汪參軍坦又言莊簡公稱公稱掾如不持
閩一錢與不持一研愧市白集其何異
以右中丞出撫浙廣分宜相為從具而以胡侍御宗憲佐之應公
相子世蕃與侍御被甲執盾稱荼壘時門引觴觴公公為學白自
如甚觀於公其厚矣公玉塑屹不動蕃大有責言聞于某曹大夫
大夫雅重公而但其先為楚方伯也乃予先書盍為具取公刺厭
蕃以方伯具如來為為諸公曰多公厚某某平守宜老矣復鉛槧
為容毋乃速三十年素乎方伯錯愕謝已甚隣為公危矣徐李邦
珍惟祝提兵急詠將疾馳邦珍予間曰一邦珍煩閑處乎公曰賊

妖幻能疑我師，君不親行人神其術，而形是怵且壯，戕勢而委之
敗也。君以實力用驅，卒必前驅，將必先，而賊甲馬裹僵仆遍棰之
天從我何仿也。以苗攻苗，以步践于新法。
予從墳容美知予唐玉稱以於簡制田宜移予甚成壯，後宜移來
予細　其子，以直言田土官救情父强鰲其弱子孫，稀家私殆而
已竟，不言所制如何也。
許別駕元祥言，以行部至一野，候吏以祟告，以弗瘥，仍一朱衣
去閩門入，侍衛以兵刺之，弗以公閱起坐，祟遂其袍逸去。詰旦以
近郊一土偶碑之妖不勝，正其以邦務土偶之也，詭以狗馬血厭
勝者耶。
有友失背學以逃，公力薦之而不俟聞，去友竟不謝，以自證不負
公薦也。人謂非狗也，不知天為誰也。

新第落成午日任公家宴有黄冠长鬚赤脚臂纹竹屐来謁公命入黄冠曰予紀官中丞名某者耶公曰然曰吾楊某也舊親故来訪子於今門者拒我蓋公祖也楊也公笑曰吾方謁家門者何知而識子遂坐上座乃出囊中藥數枚奉公曰服此却疾相与屡歡而别出門見童數十随之行忽不見公以諗楊廷尉美益廷尉曰此吾族父行也少而無賴大父以布囊沉殺之江中四十年矣何由来仰公誠仙品故遇異人特多

公夢登高臺日月星宿煇燿其中一老人曰此中天臺於丞此吾護公歸未幾前一日有人夜經城隍廟聞人馬馳逐甚衆居民居閩後月餘從北来者見公擁旄鉞度錢塘為徐州城隍去有畫者怯三貌公像忽昏迷久之乃甦問其狀曰見廟公入城羽騎森然遮道不得前一騎士来執我我遂而歸也有天甯寺僧吕生館

穀于翁洲之神主落家一日之鄉因墜馬歸附主落已死遂附生倅降神囑家人甚恭宦後云吾為石浦城隍繼陞都城隍问為誰曰屠公也公襟靈朗逸偉幹長髯望之如仙官上真故生為直人死為明神理或然也

有樟木一本生于樟村亭亭直上有居民將伐之一道客止曰此木二十年後當大顯其後公與大司馬陳公時徵相繼謝世兩家公子謀肖公像次第得木詢之即前木也匠者視其理蓋是八十年物云公卒年八十豈此木與公同壽耶抑公與陳公生同弘治庚申登第同嘉靖癸未官同司馬而像同一木又同日有也非天之所定烏能神異若此

公自筮仕以至歸老豐功茂德不自表異加言善行得自信信後讀狀銘傳賛得而詳矣其敷歷砥柱終始不回雖病至彌留形神

安雅遺言戾正諛所稱公介不近名貞不違佑榮不色喜詘不色
辱守道履义死甚於老非謾言也予間与二三碩儒之士謀所以
私謚公者夫謚易名節惠出自上裁者倘小人惡敢妄擬擬述古
人之謚貞惠文子靖節先生往往出于歸人門生之私雖九原之
下死公所未聞也而誄法銘功斯實錄矣擬謚法清白守節曰貞
寬樂令終曰靖私謚為貞靖先生

傳

禹烈歸傳

王禕

烈歸禹氏淑靜字素卿會稽人也生王氏從父宦於錢唐性聰明膚授以古文日誦數百言精具習書記凡文字過目輒不忘一日忽自嘆曰此非女子所宜先也乃習以女紅之事咸精其能父母鍾愛之不肯與凡子年二十三擇婿得四明吳守正有文學為時名士即以歸之烈歸生而義聲既歸吳氏能不厭儒素益自恭勤事舅姑以孝聞治家井井有條善處事鄉黨中無鉅細必咨稟夫夫乃行嘗語人曰婦人雖聰明識閑見而限矣可自用乎平生不妄談笑與人言必由乎禮義女婦或有行防汙不自飾者雖貴戚不與見雖見不與言或譏其不容物則對曰人其身而禽獸其形行

吾方為之羞，尚能与之談乎！其一言一行，皆足以範世軌俗，大抵此類，姻党莫不敬憚之，称為女婦中丈夫也。至正壬辰秋七月，錢塘陷于賊，燔民居殆盡，艱難備嘗，以脫虎口，移家崇德之石門。丙申夏五月，賊陷崇德，携三女泛舟走避，泣謂之曰：世乱如此，而吾家勢力殫苦，藉祖宗蔭庇，庶幾有渝。倘有不測，吾与汝輩惟有死尔，慎勿受人污也。明日賊追，苗軍繼大至，掠倉卒，迴不能远，同舟十數人悉為所虜，烈婦即抱八歲幼女投水死。日暮，其夫往覓所在，水上以幼女屍，即其旁求之，烈婦屍挺然立水中，于是以年四十有五矣。

贊曰：無非無儀，婦人之常，以烈稱婦人，誠婦人之不幸歟！予聞禹烈婦宅心禔身，平日毅然以貞潔自許，及遭变故，輒視死如歸，雖曰死，以其所謂之不幸非歟！嗚呼！自兵興以來十六年間，天下之

搜推甚矣男女失身不得所致也蓋不可勝道抑禹氏之得以到稱為不幸可不不可歟

陳孝婦傳

王褘

陳孝婦者徐氏妙梓明州象山縣人也資性淑慧父母甚愛之擇宜歸以同里陳氏子曰仙棋質美而好學遂以妻之孝婦既歸陳氏逮事其舅姑舅姑后歸道大德丁未歲大祲人相食孝婦屢出奩具以易粟擇其精鑿者用為養而自食糠糲以率群下或采蕨根蔬菜以佐給未嘗使舅姑知之厥後舅姑相繼物故未葬停柩於家一日鄰舍火發爭攜筐筥逃避去弱孝婦與其夫以身捍柩號天慟哭誓與俱焚火且及左右曳使避孝婦哭垂絕不為動俄而返風火轉延他家柩得不燬人謂其孝感所致由是鄉里咸稱之為孝婦而縣大夫列其事以聞孝婦平居善治家好施予事夫教子

四明文獻傳目
史文靖
史衛王 附汪達
史獨善
史自崇
史滄洲
鄭朱曉
宣忠靖
陸茗菴
史寓之
下方七月湖

皆合禮法。卒年七十三。子楪，字偉若，有學行，仕為慶元路儒學錄。
五子。長曰法業，入國朝，以文學見推擇為丞事郎、同知西安府同
州事。
史官曰：余覽前史所列孝行，如姜詩夫婦，孝純誠之感，能致水涌
魚出，未嘗不屢書而數，以為孝子至矣，與神明通也。今以陳君
歸逼史風轉火事推之，故人夫復何愧。嘗證古今人所不能及，即
故為論次焉之于篇，以備于國史。

史月湖　　四明文獻傳

史守之，字子應，忠定越王浩之孫，提刑彌正之子。少時嘗扶植
忠定造朝，孝宗奇之，且勉以學。以恩補郎官，薦歷華政。艾在昭武，
嚴保伍之法，御選防官以防賊盜，罷里胥二百餘人以絕欺虐民。
有冤繫獄者來破械出之。其在吉州，適黑風洞賊日熾為寇，有郴

州平人李元礪起，嘗助官軍討賊，比世傳受於論功行賞，而元礪不及，遂去爲盜，破吉郴諸縣，且逼章貢。當時朝廷詔定之，兩易內地一年州郡。差遣既受命，留幼子賢輿等鎮安城民，斷長子文卿，猶謝進行間，多抗賊鋒，繼上書請於降之，既而元礪爲世傳所縛，磔于吉州。後世傳亦自疑其下胡有功，殺之以降。元在饒州，包築羅城于鄱江城外，架浮橋，築二長堤以絕往來阻絕者，且居民行鄉飲酒禮，政次大興，其如此。仕至金紫光祿大夫，直華文閣，湖北運使。月錦月以老漁，生平篤學，至老不倦。所著有太極圖及論二蕃，附以蓍說、易說爲一書，通通一卷，老如解一卷，儒筆若干卷。或其說天文章尚兩漢筆力云。

史宕之

史宕之字子尹，齊國文靖公彌忠第三子，以周禮中嘉定丁丑進

士第，授迪功郎、吉州永興縣尉，九轉官成，以仪真守禦賞轉朝
奉大夫、权江淮安抚制置司參议官，歷权知真州、扬州，以脩築真
州東城，三轉为朝议大夫，落反郎官館職，端平三年，以淮東積貯
賞，轉中奉大夫、太府卿、知臨安府，月餘，兩为侍郎，四为尚書，累職
從興湖東江州、江東西路安抚使及沿江制置副使，歷兼文敷文
顯謨（龍圖）閣學士，自中大夫歷大中通奉，轉正议大夫，寶祐四年，除端
明殿學士，仍知紹興府，改知福州、福建路安抚使，以丁内艱，服除，
轉正奉大夫，復自福建安抚知平江府，恩數視執政，不赴，開慶元
年，除資政殿學士、荊湖南路安抚大使、知潭州，復改福建路安抚
（轉光祿大夫，景定元年，除資政殿大學士、銀青光祿大夫，）
使，被旨旌異，以勞績自宣奉大夫拜章臨安府同書究致仕，以疾
薨，年七十有八，贈開府儀同三司。和尹臨安，言大錯賈似道可大
用，及帥潭州，值北兵圍逼，盡力城守，似道忌之，兵退，　以冥軍前錢

粮，与諸帥臣同受監錢之苦。先是其父齊國迎養於府，嘗內引奏云：岩之蒙陛下拔擢，備位侍從，又付以上流閫寄，懼其不稱任。理宗諭以岩之有志事功可喜，况本殊擢，榮輝當世，所於堂曰壽本，因自歸云。

史雲麓

公上

史宅之，字子倅，丞相忠獻王彌遠次子。嘗諸漕幸，以忠獻恩九轉至朝請郎，除直寶謨閣，累轉朝請大夫。紹定六年，御筆除太府少卿，賜同進士出身，兼崇政殿說書，繼除權戶部侍郎、寶謨閣待制，丁忠獻王憂，服除，煥章閣待制，知紹興府，轉朝議大夫，以明堂恩加鄞開國男，進徽猷待制，兼浙西提舉，改知平江府，改節制右府軍馬。被召，以加興景閣，轉中奉大夫，造朝，除刑部侍郎，尋禮部，以特恩轉中大夫，磨勘轉中奉大夫，权刑部尚書，目後知平江府北

再知紹興府安撫使出二知隆興府出一或梓或受出常內閣學
士及對燭發運司名唐祐四年磨勘轉正議大夫進敷文閣學士
六年除工部尚書以明堂恩進封奉化郡開國侯七年兼樞密都
承旨歷兵部吏部尚書八年轉正奉大夫除端明殿學士同簽樞
密院事以明堂禮成進封□國公除同知樞密院事以疾乞致其
事特轉金紫光祿大夫守同知樞密院事致仕薨于位年四十有
九贈少師謚恭惠賜水銀龍腦斂以一品禮服後贈太　改謚忠
清有奏議詩文若干卷所存曰書藝六以名其稿云

史提刑　仝上

史肖之字子堂尚書司封郎中贈少師彌鞏之子寶慶二年以周
禮魁漕舉以文階補官調溧陽尉於兵攻陽臺以弓手隸孟珙戰
勝赴軍前商確進師解黄州圍繼受督府命監軍援夔門復從別

之傑授安豐改差知揚州江都縣兼淮東制置司主管机宜文字
率兵与北兵戰獲捷差知高郵軍寿春被圍監軍赴援戰於芳澗
以祀兵目陷連戰攻其柵拔之北兵併力來攻戰于茨檎北師潰
去降詔奬諭以功累遷差知岳州累轉歷兩浙東浙提舉常平以
倉及湖北提刑兼知常德軍府事荆湖北路提點刑獄以事奉祠致
仕年七十以卒自將仕郎累十有八階至中奉大夫爵鄞縣開國
男食邑三百戶所著有鄮山錄

史鄮州　仝上

史育之字子根鄮少師彌鞏之子補國序生以父任知婺州該遷
以蔭恩補迪功郎銓中授從事郎峽州遠安縣尉仕至添差通判
太平州改通州鄂州轉朝散郎卒于官居官廉所至有遺愛

史　字謙甫　仝上

四明文獻集摘抄　傳　五

史宇之，字子發，丞相彌遠幼子。以恩補官承事郎，嗣後歷華文要，五知名州，三知大郡，戢兼安撫，為侍郎者三，為尚書者四，食祠祿者七。自閣右文殿授歷內閣待制、學士，以至于端明大資政，及觀文殿學士，則視執政恩數，階十九轉，至正奉大夫，爵奉化郡公，年七十九。以年將進封衛王，以定策功，久藉推寵，理宗深眷之，故不恤人言，寵用其子。雖以丞相杜範在給舍時，嘗論宇之雖異書洪氏子，極詆其生母林氏，理宗終不聽也。亦可謂保全功臣之後矣。賈氏當國，媢忌史氏，閑居十五年。值宋內附，雖不能守其名節，亦無賣國獻城之事，今其子孫雖諱以不幸中至幸，豈所謂知言者耶。

史塵舟

史璟卿，字景　太師齊國文靖公彌忠之孫，直秘閣，知信州，嘗之

王厚齋
黃文潔
程畏齋

杜孟傳

子，幼穎悟能文，年十有八，遭伯父丞相當之為國擅權，紛亂政事，
上書極止丞相罪，嬬殺之。元至正詔修宋史，史官危素至明嫌求
遺事，得其書，附義篤之傳。觀此鑿然起敬，庶幾乎不死矣。

仝上

八、黃甃庵

黃叔英，字彥實，號甃庵，東發先生　聰此敏絕倫，任史局氏之
書，已目輒成誦，為文俊拔偉麗，意氣奔放，而卒歸於道。朝廷既設
貢舉法，改進之士，皆於辛執經受業，嘗與凌煙閣以授門人參
氏其先本於徒同進士出身，而竊不能少自貶以受有司之繩尺，
訖無所遇，閒用事者為晉陵、宜城、華陽三學教諭，及和靖、采石兩
書院山長，終不克展其材以死，人尤惜之。所著有甃庵吟筆三卷、
詩文雜著二十卷。年五十有五。子祖法，能傳其業，官遊閩中以死。

鄭叢溪

仝上

秘丁原脱一字

鄭芳叔字法仲號蒙隱及先生以范尚書族子來爲國子進士登
收祖鈞宋承直郎鄭巫和禮爲賓師承直監平江百萬西倉陪侍
左右徽直李官李樞歸葬屋禮值宋亡內附遍游先朝遺老之門
博學廣記家貧無書假與薦秘躬自借錄積之數十百卷爲文用
禮爲預不多從辭援筆立就開門授徒從之游者常數十人經其
發揚者皆偁偁有師法所爲郡學友導尤爲郡之帥趙公慧所敬禮
常爲設廣生延入閫府聽其講說不倦平居敦厚度重以道法自
勇而尤篤于倫理宅心忝女妹多人所難者晚以署本郡學錄未上
年六十九以卒
一王思齊　公上
王惟吳字思齊鄞猶借戶宋太學生某之子文詞敏捷長于詩論
与弟惟義皆以儒名性坦率不拘細行家貧嘗乞叶合於其友王

叔永氏春秋指要十二卷。立言簡約，大要本朱子直書善惡自
見之說，胡氏所謂夏時冠周月，此所不取，竊以為周未嘗改天時，
孔子亦改周制，所書春王正月，正用夏時云。

薛景蔺　　公上

薛觀，字景蔺，一字處靜。宋時聚族千指，同居合食者五世，號義門
薛氏。讀書強記，為文敏捷，而隱于廛。珊多不留稿。元至治癸亥以
尚書就試浙闈，遂名其書。上春官不第，以特恩分教平江之常熟州，遷
杭州路授用累考補將仕郎，主常德之沅江縣簿，迪檢尉，子盜賊
良少，授禮引年，授承事郎、鎮江路丹陽縣尹，致仕。既歸，感足疾，以
卒，年七十有六。室蒹葭先生潛銘其墓，曰：歲予識君于鄞，見其循
循雅飭，知為篤學長者。惜其韜晦之久，建出而小試，已迫于老之
將至，而無所用其材，為可慽也。

進

趙由宜

趙由宜字　宋玉牒氏世居鄞之小隱院內附侍大父修職郎上雲孫主簿進孟直一名孟說來依外家鄭氏以居與蒙隱先生仲虎為外兄弟時學校法凡前朝故家子弟有仕史業者不得在儒籍月季考課累外兼為宗則以詩詞賦高等給廩以養中更多難生業盡廢李子城之重鄰蒙隱斂送之曾祖希揚修職郎祖與叶從父郎皆有文今散滅不傳云

鄭以道　　公　上

鄭先民字以道蒙隱先生子自幼積學累行名伴其父壯年益勵心任史傳記諸子遺言立論動合乎古學者翕然師之時舊有鄉飲酒禮郡太守王元恭與程畏齋端禮議復之屬討論遂　儀禮朱子儀定為小錄手記周旋者每千餘人鄰郡取以為法訓導

郡庠。以知行體用不遺爲及存人，須青蓄澹正不足匯侯。性至
孝。母嘗患目翳，日以舌舐之，即愈。母嘗病痢，亦不解帶。至刲股和
粥以進。父爲葬而遘疾，甚劇，人皆止其臨壙，泣曰：幸從先人地大
子，即道死無憾。返而瘳，年驚孝感。與人交，誠意懇到，不爲畦畛崖
塹。凝坐徐步，知爲學法。士林名儒，達官咸加器重。恬于仕進。嘗用
御史薦爲諭，誘掖後學。三月，即棄去。後晚依徵遺逸，舉婺州教授。
以中書奏授處州路教授。命既下，還訓諸孫，端拱而逝，年六十有
五。自號求我齋，有文集三十三卷。嘗自題曰：不踐乎天，不尤乎人，
某物備矣。敬哉此身，晚更號直云。

、蔣敬之

蔣宗簡，字敬之，世居潤之金壇。七世祖宋兵部尚書少師謚莊簡
名猷，始居四明城西北廂。幼爽敏，有馬齋。嘗受經于天台唐奎

四明文獻止此

董縣元……卷

翁仍韓，程畏齋端礼归自江东，復执弟子礼，而日与其友鄭岌民以道，王厚孙叔載，以文字义理相薰陶，授徒僧寺，聚易詩春秋諸家说折衷之，尝两为郡学教導，有师法，斋生祝服。翰林待制柳贯以其文读之，为之称，年三十有一卒。所著有易集义、詩答问、春秋三传要义、搽藁于卷文集。卷翰林侍讲学士金華黄溍尝銘其墓曰，昔之丰于材而啬于年，如王逢原、邢惇夫辈，盖有之矣，此而人以临川豫章而其名益彰，敬之有程先生以为依归，视其人可無憾云。

郭進士傳　　鄭真

郭進士，讳可学，即讳为字，明州鄞县人也，家世業儒，在宋时有入中書掌外制者，潛德兵燹，文行不概見。其后名搏之子迺者，該尚書，善詩文，鄉先生慈谿黄妻之以女。二子，長名可立，次則進士

也。子通以部使者薦，分教婺州，告田，縣復署上虞縣儒學教諭，东
上而卒。進士与其先俱在幼，母葉氏守死自誓，堂弟位指進士先
事語人曰：吾未亡人所賴以亢郭氏者，其在茲乎。躬紡績姿之使
學。李允中館授同里倪氏，進士与其先挾冊從遊。允中訓導郡庠，
進士復在庠下。是时鄉之耆艾碩献多省其人，進士遍登其门，復
取父書窮晝夜習之，学遂以成。為文章，累積編帙，出示其友，多許
称許之。閩受大家聘幣，為其弟子师，心所弗乐也。家素貧，亦力田
十餘畝，歲穫僅二十斛，以什一之利以自給。西游浙省，憲論薦署
為学官，以时方阻兵不就，而归值其母丧，孝礼送终，求侯筆為傳，
纪其母之節。傳仲士大夫復為詩辞挽之。及子以進士旅居人子
之道矣。服阕，家居，壯门求志，猶侍終身。大明洪武之三年，聖天子
下诏復進士科，明年省方三年舉试，復大徵儒士暨山林遗逸，明

郡有司以名上者凡百餘人進士累辟獲免又明年壬子秋試敦
迫再三進士遂以書往薦浙省考官姑蘇魏俊民永嘉孔克表會
稽錢宰家丹月樓共稱其文置在四十名之列是冬計偕京師明
有司敦庸鳴勸駕逾年癸丑春浙省之諭知貢舉官徐參政某命
賦甘露等詩甚見稱賞謁選天官大宗伯而下見進士不足鄙蔑
將奏爲在京官弗果既而同年進士有以弗能任事辭者衆議以
中立府國家興王之地中都肇建四方視爲儀則師儒之職盡使
諸進士爲之於是浙江八人同授中立府屬縣教諭而進士得在
宿州之靈璧淮北兵革之餘廢席廬曠少衣冠之士舊家長老聞
進士至出郭遠迓嗟矜喜溢色爲設享具進士亦不敢辭也既進
士重屋修不示其土風又念母吳氏葬地卑濕請中立府援例乞
歸改窆不許以家信知少女因死遂逗滯下疾既亟語其友陳東

忠曰：吾讀書二十年，今年三十有八，至於是而死於是也耶？遂卒。

是年十月十日也。靈璧縣丞盧　來主喪事，克忠歸櫬，訓導丁繼

先致衣服，知縣都仁以棺斂殉，以是月某日葬縣之西郊。縣人以

大使萬低錢狀為懦，薩導迎柩，率其凡四十餘縣長貳以下及其

父老里長諸生咸割牲以祭，流涕被面，執紼至墓所，窆襄際國畢

事而歸。雨下如注，人為致其思云。前浙東閫帥趙宜訥備去處州

嘗友進士，至是聞訃悵然曰：可學官不稱其志，死誠可惜哉！吳璧

之長民者何其餘用情也耶。傳曰：慎終追遠，民德歸厚矣。信矣哉。

進士鄞徐氏，有子一人，方五歲。贊曰：

朝廷以科目取士，士之取一經克敵夫逞其功名祿位，取榮一時哉

施之政事，不勝任者多矣。若進士官為師儒，以道自任，一邑上下

皆重為敬禮，不幸而歿，崇葬之，哀慕之，進士其何憾矣乎。

頃予以倭命至靈壁，邑長以下出迓道左，因得與丁繼先姓克
忠
十仲祥謝君子於識者，予同年進士，可學友也。是夕
謝君子話，余所業勞以陪鋏，且以進士不可得見矣，得見先生
誠為耆年，而益博故人九泉之戀也。翌日共出西門，揭進士墓
為之一慟。既歸，恨念謝君子與先生之誼，乃如此其甚。昔韓昌黎仲
公為歐陽生詹哀詞，以寄情於崔郡群、彭城劉伉，伉老古文學
蓋哀詹不得志以死也，故公于是時致拳拳焉。今進士年于茲
戰無奇功近祇之助，謝君子所克其情焉，足以見厚之甚子矣
向為進士之傳，既備著之，因書二通以寄繼先、克忠言辞陋
不敢竊比古人，庶幾於不沒人之善者，謝君子年即是觀之，其
懶不能為書也。

陳劉小傳

陳劉字子陸明州鄞縣人世為農隱服父里以售商為業劉少好讀書因去習吏事見有年文法吏以術其狹其詐為投筆棄去與甬東僧然就白衣僧舍借榻用程氏讀書法務以科業自見嘗挾冊遊郡庠將閱月其父母以家貧復使習吏資以為本劉堅志不從因閉門授徒復去受春秋維于林澗所輯春秋四傳錄為詳備問于古氏先儒說及從儒傳文尤拳拳焉劉復習是經霧抄雪纂不少怠天下名許廣大以進士出身來為鄞縣尹倡文會作興士類劉多在選列自是庠序之間藉藉有聲大家巨室往往聘致義夫子弟知奉化州事李樞亦嘗聘為楷式延至家君負薪食間以醫藥為濟人利物之具其父與暨伯父先後先終劉拮据喪事買地以葬好義舉多賦助之至行卑辭傳伸鄉黨皆為諫異哉劉性雅尚所學日進終不一踐場屋會天下入今戰方至天子下

詒新學校貢舉法，於是劉復受知定海縣事姓某，聘爲訓導。洪武庚戌之秋，復以郡太守敦迫就試浙省，以弗肯少屈，有司僶墨不在選列。明年奉旨預徵京師，群試吏部中選，授知神木縣丞。陽紗帽綺衣銀束帶，拜恩奉天殿下。神木延安府葭州屬邑，於西北邊與圭海爲鄰，宋時西帥經略之地。劉徒步上任，歷數千里，不以爲勞。既至，用武國所荒榛古故壘，弔古緋絪，怨歎怊悵。躬值兵革之餘，連年鋒鏑，民人稀少，胡虜往來鈔掠，以文墨執予于官者率不循法檢。劉到官，搜視疲羸，民思復業，教胥猾吏，痛以律懲治之，黨與咸懼。諜伺胡入寇時，官軍方屯葭州，遠不相及，劉倉皇備禦。猝遇石山子，有白敵臣者，素號險黠，舊嘗在軍伍，後隸籍爲民役，充弓手，劉嘗譏之而杖之。至是與其徒到繼宣挾刃，逼令降賊。劉曰：汝果致賊爲逆耶？吾與此邑同存亡，恨不寸斬汝等。敵臣令繼宣宣尊剛所佩邑印綬，而棄諸岩穴。從吳捕在京師時，與剛同受命，以兄弟率兵亂援之。懸不穴見石刻云，宋時有人避難於此，被兵焚死，為之憫然。出為蕭寺，賊至天下，力戰手刃數人，遂以陷於此。嚴州、福州守將木訥，二人同鄉，見劉夢蘇中還廷命時討賊速，舟踰日而就渡河，至殄滅之。咸詫其神速，庶以慰剛之靈云。神木藉羅瘡殘，井邑為墟，至潘生啟宗未到官，實封上言，願以遂不復置。啟宗與剛同里閈，久留嚴州，遺民往往自賊中來言，因以狀剛死事。吳人全文徵、山陰王原嘗為論著，以剛進思盡忠，殆古所謂死者疆場所贊同。四明多篤行文學之士，傳仲士大夫稱之，晚節以明經擢列，若剛及信忠，歷武烏重運肇興之二人者，皆能以功業表著於世，可謂逢時也已。然必以庚死，劉以寇死，士君子於此，可以孜其人矣哉。

李元亨傳　　鄭真

予客中都八年于茲，所見四方請謁之士以功名自許者孔多矣。於文武才藝足以表異於世者矣，不可以數計也。求其言行信於鄉，以歆先祖，俟其傳亦少哉。作李元亨傳。

李元亨，鄞人，先世隱德不耀。父洪，生元玉。元玉閑於性情之學，嘗入猶龍氏之門，以薦授通判。未幾棄職家居，俗承宗祀，人以通判以稱之。娶鄭陳氏，生子名亨，繼娶葉氏。元亨其字也。幼時通判取易卦義，擇令名元亨。既冠，人始以字記之。元亨曰：吾父命名，懼其弗克當也，吾以字易即命為字，俾其名剛，自號曰元齋云。天性聰敏，多謀略，商榷世務，無不克當。八省求質訪疑者，一為剖析，和盛款而至者莫不心領意得以去。嘗試為吏，同輩貪污，視財賄多寡為枉直輕重，嘆曰：是不君子也。拂衣而去。歲二子以禮，授之詩經子史，

俾出就外傅朔望歸省撫問所學匡施躬爲背誦諷誦雖不甚
解而喜見顏色郡庠臨比似云秋之文與將闈蓋人病痞及痢也
權繼元亨然後告天撫秘方貸善藥製爲丸散施之貧敝求其知
市每有饋遺力辭卻之置田葉穢之灘江佃人于常租外倍輸焉
千石元亨曰此誤矣撤鷄卵所時當得其付業還之佃者驚歎感激
有年耄耋者誥不善垂老以此半直共于所余蓋此他時四方多
故所在調疾從容語其家人曰非難俱不用保我如以如嬰兒在
依抱中長洲識者即去正戊戌之秋以沸下疾和即出小瘉度勢
不起少步至大床曰吾將正而斃焉於已矣此豈所自生世子能
詢所以言則曰吾素氣歸地矣此天以來此指示燃為會歟年九
月初六日也年三十有九葬中置几筵朝夕哭奠座處屏幃皆休
鄉人以為其靈云元亨天性孝友通判双目失明已久有善豎其

自外郡至，元亨請謁通判，將延致開其瘞壙。通判曰：吾先世卜葬
日，北言掘土有生物，見陽則飛，飛則地氣散矣。及鑿穴，果見一龜，
兩目如螢光，亟擁以土，宅兆其上。後有術者已其武，言當出高道，
惜至三世手目矣。今三世矣，吾老將就木，請目仍為元亨。曰：俟吾
父復覩天日，死且緘暨至門，欵洽甚恭，約以厚幣扣報，竟不敢致
而止。通判寢疾，每患口乾，元亨侍問，盡置珍果，以資其津，應府參
坐間採果碌碌，有蔡姓以為獻。及卒，舉甚如禮，人稱其孝。云年廿
勤儉恭敬，至信覺以誠信，速難相救，赴險惟恐不及，故其歿也，人為
哀悼之。娶江氏，李化儒族，生子二人，長卯能，次某，出一人，能業儒，
治春秋，授弟子業。

袁忠救傳　姚廣孝

袁忠救者，字公安，鄞人也。其先家南昌，七世祖子誠，趙宋高宗時

如臯安邑，從王鄞遂家焉，故世為鄞人。祖士元，通經修行，有文學，
元時為翰林檢閱。父廷玉，倜儻豪放，少博閱，能詩，兼得知人之術，
而名動海宇。忠敕生而性純謹，篤於孝友，日以讀書力田為務。廷
玉罪于寇導，忠敕侍有色，或擬之，玉流血，母怒，周旋弟妹間，能曲
盡其情意。每念本宗族弗振，欲必以軍伍累，常戚戚不自安。洪武
十五年，朝廷遣官至台溫明三府，追獲方氏部軍里之人，與廷玉
有衛，指為故官亡軍也。遣廷玉送京，往赴廣東判義名，恪遵忠敕
被繫，官不察，辭不得已，乃代其父，時年十有九。官為捶楚，逼其指
指于人，忠敕泣以告曰：我父清白人也，受誣若是，莫敢發于言，詎忍
文證他人耶？告之再，乃免。明年春三月，發為軍，為衛水軍所隸，練
月給令粟，每歲運糧輸遼陽，有賞鈔，忠敕必自節用，措羨歸其家，
幸歸祀先，惟恐不逮。凡遇祖父款識、鄰舊度己之誕育，具以禮有

或賜以錦帛等一禮，尚缺，則撫循焉已。其尚及之心如此。忠敬來其儀錣以八年，因營訐交北，謀以為之舟，敵忠敬詣曰：父在坐不得命，不敢苟為也。故人咸嘆其哀矣，自是挺營中，挺隨子李足忠敬憂不敬，且撓焉。二十四年，舊復運糧遼陽，舟回，至萬里沙，颶風大作，舟敗而死於海，年二十七也。嗚呼！忠敬聰敏過人，倜儻有父風。平居時嘗念其族以必有軍伍累，今為軍者果多人，何其先見之如此。忠敬之死也，人皆痛之，蓋吳者不必壽，自古而然，亦何憾之有。未忠發子父如其畢行，有忠敬可謂難兄難弟者歟。楚曰：予嘗觀袁氏譜牒，自漢至于趙宋以來，上下數千百年，蟬聯奕葉，傳自祖倚為顯官，聞士者世不乏人。忠敬屢于讀書問學，況其等友之行，今人中之所罕得者，何不幸淪落軍伍，弗能展其志而設于海也。嗚呼！已乎！其命也夫！其命也夫！

陳白生傳

金彥撰

陳白生姓袁氏其先南昌人也五世祖子誠仕宋爲寓南度道知臨安府愛浙河之左四明佳山水卜居於鄞知府子孫四世皆爲宋顯官至偉鏞者值元世祖之下江南宋運訖錄遂死國難五世元子彥章爲元國史翰林國史檢閱官博學多文人咸慕之生四男長珙字廷玉以其所祖天綱之術名播南北仲珪字廷佳即陳白生也三瑛字廷瑞四璟字廷徽陳白生甫七歲入本州儒學爲生員聰敏過人年十八以文學（海）舉授蕭山州儒學教諭元季版蕩道路梗塞不得之官歸寓鄞縣以前職丁檢閱公憂時歲甲辰八月也明年卜宅兆于桃源鄉四十七都楊山人墨之原先隴之側而安厝焉若推母袁氏丙午偕同合葬陳白生雖在憂服之中而不廢問學人時明守忽的理特延爲塾賓是年予與承新令與先生

[illegible]

斯道之出越二年生忠畋清白生問學日新家用平康郡邑交薦
梓疾皆不就戊壬戌至翔例遣幣錢以聘天下吳人君子是用不
可梓鄉試于南宮以儒道安民論中選為班首從書設事令總府
正力梓復令總務正文梓自總務佐戎政有司試僉憲選程有特
力改陞御史閣十月給以道理費賜歸待選以御史選例不復辛
十一月用原總戎子授廣東高州府茂名縣主簿下車之日即詢
民瘼是晚有邑民以鷄鴨鵝等為直日常例問以時物從何而來
則所出之能謹其初陸役從古不能均清白生能均之獄囚累世
不能決清白生能決之鄰境徭賊燒劫粉壁寨承委管領巡官總
將遣將勦捕徭賊之中良民多有詿誤白於總戎全活甚眾有議
委部運糧供一萬餘石渡海接濟儋州官軍秋毫無擾去還陳佳
輕等依法固執五百餘堅排不從收以絕繩之並收由梓由是本

郡之人歸之。陳白沙以速式為所回文鋪司譚福等以黃犢三百
六十斤為賂之，曰：我今雖去官，素不可奪。力却之。其在賊之日，
行乎章多如此。歲丁卯，謫於大寧，扒役為驛卒，作詩文以自娛，日
以術數之學，皆能究其理，雖在荒塞中，而盛名益彰，以故親之之
者咸嘗名之。余與陳白生氣味相同，同謫塞上，交之既深，知之尤
為得其實，故述此傳，以識夫知其察焉。
論曰：陳白生之于氏族，長歷艱苦，年甫弱冠，即為百里之帥，及其
壯也，又膺百里之寄，廉謹敦慕，皆能使之人倫明而風俗厚，可謂
稱厥職也。惜不中壽，其所成就，詎止此哉。陳以例從戎，邊庭遐陲
於寂寞之濱，又能以適自適，多勞而心逸，可謂能素其位而行者
也。如陳白生者，亦所謂君子人歟？君子人也，是不可以不立傳為時
洪武戊寅孟夏望日，從事郎廣西賓州判官瑯琊龐仉金彥謹述

袁忠徹傳　　胡僎

袁忠徹，贈太常少卿廷玉之子也。其先南昌人，六世祖子誠仕宋，
以太宗正丞知臨安府，建炎間扈蹕至鄞，因家焉，子孫遂為鄞人。
廷玉儒者，嘗遇異人授以相人之法，用至上於藩邸，後有奇驗，因
題名于時。忠徹自少穎悟，侍父游四方，是以其傳。年弱冠，上召見
試之，其言亦驗，賜予甚厚。及上即位，廷玉拜太常丞，忠徹授鴻臚
序班。僎一日偕同列晚出內廷，至長安右門，忠徹揖而至，視歸於
僎。同列曰：彼獨視子，以無素乎。踰二日，司諫梁昆適遇途，昆曰：有
言子旬日內又陞擢。僎曰：新擢，諭法受上恩已至，涯分敢他望。言
其後紀袁忠徹手，良曰：遂越七日，果有發陽之命。叩之忠徹，忠徹
曰：子形神清徹，骨與肉稱，鼻準豐隆，目如點漆，清而清貴。向適子
時紅黃之氣見山根、印堂，騰上甚速，故知遷擢不出旬日也。又一

日朝退遇忠徽閤門外忠徽曰子寧壽上有憂氣其應不出六十日時九月也至十月丁先人之憂又僕病瘵下危甚忠徽適自塞外歸相還入門見猶子昂驗曰此郎喪氣溢面甚可憂及見僕喜曰病雖重眸明必不死但疾氣除忽奇逢昂之喪氣何也方盛何也未半月家問至昂之母妻皆死矣僕三月復方起忠徽嘗見銘與知府李慶兵部侍郎方賓謂慶兩顴插鬢齒紋入耳五嶽豐而四瀆深終掌風憲御印堂黃氣至天中當有召命但面肉橫生恐不終祿謂賓四水相照九州光澤清中之濁法應貴顯速爲肩火色上騰法當忌喜黃氣起天庭驛馬達司空紅潤動中有近慶尋陞刑部侍郎賓以邑從陞尚書他日又見慶左肩上白角氣曰主喪服速司空氣黃明恐不終制慶果以父憂起即復二人後皆不克終禮部尚書李至剛刑部侍郎劉季李箎詣忠徽有問答曰李

公獄侯你聳倉庫堂幽故官二品但口訥吃縮卑恆昏慘禍去禍
來之兆列以顴骨高起氣象雍容故貴武數將五九運退多厄又
神庭金櫃有黑氣百日內當應耽改皆如其言井泉為典膳王忠
徵告之曰子骨肉勻神和氣發黃紫之氣已朝帝座千日內有二
除官三品衆曰我庵人去此足矣官三品未必武忠徵曰法當武
但今目下白氣點點如梅花二七日內必有服去掏如來及子連
表象徒外罷官遂擢光祿卿又謂光祿卿忱必因尹靜顏學厚五
行全備鼻螺膽舌沿砂官可二十餘年忽目下色黃白似懶腦忠
徵曰七七日內非服即耗訟蹤月果妻亡忠徵嘗見禮科給事中
張信謂曰子形類墨閣學堂氣全中正有紫氣成當遷且顴骨隱
隱入鬢文中之武必大顯豎而信升刑科都給事中他日再見信
天庭青烟曰此疫氣也去戰堂氣似柳葉翻地十旬內必加官

收數日信果疾疾愈甫三月陞工部侍郎由侍郎改都指揮見佛
公民曰以貴相也但五嶽朝而未開神氣結而未舒今天庭青氣
日生千日內宜防美除及期公民擢太醫院使除又見公民內學
紫闕目神微露告曰八八二二之數公當慎之公民年六十三造訪以
暴疾卒又謂右講經道成曰師頂骨聳四水不返又天庭紫氣及
驛馬氣如横貫秋月百二十日內有不次之遷且匠動旁有僧曰
左善世有羽庵在不次遷何謂也閱四月道成遷左闡教奉使日
卒及還陞左善世又僧一如曰師神強骨堅孫無瑕之檢司空黃
色驛馬氣如秋雲七日內必有急召丞相果徵為右贊又繼佐日
卒錢性孫迪未仕時嘗至忠徽謂性曰四水朝而形未蹤即當仕
氣如豆明年五月子宜防祿其秋官乎謂迪曰子氣周學當至眉
間黃氣起貫天庭秋卒唐試皆如意官可五品但魚尾白色浮紫

雍正壽，性至剛，刑部主事，遷華進士，為禮部員外郎，未恰兩年，他
日又造性，曰司空黃氣見七日內有陛，性既為員外郎，又杭州分
色仁閏，曰吉氣重陛，官必四品，性果陛安慶知府，他所言皆奇中，
不能述也。忠徽特博多聞，善文辭，能赴人之急，衈人之患，又能詩，
有奇氣，由序班為尚寶丞，由尚寶為中書舍人，由舍人復尚寶丞，
今陛少卿，父子受知於上，鋭眷深厚，世業之。
贊曰：昔袁天綱父子受知唐太宗，太宗謂天綱曰：古有君平，朕今
得卿，何如？對曰：彼不逢時，臣過之。夫天綱終于火山令，而宗師
未聞顯秩，忠徽父子際遇聖明，恩顧顯榮，天綱蓋不及也。嘗聞天
高祖鏞，宋咸淳進士，元兵至鄞，仗義執言死之，以忠節稱。嗚呼，仁
其周有後哉。

沈文楨傳　　汪道昆

昔太史公艷貨殖而羞貧賤，何足羞也。世有慷慨好奇之士，雅不善治生，其人雖貧，顧倜儻知大節，即偃蹇終世，弗詭其獲，有所焉。

沈文楨，字時揆，四明人也。父故豪率，文楨將生而漸大，母及母黨皆貴人，受時甚封多厚貲，於是賊父之產，蕩用不饒。文楨善事母，及母歡，事祖母如先妣母。叔父死無後，從兄為叔父後，歸其文楨與漸子美同，於美庸二姊事嚴文楨，甚文楨以兩孤母相庇也。第出遊避之，時宗人沈麒壽守中書，幼以點書，學文楨嘗受書法工點書，以舍業為游資，從麒壽遊闕下，居三年，貲且盡，既成名。文楨太息曰：「大夫不為名高，則為厚利，安能戚戚坐困乎哉。」遂持母錢三百，僭就錢唐，大治治舍，貸千緡，貼市中。文楨故漸豪，貲益喜發之，或不問，因錢貼，三年毋錢，居所持為緡，具大艘，召徒屬出海而漁之，以一艘為斤，俟然，無獲錢，又嘗則又市魚海上，暴鹽為

下缺

為蔬貨淵以東。其年鮮大饑，會兩久，鹽十倍，鮮乃敗。載之山縣貨菽粟竹木器以歸，于是母錢畢空，生而家食。從子美稍，於節年述言文楨述美瞿時，時急美之困，居常釣芙蓉江上，以魚執法乃毋問。彭子甕殯文楨有子，以臣年少耳。雖撫摩以臣頗笑曰：孺子在者何患貧。旦日出漁，飲以故，歸則閉戶，日夜程督以臣讀書。夫以以臣籍上當國，會文楨病，以臣讀為侍臥起，卒無行。文楨執以臣手泣曰：吾家七世，阜昌至而於廢業。孺子執經術以往，庶幾無墜先人行矣。以臣貧強，以臣就述。文楨竟以疾病終，以臣數奇卒棄諸士，易為詞賦。時洪沈畢為詞賦，顯者三人，應吉士一貴，李廉九疇，而明臣老布衣，名藉藉出兩人上。知明臣者皆謂文楨有子云。汪道昆曰：余善明臣，故聞若翁質行甚具。翁故千金子，少年輕富貴，若將撚之。及其游不得志而歸，業賈、敗，業漁、敗，既而市

魚又敗困甚卒卒之以釣為予而自託于匠人何拓落也顧猶任放自若其亦負不羈者邪盍如避怨出游終能以怨為法蓋亦世矣、

朱次公傳

沈九疇

朱次公者鄞人也、名浩字大化世為家邑之籍僕役其占籍江陵則自次公始次公生九歲而孤十四挺身走京師依伯兄就除公龍溪公者名泗先是亦挺身廉所援近徒以賢豪游縉紳間次公至而就除公以少故身程督之次公遂奮身就除公出入不悖于是縉紳先生知就除公有子於韓邑之雖次公質哉也哉卒就之多就除公力矣就除公已奉例出典崇王膳修其幽周夫人之幽南次公亦遂補技江王食官時而公並起布衣游仕諸侯王而宗人朱某父子復用善書聲上為郎次公初謁王之試問數予次公

徐起妫甚辯王故自矜及聞而改容礼之次公遂以幸王因陈説
古今建興亡理乱之際率勉勉致諷詠諫焉時李清閒之謚則述
王魏晋人書法王素大抑之一切聲色奇玩之好多却不進于是
枝江称矣王矣枝江之名千年而薨嗣王子幼王疾革傳托賓客
入候者以十数乃王獨召次公榻前受遺令佐嗣王子嗣王子未
及立而殂次公又身視含殮已哭而退曰吾所以報先王者任責
也夫次公入楚之又明年迎周夫人洮南未幾而諸從公殁夫人
哀不自矜勝次公則遂呼其子廷用至江陵分田宅与居夫人爲
加一飡初次公已爲其季淵娶歸爲京師夫人曰吾一旦去洮南
而失吾四矣洮南近而京師遠也吾將季淵何次公又遂呼淵至
江陵分田宅与居及婚嫁其子女夫人者遂安江陵夫人故生長
勤性嗜海錯及筍楊梅諸物次公已遂僦舍種竹爲林及移楊梅

于英生有寔矣。顷江陵去海绝远，又饶水族，故海错绝不通。次公
则多与越贾人金钱，令致之。越贾人率多负次公者。次公益多出
金钱与他贾人，他贾人感公意，又重息焉。于是海家常满座客矣。
次公性尤㥲㥲倜傥，多大节，喜读书，喜客会饮。先是有里人王氏
女者，为物所凭。次公第邑之女，即遣巡作符状，而妖遂绝。如是里
中者三。公以目逐曰：君岂能求祟而劾鬼神，人其奈何巫史我矣。
盖次公直行不私，为鬼物所惮如此。小司寇氏曰：余闻次公，盖自
家父老及余水郭寅云，初其予从郭君廷辅计偕之明年，次公携
之还鄞上先人冢，哭而甚哀，遍拜诸宗人，留连弥月，不忍去也。耆
父老因重异之。此水郭所谓鞠躬君子者也。夫人已视其族属若年
祀已也者，而爱施所生，及不忠敬其主，世岂有之哉。次公于是乎
有闻矣。

董二孝子傳

沈一中

董二孝子者，名可觀，字茲士，其先化法徵君苗裔也。按東漢季，徵君諱蹤藐人，母以復母仇，為甚偉聞于朝，下詔徵之，辭不就。迄今秩祠有司。閱千五百年，而乃有今二孝子。孝子行之邑人，述其祖法逸同叢云：世居慈之大陳，傳自梅隱君，述鄞生文信君、書御史，代多聞人。孟孝子父禾川尹楷，凡五世矣。禾川君少孤而貧，育于奉川項舅氏，遂冒項姓。孝子父仲子，童年補其邑中子員，尋改鄞庠。家有玉性幽哀，孺人病胃，輒齋籲北辰，請代，夢感龜蛇，和藥而愈。已，父病痢，醫禱彌更。比革，囑孝子諄諄復姓，撫孤謹謹。在廬似鄞末中。孝子飲泣受命，唯謹。除喪，勵志舉業，試輒優等，廩年不第。發授徒他郡，以食其遺孤弟妹凡五人，遍俟長大，嫁娶有成，經所於陋閭不蔽風雨，而脫粟歡友愛于于，歷四十餘年，聚三百指猶合葬不果析、世俗離之、庸又遺命力請於督學大夫晉川劉公以復厥姓、改題木主、返其魂氣、隱近父柩于祖塋傍、歸其魄、及友孺人卒、旦夕泣思、匿一善地以窆二親、久之未獲、因自習堪輿家言、並涉幾遍山谷、忽夢异僧、兼示之吉壤也、訪佛識其處、果以吉于微君母墓之西、人以為精誠所感、嗟乎、孝哉、今而後合歸窀穸、而孝子之志可知也。申佳事安隱閑如故、郡侍沈君大奎雅重其行、謀於邑諭蔡君廷禮曰、遠不忘祖、貧不殮親、可為孝矣、次孝而友乎、相與上謁督李公、及學憲洪公、共獎加之、郡守閩侯公啟慎許可、聞之、獎重殊禮、議以奏請、會覃恩、凡郡國推舉孝行者予冠服、旌其門、首以孝子名上、孝子遜巡謝不欲當、曰生既似克完一本、第獲以率繼祔先人墓下幸矣、敢邀聖天子之寵光、當道益重其誼、不能強。余惟世之稱孝難矣、而其尤難於在家人倫之變昔徵君復母仇，而決天之歟伸；今李子復父姓，而歸宗之志遂。徵君以李友及人，母孝子以孝，及諸派別旌辟不赴，與恩典是辭，皆觀述世味蕭羨外，何天氣數越千百餘祀相似也，則其他清操懿行文無足數、矣。孝子生平富有著述，茲繼志廣義，曼娓諸餘廣圜南遊滁凡洪橋、不具論，特論其大者如此。且吾鄉一董氏二孝子足傳也，俾異日觀風者，得訪孜鏡烏去孺父曰：余家相國紀董徵君廟碑，追論當日，事傷感再三，蓋孝友斯之難也。今去千餘年，復得一董生，耳目親顏記，言不虛，並罹家難，相感曠世，得地奇二墓相近，又奇。惟李格天，可易也夫。

李名文傳

楊承鯤

李君生沂，鄞人也，字名文，生而穎慧，讀書數已，概不忘，及長，美須髯，望之有異，而願謹善默，懷與同舍生學，不見其間辨，而意周已

了了初頗好繪事識劉伎已忽去屏去篤意經業年十六補邑弟
子員為兼亭公所知未幾以貢入國學試高等南海倫公甚器之
于是天下知名父吴尹大父春亭公性峻急畜諸子不少假假
獨假尹尹故善治產家內外事咸決于尹吐嗟便如意不中其竅
春亭公益才之父橘莊公治產米鹽遂病肺每疾作竟夕不休尹
亦竟夕不解帶其事橘莊公常得其微指先中之發時具脩脆致
洗腆必邀其諸父奉觴上壽歡如也橘莊公常召日者卜日者私
於尹曰天運一周公大期至矣名父大憂之為不食而每以雨夜
出中庭焚香籲天祈以身代洒宗為之遂得病疾明年橘莊公卒
哀毀骨立又明年母孺人卒名父哭不絕聲幾滅性疾增劇懨懨不
非生家有園亭常紓其父憂翔夕薦茗述家政如平生歡月朔
必至墓所哭于墓去城十里而近常徒步往初為期後不為期忽

一念亡、執往吏家人并知也、比歸、見所泥覆面、以知從墓訪還孔
是其十餘年不撥大天性篤孝如此、與仲氏析箸、不爭舊美田
宅、輒不問人有左袒君議君云云、君默不應、徐而曰天地何私乎、
君性儉嗇、于自奉服食器具、一如素儒、而頗好施、人有求之、必
與之、有貸之者、未嘗責子錢、曰無損于我而有利于彼、仍靳為郡
常飢、富室多閉不發、而名父獨開廩以待、雖亦稍困、大德之、閭里
德之、邑士稱依無積、無利、頗闕出海外、與島夷互市、又多負夷賃、
夷然掠殺數輩、於是有禁、不得下海通夷、且縣賞格捕下海者、于
是避乎鏡投漁樵人市貨、府嵩猥生之、貝陶之巫、伺于商舍、俟甚
申、更性爽、與人交無城府、亦不為苟求、引僚嘐議論、首先名節、而
性不能忍人過、而忠貴闡爽、無彼此于人、人亦以此近之、
論曰、名父常艷道（傍）場、習井、三杞三葺之、此其甚有足多者、諺云、種

樹齋集、不見其大、有時而用者於名父亦云、其子若孫林彬、蓋吳矣、

周鄮山傳

謝泰宗

余嘗怒孫拯死於二陸、費慈宰意、又為拯而死、冀以鳴冤、或有尚讎殺而一啟其悟也、若王回之於鄒浩、李格之於新興王焉、徐晦之於楊臨賀、是于予無補、徒氣誼存雄、裝憤瘂帽為仁義行耳、合周子所為御史徐君予、予于二者何在、御史居天童山下、世家具宅也、一夕為瀆池所提、王隨州勤以三千金賄家之人、發屋授之三公春斷而肖其二、御史繫于暴者、不勝介本質于使者、因歸而畢予、暴不許、御史語予在印余在、脆因天合、在盆之難、彼此相氣印千金重貨哉、林回何以棄璧而負赤子趨也、暴信之、撫命介本來介本收來也、介本收來、而其歸不忍、介本來、語嘆金安出氣、御史閔之、別改易冠為南冠、像梁悔之無女人矣、周子鄮山抱膝嘆曰、

御史千室能毋計以權一時之進退窟絶杖負哉胡為同氣有異
心也鶺鴒之章詩人用徒抱永嘆是友倫之義而磨砥北之文也
人誰無幾急今危無以援也先舉他日何以復見御史尹遂代行
事往御史名殿臣周子號名邦臣暴以為其所事也歎如御史久
之者附況也則雖兩耳目之矣又久之矣何昧室無錙銖至豈其
哀乎必有以乎蓋遷延半載而悽畢露未為肆人矣然猶冀御史
敦朋友誼終不以財虜人也至于消耗絶而周子之辱而勝道哉
比觀答擬其狀也孟書之復加炮烙兩踝骨見而斷矣至今周子
以王驗元經其事因有為是其存也然初意豈至是哉當是時不
知御史於宗之乎於棄之也何其事歸遂料微中而阻遊子浮海
之行於是乎留至周子矣故令周子弗為代御史在暴其所憤望
莫至經當作何狀御史即復將家含寃兼一念之哉周子既華刑

携文飢渴莫援自謂必不起即暴者亦以為然見援于徐并飢其
所厄交可知我亦專用此室質為徒費敲朴年已時守者系急即
暴魁亦曰履跟涉險天乎實使法自邀有是周子不惜為友代死
有是御史不妨見罪不見人亦今之罕覯者望理彼熊以大理理
自享者哉詢之為搞士李子貞試海天一幅圖詩有何丐否來乾
淨土象槎仙家如範方之句暴魁奇之憐如高季昌于梁震故予
周懼逃烏方用代行李至潞州其髮禿暴者怪之則回欲為徐鑣
而不可仙借頭陀帽首隱至暴者為真行李所為也即有僧者徐
福僧受去滿髮覺之日楚毒備至亦如受全先逸以促贖物福曰
來之知有至獨出之知有文也豈果哉共以此益堅苦自矢不少
后云先御史以代而歸與受家人約千金為壽受聞之曰吾豈以
千金易一死哉嘆受歸往謁御史御史慚愧謝往有千金約矣君

設監無察言也。今御史安在哉。夫以天之為質於滿，然為千古將
以代御史之死，而附天佳。自是邱極之（著）之若以玉于千金，終莫能
奔而徒抗慨就義，千里投荒，為知己受斃（於）是明知磨益於予猶然
誼不容解，則王回、李攜從井救人也。其於二共何見予於二共何
居為而畫有二於之予，亦惟論其在我者耳。君名寀，字鄰山，情覺
群書，千言立就。嘗試全州大考七廳，出驚人句，不襟似俏一夕儒
俶性也。既歸自滿，遊京師，宗工哲匠爭為導師，武彰陵班馬而壓
祀唐宋，文嘗為天臺寺書，兼展經忽針例藝，收腳韜戢，七日就矣。
其行詩，其才更奇。今人以徐肖貞擬御史，以馬士杈擬周子，豈其
倫哉。

張司馬先生傳

余有丁

文猶文學者、不習為吏、習為吏者、多足已而不學、見謂懸俎豆之事、授以司馬法不達、此曷以故哉、鄙語曰、尺有所短、寸有所長、完人之難也、余自操髮時、則知有本少張先生云、先生以經術取卿大夫、所居吏盡吏職、所從學遵先王之業而聞色之、治禮禮辨治兵兵律、具儀所謂完人非邪、先生諱時徹字惟靜、系出鼎族、族代有聞人、主先生弟文定公前後起家大司馬、文定于先生子行而先生師事之、二十舉于鄉、二十四舉進士、筮官南都、主膳司事、為郎、司武銓司儀曹、稍遷副使、督江右學、備兵臨清、參知福建政事、長雲南臬、既轄山東藩、為右使、改湖廣、轉河南左、以御史大夫開府四川、改江右、遷南少司寇、改少司馬、以尚書贊南都軍興事、所試功效效卓爾、聲施爛焉、余輒欲為論著、事多具聖人次明匡余

寅吳人王樺登侍中余故不敎敎論論其大者先生持文康廣属
各官之路勅郎国務道邑不得受請害有秀才異等待之不次其
不事奔下其若下才輒斥之士莫不懼然顧仗先生執憲平鈎校
律令一遵皇帝原法不以委曲生意私者悄集吏抱牘絫絫起先
生立斷之如馳填重地則嚴厲亦置伯格長多間諜弥逾盜不敢入
境按殊域以嚴來吏務在擊奸止邪土酋保寳蝮鷙擅磔人人莫
誰何先生立撲殺之一切威名流聞豪猾伏誅蕃㚖傜斂戢如
雨集比不容猾胥因緣為奸豪右得避賦而居其物先生為括筈
筭度費供著為籍于是占者度蔽者彫匙者妄所隱賴其在閭在
楚在嬰數祀此楚蜀發侵民不能輸漕粟則發帑金代之輸而後
徵以補帑民饑甚則給粥不甚捐食廪又不甚則下平糴令貸請
侯黃金輸邊饟以稔歲取償收民間貸餉厨傳而官給之廪以為

直、所以周急繼困、便利百姓之道、甚備、周王者、天子叔也、賦入不足供、常祿有司不以不以時內、內不能無侵牟其間、先生曰、祖宗封立子弟、所以序骨肉、責支體、廣同姓于天下也、獨奈何寵之若是、椒下有司內如制、而禁府吏毋乾沒以病輸賦者、蜀王居國富多從其官屬權辜為奸利、有所闌出茶鹽、捕者訟、共禁弗予、於橫甚、先生廉得其狀、無法之、而令相門弗得奪、有司權蹤國公私權恣、械繫者則以旱為解、先生破其械、釋之曰、無益旱也、大將軍仇鸞以肺附幸于天子、挾天子寵靈侵兵事、先生持之堅、鸞銜先生、疏誣先生縱兵塞上、幾得當甘心焉、然卒不能有加于先生、御史大夫商大節、嘗牾鸞、鸞中之逮詔獄、坐殊死、先生上疏訟其冤、暑曰、夫士卒家人子、起田中從軍、大節訓之一年所、稍有緒、而為鸞語所中、請宥大節弗治、除通籍以責成功、幸甚、天子大怒、下詔切責先生，閣臣皆恐，爲先生請死，天子怒稍解，命奪二俸。白草番故名系，掠安好，鹵一揑督官，先生爲師期，將擊之，諸大吏言擊之不便，先生曰：直患賊不膽，士不力，誠力，何可得養寇，毋爲大夫憂，計蜀將已偷，何卿則召卿授方略，已勒習兵，習兵中明約束，開壁而馳之，凡數十戰，戰疾，擒賊首五人，破寨五十，毀碉房四十八百，賊俘千五百有奇。馬裸番畔，所部副使朱鑑率先生檄討平之。支先生備析銜之具以裹戎師，討白草則克，討馬裸則克，幾可謂能軍矣。破守南都不得志，倭寇非先生過也，今官南都，南都士督且惰，不知尺籍伍符，先生在事甫一月，非素拊循者，倭一旦薄城下，賊勢誠棘，所失亡亦不甚多，即所白屬奏征，僅凡十疏，天子皆報可，非不知先生，先生持大臣體，當自劾，而嵩詆之，竟免。先生既免而倭愈熾，先生營職十四，凡三黜，督李黜，執憲黜，奪兵黜，則以

先生守經據古、不阿當世、所與狎者、非諸侯王、則大將軍、則嬖豎、
則柄臣、計先生所欵接、詎云若尔而休、年遂行日昃盡三事始散
耳、先生歸時年五十五、歸二十餘年、甚健、斂然無能用之者、語
曰、參輪不使自轉、木雕猶能獨飛、先生顧與若伍乎、先生貌莊裹
實隱惻、生平無詭步、無惰容、燕居必冠、申申如也、人曰和兒張司
馬、令人慹然不能去、去不能不令人思、牽從子姓故人所與賓客、
仰衣食先生、俸入皆以給之、以其貲下人、誠門下客去、無發莫無
留門者、尤好推轂士、作年少官落、或岩穴隱淪、先生與游、嘗引以
為資于己、嘗一善進之惟恐後、不善與語無惟恐傷之、先生好書、
于六經典奧、舊章憲式、無所不窺、而尤勤著述、其屬書離辭、要歸
大雅、直標古旨、為藝士嚆矢、不獨東人士奬然嚮風、即天下得睹
先生辭者、莫不以先生為鵠附、而成名者甚衆、所著芝園集、別集、

銓定國朝文為文範文苑行于世、史丁曰、余居鄉、從諸大夫游、豈不多賢、張先生知足以當世取舍、而闊多節、疏豈與委瑣齷齪國牧等庸乎、其何直為方、非夫卑卑之流、玉折節下士、有味其言之也、猶可得以收天下士心、諺云、桃李不言、下自成蹊、先生似之、先生嘗謂余、士所稱不朽者、惟文章功業、以與我先生身兼數器、是先生所自有之矣、

、節孝傳

余有丁

世典所稱節孝之風、豈獨臣事君、子事父哉、亦有賢婦人焉、婦人以其婦德獨行、標幟閨閫、視臣節子孝、同垂名不朽、皎若日月、斯亦足美矣、夫為人臣若子以者、得漸磨教化、口先王、目詩書、是非激于中而風聲鼓舞于其外、其微而能蹈矯而必為、惟其所資藉與其所從與見甚便也、乃中人能辦之、然叔季風靡、趨下江河、

斅倫援紀者往往而是求之且什不得一二乎彼笄（禕）之原玉微也
墐耳瘖目嵌苞自若也窮詹敝閔妄闈閣之儲文史之別也閫域
靚嚴伍紫是議非有声光之赫外域之達觀也而能識所性之倫
蹤其所秉之純懿質其志成矣即攻辛茹荼瘞廟閉血拮据剞劂
扃甘之如飴其視有所資藉從史而能然者宜不待辯也是昌以
故予誠玉性結于心不得而解耳彼斅倫援紀者良之不此然汗
下而反步習走者哉矣是人也得声施于世將使賢者奮不肖者
恥人倫不變為異類者必此之人玄是力可泯矣作節孝侍張氏
閫玉是鄞人趙瑞妻也瑞家故庠瑞死遺二孤男壯垂白坐上妄
強近之親飢寒不聊生活人咸為張難之曰傷執貧也即男子難
為工矣張曰是豈為未亡人重此生惟不忍二孤失所家大人無
以為養相引入講塾也地下有言未亡人何以為解即椎布操作

鄞縣志　四明文獻集　四

躬織紝以給日米斗飯尺繒无不自女手指所自出蓋閱數十年節逢窮阨朝夕惴惴以邀惠逝者則曰可歸報地下耳卒能給男婚以沒世而二孤且以次成立矣二孤者長名龍娶孫氏蕙芳時張且耄家殖日落龍下帷授書子易本修之外嘵嘵掌中裝耳不能備其甘毳孫則脫簪珥取給旦暮自上食卒一日再餐必饜飽再不繼則截髮售儲媼以易之且不令張知曰懼傷大人志也丈夜讀呻嗶孫常以女紅相後乃覲謁溫凊尋蓋張與孫形影相弔喘相息於屬若懃懃相依為命云史氏曰女立孤難于死節急難于養以餘殘于二氏又何易也彼剺面刲股者一時之決耳乃若子在抱上無所蔭下無所根踟躕俟跂或有幾于將來而存亡不可知若量力計期則日月遐邈孫無長策將藐諸之謂何彼孫氏衰暮而就養勤遺無所仰以為糇命并曰不任矣所畢力撐具而

秭心阻度、又胡能以色为養也、女能此者、郑贞之義、左右不遠之士思、適人遠就、嗟嗟乎、妆归各成女性、二倫是理、無遠憾矣、並又何後先於濟、萃於一门也、全嘗獲從遊趙君、因知蘭根醴源、有所自矣、非賢姑婦、曷能相女女子、而德若是乎、趙氏與全氏善、是以得具論之、

徐孝子傳

徐孝子、名一鵬、字季祥、明州人、生父岐山君、嗣父江山君、無子、子季祥、季祥事其所後、後與所生等、江山君貧、季祥獨身為具甘毳良藥、而自半负麓攝、江山君忘其貧、年忘季祥之為繼子、繼母鍾卒、哀毁逾禮、我不能生、以貧故、授徒海濱、以方正見憚、歲時必歸省江山君、雖往來數數、主人登其鱼君怯不問、一夕感異夢、覺而語其主人曰、吾父殆有恙、急馳歸、夜過何青王嶺、猝遇虎當道、季

祥祝曰，吾以吾父夜馳歸，有如劇虎牙，則吾命何怫耳。虎飫及鬼尾。避季祥去，歸而父果病憒憒，季祥至，則急穩曰：兒歸，將無道遇虎乎。余頃夢入一公府，見緋衣者曰：爾數當終，以爾子純孝感天，虎且避不敢前，女延爾一紀。季祥曰：異哉！兒之歸也，實道遇虎，仰天而祝，虎曳尾去。父病女瘳乎，神贊之矣。嗟乎！虎畏孝子，卯畏神理耳。贊曰：徐叟純孝，孝女所後，自李則約，李父則厚。夢而馳歸，猝而虎遘，仰天而嘻。不怫不詟，于菟猶避，神耶不祐。風之下衰，子道大謬。一語相曳，立而醉詬。含靈稟識，頹惡豺獸。嗟我季祥，民之懿秀。身非空桑，祝此良䛻。

、李賓父山人傳

山人諱生寅，字賓父，浙暘出，爲人沖和恬雅，不立崖岸，風格脩遠，精名理，善譚詠，有許元度、劉真長風；伯仲並遊太李，爲印山人，獨

不仕，讀書味道，居恆慕王孝伯飲居讀騷，及取以名軒。蕭曌有田
一頃，岦收秔秫，釀美醞，閒自鉏園半畝，執名卉嘉木，間植瓜葵韮
蓏，每科頭手一卷，偃息楊柳之下，仰睇雲氣，散步涼風，客至熱炙，
擷園蔬，出家釀，留連竟日，揚扢風雅，吟詠烟霞。或客語嘈嘈，佛起，
山人吐微言，意整暇，客至不解厭而罷。有及市朝升沉變幻事，亟
取麈尾揮去。山人都至，性好為詩，不作雕鎪粉澤，天動神來，間澹
幽寂，如其為人。行年五十，欲製遠遊冠、裘粮，自四明台宕遍歷五
岳，震旦中諸間天福地，尋真采藥，希蹤俞尚，彷彿佺娟，以母老不
果行。逾年而卒，有子學，風慧豪，遂負氣與山人差殊，調然識者知
其不凡兒也。跋光氏曰：古稱被衣石戶之農、瞿硎先生，風華未映
人，入口如啖哀家梨，今此風胡其寀寀亂劌，世味蠡薾溺人深耳。
蓋近代多膺山人，日僕僕負囊走方國，高目鋒舌，懷墨譸張而汲

汲升斛故与而布衣褐綫矣、若李山人不出户而讀書、譚道、以終其身、斯其稱為山人無愧乎、蓋隱而工詩、求其品、當在孟襄陽、秦系之間、贊曰、陵驂取適、薩園寄散、介絕溪刻、簡不任誕、江霞朗映、屋松張偃、何以品叟、鳴瀨淸淺、惜哉早謝、遠遊未踐、

记

、倭寇始末记

叶照

嘉靖十九年福建系囚李七许二等百余人逸狱下海同徽歙奸民王直即王五峰徐惟学即徐碧海叶宗满谢和方廷助等勾引番倭结巢于霸衢之双屿窥犯附近出没为患时海内承平已二百年民不见兵革猝闻寇至远近骚动冒锋镝填沟壑死者不可胜记巡视都御史朱纨调发福建都指挥卢镗统督舟师捣其巢穴俘斩溺死者数百有解眉须四番鬼倭俱在获中余党遁至福建之浯屿三十一年二月王直令倭酋突入定海关移泊金塘之烈港亡命之徒从附日本自是倭船遍海为患三十五年四月贼将寇南京围巡抚江都御史阮鹗于桐乡贼[?]甚时胡宗宪新授

總督軍務兵部左侍郎三命用計陷賊圍解賊乃別遣[illegible]倭船二十三艘領軍千六百登胡鳴鶴御又倭船八艘賊中千餘登封臨山三江越數日兩賊合攻欲海就山城突入慈谿縣治時縣原無城郭知縣柳東伯賈印而去乃四月十一日也十八日又至五月一日又至五日又至殺御副史王鐵知府錢鎮提點主簿畢佳以督兵衛賊死南湖部長杜文明杜槐父子俱以抗賊賊屢戰忠義勇魏鏡背負孫全力風殺賊而死鄉兵吳佳四陳六元等操鋤斧力砍渠魁而死焚掠士民子女財物極甚滌春從[illegible]亭陸出款殺寧波府城震驚帥兵乘輕舟沿江上下隨賊向往用鳥嘴銃擊之賊退屯海口先是工部侍郎趙文華以督察軍務復命至是進工部尚書李[illegible]教提督軍務許以便宜行事統領大軍至時胡宗憲日與徐海對壘數遣死士入海營中反間海果縛其黨陳東等八

李寅之撰

十餘人乞降宗憲計徵兵且至佯許之及文華至遂與宗憲進剿大殲賊于沈家庄徐海溺死獲其尸梟示辛五郎帥餘党乘舟遁至烈港宗憲約文華復縱兵邀擊之俘斬三百餘辛五郎與麻葉等因至京師獻俘告廟刳尸梟示餘賊由邱家洋夜遁宗憲督麻陽兵乘雪夜襲破其巢悉斬之三十六年倭酋來求貢朝命拒許遣之不去三十七年春王直等復偕倭商小手千餘乘舟進泊岑港声言欵詣軍門乞降然而五自不至宗憲乃使生員蔣洲陳可願誘諭之直乃遣其養子王滶來見仍遣之還十一月王五乃棄然詣軍門遂執之下按察司獄上疏得旨誅直于市梟首示海濱妻子給散功臣之家為奴

寧波府吳公生祠碑　沈九疇

吳公者諱　字　真定之定州人公生有異徵長而慧敏年若

于以進士起家為工部郎艾李命守吾甯則世皇之四十四年也時奉南屬撿攘之末郡縣瘵極矣而甯並海數中寇伏猴獪有壽為董居于途先是盛盜法僅之不勝誅下抑又狎比昔往衍廻蒞多艱何以昭厥衷哉公至務持大體不亢不隨[illegible]以執之于道民所不可則予法法所不可則予民益不逾月而百姓靡然從公公質疏誠然不欺壹用儒術飾吏治其治若瀾遠及臻厥成若擇右契也甫入境率欵欵雅甚喜愠未嘗變色易容所欵信时有負公者公終已善遇之矣建設保甲日令鄉老人持鐸訓以治條蓋公為治務在修舊憲而已月日進諸生證說經義不怠一时黉識皆名士待之曲有恩礼未嘗庭叱一人常曰此非吾才子中乎吾不欲齊之隸也估以嫁女破產多溺不舉公評然異之其奈何以財故而傷生設重購痛懲之于是全活無算郡多火災公命司里

具畚挶便缶儲水之器，倴之閭端，每災起必躬蒞之，撤瓶徹火所未至，司徼作奸，一日火大熾，公獨遽逮而戮曰：豈其以太守而禍吾民！火為之死反。農田御河漕吊江堵出，按罪薄善政，效每旱防公敎行水，時畜洩，戈恒不侵，有偷者依于神叢，民久患苦之，公立命禳其祠，尸而浮之江，根雜其墅，民廼帖席，妄庇吠之，警矣。凡公治寧四閱歲，而有曹漕之命，命下，即日封府庫，以管鑰付守者，至不能具舟車，乃稱貸，然後得發，人以是益多公也，公去之日，百姓建祠府治之北，歲時尸祝，公然未有碑。碑之，至嘉靖乙丑，時公以兵部左侍郎李命巡西北邊，歸而疾遽作不起矣。嗚呼傷哉！世公其鳴鉅者，在國家不暇論，論其治寧者如此。

象山令吳侯開下白沙石津記　薛三省

象當明之南偏，斜阻山，然越海而隸于郡，入郡必問津于海，其時舟從黄溪沿流行過而北，抵岸，估所稱馬頭者也。道經海中四十里而遥，律旁來坑西滬，輔以兩塘，以來潮流，故無淤溢之患，亦無壅閼之虞。道雖遠，初嘗也。昔民未病步也，久而兩堤圮，浦溆旁溢，則流緩不足潄水，因中淤，非潮壯水盈舟不得浮，而海潮盈縮日有候，走郊者候潮黄溪，及馬頭潮已縮，歸邑者候潮馬頭，及黄溪潮復縮。往來者皆不得直達，率中流易舟而濟，候則稽，人易則稽。舟人再舟再稽，則又稽時，風濤猝起，時有危息之憂，而炎蒸隆冱飢渴，且夕又所恒苦，已甚。侯廉知艱涉狀，咨嗟曰：水非可人力爭也，計惟有避而他易道。因從律旁躊躇四顧，南指下沙，北指白石，慨然曰：道固在，所費鑿耳。鑿而截流直渡，計程不過二十里，而故律孰便？而久愁苦民父老子弟也，顧無所從責，乃捐俸而俟晉之。歟為士民與？士民亦幾幸除宿患，以永寧佚之利，樂輸若務積。曾

之何時律成果以使責易故所為害者就三利而蓋截渡則逢經
不窮日而往來者皆得所宿是謂近易遠逢近則渡迅且鑿深則
濟盈渡者無候易之稽易為占望而趨避陽侯無所肆其虐是為
平易險潮不候則不頃于遲舟不易則不爭于疾託載安瀾若登
卑耕無畏時寒裳濡足之煩是謂佚易勞語曰勤農劬劬下壤上
腴之易惡為美也今象海道非縮于昔也海之風濤非疏于今航
海之舟又非昔盈而今寧也而利害三易若此豈非勤恤之效歟
民載明德海猶懷安是時侯之佐徐侯者適任承檄權吾宇稅為
述士民之意謂余紀其事余竊觀恒情狃于故變事便于因息繩
黎目上下因多所結約而令長因借以為口實文法自縛塗耳目
之前而希百姓長久之慮惟冀歲月遷延以自弛負政敝莫之更
民溺莫之拯後先相顧委為故常譬壞疽將潰股有俞扁推筋劍

骨之術猶叔有一坐而庸醫袖手旁睨付之莫可何而任其自決
其有幸于者乎蓋天下吏敝率坐此若吴侯者惆惘甚虚閔于民
挈利度害不難易業而百姓更始寧復寅結約敕徐俟又為余言
侯在象起敝易陋邑若再造其閘肆猶為小補云侯名孝周江西
學仁世家縣選貢

東岡碶碑陰記　袁州佐

嘗譬之鄞東錢湖猶人有胸胃而東岡碶則其尾閭之關也故湖
水主蓄故湖水必使有餘而後可濟所不足東岡常以從其不足
而洩其有餘湖碶上下猶呼吸相應而農無水旱之病治事者以
德其遠矣惟碶鄞而址定兩邑細民昧楚弓之誼于其後也妄諸
水濱而彼此相卻及其急也則執干戈而攘奪之或啓或閉或塞
或決而碶殆大憂無他人心不公而長吏不能豫得其障也今去

作方輿勺水如膏而碶不以時閉雖放湖水如注無當之危朝盈而夕涸矣司碶者詎能辭厥責所卯是在長吏善視水則而時兩邑之早時加督率修葺毋視鄞定爲胡越焉斯農之肥也余既捐資修碶并復碶巷將加成矣偶讀宋之碑記具載東岡始末甚詳因書其陰俾後之君子得以鑒諸監國魯元年四月望前一日浹水

袁州佐題

五柳莊記

余有丁

五柳莊在甬东东湖吉山麓下，面湖枕山，莊计百畝許。週遭鑿渠，渠廣一丈。渠外千樹柏，渠内徧栽梔枝竹，雜以桑柘。莊前樹垂楊五，建棹楔，額曰五柳。门三间，扁曰日涉園。左居僻者，右竚巾車孤舟器具。稍進，植槿為籬，籬间一竹扉，曰常関。门门内甬除度六丈，大深如之。中有古松一，皮皴散若蒼龍鱗，而枝幹詰曲可凴者。鐫字其上曰盤桓樹。左右築矮垣穴之，左曰猶存徑，右曰不遠途。各畫地一區，廣袤五丈，左藏盆花數十本，右畜諸禽，鶴二，鹿二，鴿數十。二垣外曲蹊可通園圃。堂曰歸來，凡三间。左一间曰遺世居，右一间曰情話室。後中一间曰覓是齋，左曰寄傲窗，凡二间，曲通左个。个右曰消憂所，亦二间，曲通右个。再後五间，傍各二间，茆覆之。周鑿瓴甓，曰衛宇。最後場圃，廣袤十丈，繚以土墻，書墻上曰植杖。

場以稷稻菽棲雞豚牆之外植枸杞若籬中鑿一溝曰錦流桂溝傍蒔甘菊及一畦朮一畦門冬千頭鵓鴣花藥稱是東南隅亭六角曰晨熹亭傍小屋三間曰翳景軒四面構百卉許為屏屏下埒衣壅種牡丹芍藥史上蘭十海棠二玉蘭一木菊一屏花外百樹杏百樹枇百樹李五十樹林禽二十樹梨二十樹櫻桃十樹枇杷五樹楊梅樹下二畝韭十畝稻五畝茜五畝麻擇隙地引池水使曲小隙置一版屋曰引觴處西南隅鑿池二畝許栽菡萏狀如偃月造草閣三閣間倚池曰臨流閣閣左植葡萄四大木搭之右植海榴十傍作薔薇架木香亭甃石池五六尺許畜金鯽魚數十頭閣後植槐四又後為篔簹谷可十畝竹數千竿竹中茆庵曰流憩庵庵前砌石卵方二丈設員石二一池環繞閣外紆曲如帶長莫及菖蒲一池廣十畝堆石於中為十洲三島畜嘉魚數百頭繞池百

樹芙蓉，中艤一小舟，可泛池边，支石为磯，設釣竿，篙立一石曰怡

流泉，泉即注引觴池中。本北偶楼三间曰舒嘯楼，楼四角有梧桐

四株，前臨地十丈，高下蟠蜒，栽菊數十種。楼後圃十畝曰西疇，百

樹柑、百樹橘、五十樹柚、二十樹栗、二十樹柿、二十樹胡桃、二十樹

枣、十樹銀杏。楼左疊石为洞，洞深丈許，曰知遠洞，洞上臺曰燔首臺。

從楼上度石閣道，然通一梁，曰孤往梁。西北偶横土为邱，曰崚嶒

邱，邱可五畝，邱上栽五十樹梅、百樹棕、二十樹松柏。背邱小房二

间，左曰易安閣，右曰怡顏窩。閣前立太湖石，石畔茶衣二，襍蒔水

仙。衣寸閣左右，佛朱坐五楹，坐中壁盡書歸去來辞，設竹椅八册，

竹榻二，方桌二。遺世居扁懸门上方，繪仙人像，小銅鐘一，四消磬

一，爐瓶各一具，一藥樴，一藥刀，一藥碾一，传话宝扁如之，以舍欵

友。左右支林寸壁间，若禅床、長桌一、衣桁、匣架一。貧是斋七楹，中

為餘供家大人煙瓶各一、矮方桌一、矮藤椅四、牙傲窗扁懸窗前一間左右壁下各裝書櫃，窗下讀書桌一、讀書椅一、一間設大床一通左右个備帷張供具、消夏所扁亦如之。一間設琴一、博具一奕枰一、高低臺各一、一間通右个藏茗碗食擔爐罌具扁之藪蘅宇五楹、橫五間，中一間為焉食所、二間藏錢鎛蓑笠、二間支土床以宿傭作者、旁左右各二間、左二間為庖厠、右二間為從人寢處晨熹亭上數武，環柱以楯、促膝可坐、中置一六角桌、外設竹披蔽風雨，晴則張布幔、翳畢軒三楹、中一間設小榻一、員竹墩二、員竹桌一、右一間為行厨、左一間藏雜衣什器及帷幔等物、引觴處藏蒲團六、浮觴器若鸕首者六、臨流閣五楹、上覆茆草、下支石柱、半在池半在池上、四面安窗、南列欄楯、東西闢、橫木為凳、中有翡翁椅一、瓦墩四、石桌一、流憩菴上蓋藁、中眠長石二條、置石枰一、舒嘯樓通三間为樓廳、廳五楹、四面闌干、闌内立長窗、窗外可旋走、長桌一、圈椅六、樓下中一間、小方桌一、小交椅四、左一間繩床一、凳爐一、盥器一、右一間、設梯、梯邊茶竈一、知還洞中祠土地、石爐一石案一、矯首臺臺傍石闌立四柱、可施帘帘幕、易爲閣、五楹、下鋪版为枰、枰上藉以蒲席、上圈紙格如蓋、中上一几、门南向、一窗东向二、入則脱屨、怡顏窩上如閣制、下架水柵、去閣坪尺許、柵上鋪草薦、薦上襲以氈茵、中嵌一方爐、爐上垂鐵絙、懸一銅鏇、一錫壺以需煮茗、蒲墩坐具、一南穴三牖、皆員、中猶大閣、右設一陛、入窩门、门掛氈幕、巾車兩輪、裁元布为蓋、張其上、中設茵、馮前施衡、可式、孤舟方底、旁列窗櫺、覆以竹蓬、可舒卷、中置一藤筐、可卧可坐、舟後具炊食器、上插羽为旌、兩旁設艇、可叩、計中宮十一畝、东南方三十畝、西南方三十畝、东北方十五畝、西北方五畝、餘十畝为

[illegible] 卷四明文献集

溝

東壽昌寺興造記

高斗樞

余過壽昌禹，得昌上人褎為回法堂前之双吉樹下，遥有老徐拜
師迎余曰：吾寺之堂自羅漢攸來，敝址寖為儛圃，或衡墻而縱垣，
或竹籬而刹戶，燕凫刹眠，蕭艾傷心。迨姜歷丁未住持少尖懷云，
與其重瀏水文祥師世謀興復，于是延會海會妙如真祥，師主
其事。以年戊申庀材，鳩以數百人，一夕神運至寺，撤墻垣籬戶累
猿猶山。是冬構法堂，鄉之為圃者，羣起而譁之，聚衆而撓之，或指
形家忌，或言年月犯。妙師謝之曰：造寺所以造福也，不為檀越福，
而為檀越害，其可乎？徐之，惟俟其忌其犯者，並命匠人闢之，闢並
以為若是，是營建終無日也。師輩体佛慈悲，吾儕效佛勇決。翌日
諸家持擁來闈，傷一匠，死之。翁堂有法堂並興，誠者得其情，罪闈

者而直寺堂得成堂成高敞逾于前殿是時饒鉯材儀與建殿之
役有阻不果已未時壞文丙師已示寂嗣文師者為葆真賢公復
同抄公力肩之以聞修師為佐于是佛殿禪堂宝奪廚湢之属以
次興建更範銅肖大佛趺以鐵座以灵者鑄鉅影塑佛天羅漢諸
像訖工于以許冬為泰昌改元是役也瀣水葆真二師各捐金百
繼志中興之功居首其率貲來助者别具版籍玉若抄師之碑心
力任聞師之善勸佐勞其功並不可沒也叢嘗請記于周文穆公
許之而未壽珉吾老矣懼文獻之不足徵幸補記之余喟然曰甚
哉壽易之多厄也虐于祝融者數數見鞠為民居民圃者又甚
于祝融也當其死雖為寺也四壞莫非寺寺有院而廢為民居也
四壞莫非民有及其例役舊而居民徙也久假之後傍侵緣蝕未
必盡如寺之故有宜為寺有而不盡寺有者寺猶聽之何節寺所

卷四 明文獻集

宜有、而據不宜有者之歎歟云厭也、吁、斯非如來所謂可憐愍者、而向使文穆有石言、安知不受蝕于蒼苔碧蘚乎、今師即能憶、待又安保今古之不受侵于烈燄飄風乎、雖然、玉道玉徽玉廣乃斯道力、光焯古今、苔蘚火風、能蝕侵石古、不能蝕侵玉道、究之能蝕侵非道之石古、而不能蝕侵道之石古、何妨以師古作我石言、得男笑曰、苔蘚火風安知道、師姑古待之、先生姑著石言之、以試後之火風苔蘚之知道與不知道者、歲在甲午十一月二十有六日記、

四明文獻集摘抄

設問 辯

鄉屯問答

袁州佐

屯人曰今大數未請軍興未已饋餉不繼請屯梅湖以益軍鄉人
曰老湖惟蓄水以防旱澇耳子之欲屯之也奚竹屯人曰老從乞
決東湖而屯之也請由前堰至堤塞而構以斷大湖之水或以歷
梅湖碶堰之則梅湖皆田矣子謂不可田請以問難以竟其說鄉
人謂屯人曰老聞之父老曰湖之水可供三河今屯梅湖僅
城之水耳奚少利多宜務而為也鄉人曰不試旱固之日勺水
此膏腴之水設旱可支十日此十日外得雨則皆為湖涸而加
十日之旱則苗且立枯縱雖有雨豈能俾我枯苗乎昇日此不早
則已旱則七鄉之愁必莩子矣鄉人又曰湖水之滿盈有所歸從

梅湖而下者专灌鄞之六七都定之崇邱都一带设梅湖堰而不
蓄则桔槔之类乎老人曰吾于前堰碶决大汛水而下别开一道
以达各都灌溉为旧矣夫何患乡人曰以子之见犹井蛙之拘墟
而未达也夫旱涸放湖万亩之田桔槔并力如万综攻川近者胜
不厌岂能枉道以及西乎子计也而不为各乡计非策也　老
人议去梅湖之碶乡人曰不如沿梅湖而为陡塍者不可胜计碶
毁则定陡下田而禾苗浸没矣若何老人曰梅湖陡塍之水下注
诚有之然沿江诸碶一启则泄之惟不足何至于浸没乎乡人曰
岂不能辨以胜于洼壁之庭拗之涧大雨骤注虽有沟不能达流
则水必及阶除上矣然碶之说何以异是况碶夫集籍达急报达
而淹没已成方是时子又岂阅其肥瘠耶老人曰梅湖老成而数
万金可立致也乡人曰子何言之易欤若设夫难成者有四惟子

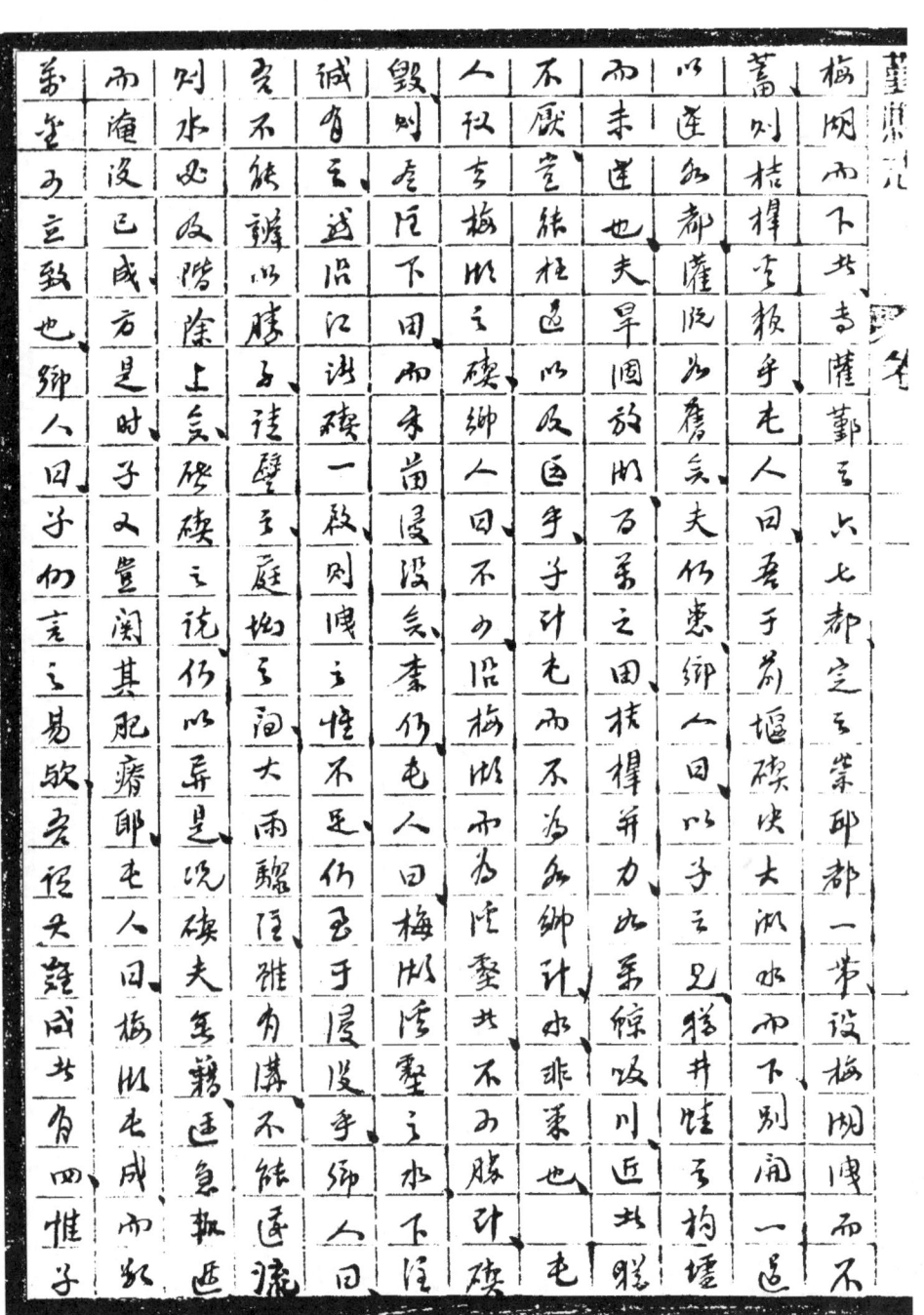

洋之。壅水衝激，田禾漂搖，一也。山底沙礫，雖耕不育，二也。大山水盛，漫堰除者，三也。堰基不堅，水激易毀，屯仍為山，四也。若加築堰堤，則必合伐山之木，至徼山民之役，暮年而功不就，功不就則屯重，屯重則軍民益病矣。鄉人又曰：徼直此也，再日屯旱，子能保不借大山之水乎？況水漫前堰，屯將崇陰，子又能保不啟閘以洩山水乎？如此，則洪碶紀七鄉所以有矣。恐撐門蕩陵，必自是而莫止也。古人曰：若是大甚與，請從子已之。于是七鄉之人咸歡欣加額而退。監國魯元年四月望前一日，坤水袁州佐書。

史懷是非辯　文徵明

嘗謂作史不易，無三長。讀史必辯其一是。蓋以修之者論其得核于當日之時勢，蓄以先修之予宜，破偏私之見，猶犯于眺瞭之道，以無斃也。若或憑一己之愛憎為毀譽，狗他人之爰影為扶同，出

附錄六　四明文獻集摘抄　設問辯　二

直混清，是非倒置，不惟一時之公案難明，將千古之史書不足信，關係豈眇少哉。如曹魏正閏帝侥，曹營宮人陳勇，燭影斧聲傳疑，與軼等跡文諫，大抵無論，即如鄭李甘露之變，牛李維州之爭，朔洛蜀三黨攻訐，三朝正典刊毀之數，其間邪正利誅甚僞互揭，數千年來尚有別識，三五人中不無異同，仍可彈述，武不可無辯，如宋孝宗初年，張忠獻公浚、史忠定公浩同時共事，帝以浚先於孝舊邸，問其動靜飲食顏貌，曰：朕倚魏公如長城。是孝宗之篤信元臣，銳志恢復，無以踰也。浚使邵宏淵、李顯忠分道伐金，帝以問浩，浩對以未可等語，時方倚用浚，經撫諸將出兵，浩陰力止，免。王十朋因論浩懷奸誤國八罪，遂罷浩。當時遂多袒浚而擬浩，後人因之譽浚而詆浩矣。不知識時務者名為俊傑，當高宗時，二帝造次蒙塵，人心義憤思奮，有李趙等為之相，張韓劉吳等為之將，而如

兵則用兵如神而戰而勝千古一人也且兩河忠義之士四海劃
盜其咸莫不引領官軍日望恢復迨孝宗時值重至矣所無不樂
之釁當此和好厭休息之期雖有神武如蜀漢孔明之六出祁山
亦必觀敵國之釁隙而後動後庶焉不知可識時務者乎此是
紀之當辨者一也審形實者方能帥師蓋有實無形則計言可成
有形無實則速禍致寇恢復之實惟修法政求賢審官安民和
兵用將養兵次第以舉劉忠肅劉子詳所矣孝宗雖矣遂專宗而
重違父命矣忤並相楚豫阜暵日閑名將殞亡殆盡後不及時侗
緣而種茂以國儲伴且不知罷杜敵之破矣脩歸功于羊祜不識
審形實者乎此是紀之當辨者二也將相已矣首在知人知己無
知人之術而復慎知人之諫其不覆亡者鮮矣後附黄潛善以疏
李綱賜呂祉以罷趙鼎排劉子羽而覆于富平違史浩而敗于符

四明文獻集摘抄　設問　辨　三

雖先生之闇于知人已雖枚舉其兵侯神算前已深知乃因其先
而遂輕詆曰因知非太尉不可遂致輿尸而催西失子陵檜賊之
救武侯曾不聞發一言解救設雖自文亦何詞以謝天下後世乎
此是非之當辯者三也針砭之道務在公忠比匪為奸彈擊善類
其因屬陷私昧于事機黨同伐異者亦非忠讜十朋等徒知挾復
為美名罔識時務之難易而且因後子南軒公栻學道師友互相
附和遂以奸誤評史相不知浩雖主潰訪表軍資器械殷居浩主
和議者皆以此為口實而塞主戰之口卒皆如浩之先識至為主
將而三大敗績詆誤誤國者果屬之史乎抑屬之張乎且必執以
戰為忠謀則浩之排侂冑罷似道皆當誅矣追而原其心奸賊
將藉口矣此是非之當辯者四也至於論斷之識當因名以責實
試觀色欺知仁後之名望甚重而實不副已失非小而知進不衰

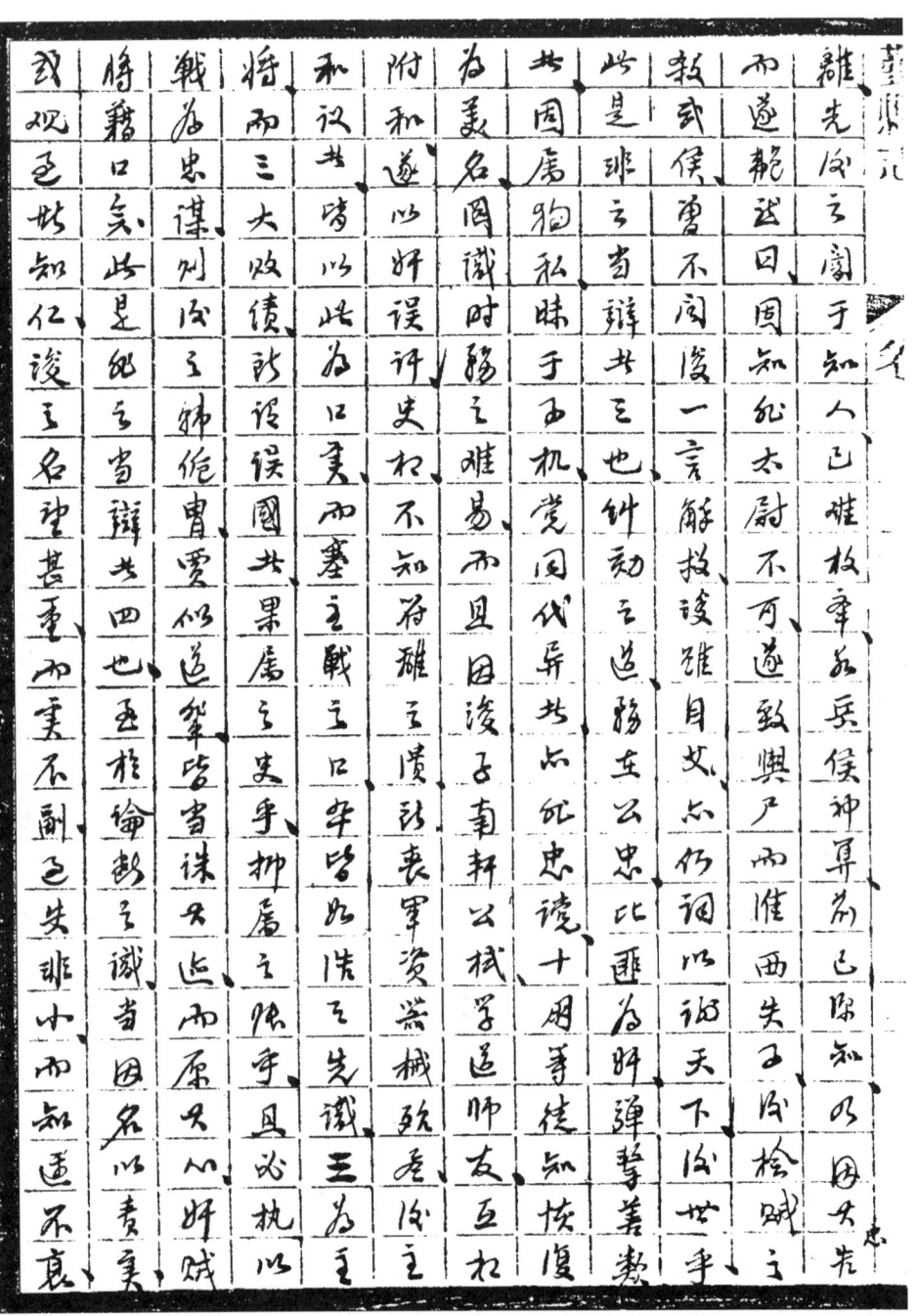

後詔侍從臺諫集議和宜，以失地後虞允文胡銓閻安中力爭不可和，湯思退反以大言誤國邀名責諸臣，而帝意遂定，則孝宗用主和議者，乃檜黨湯思退與尹穡，而後與辛次膺上疏亦言思退尹穡等之姦邪誤國，且隆興元年，浩初首言趙鼎李光之無罪，岳飛之久冤，宜復其官爵，祿其子孫，高宗默之，三年落朱熹知南安軍，帝皆從之，後之論予者，謂浩以此竄人，謂安人心，此陳文乃詆之說，何可為訓，此是非之當辯者也，蓋夫浩浚在帝前辯論云，先為備守，是為良規，議戰議和，在彼不在此，倚陸淺謀之士，時興不發之師，乃嘗試以圖僥倖，帝王之師，當出萬全，此幸一失，不可復理中原等語，李忠之綱疏，以為生理未固，而好言戰以僥倖制勝之術，當大修守備，痛自料理，先為自固之計，然後雖萬全而致一敵等語，劉忠肅洪疏，以為宜為痛闢從漫之說，力排僥倖之圖，毋

規小利毋俾大謀強固本根靜以待動武後乘机伺釁以舉六月
之師等語三於之策此出一揆史書具在可覆按也何在李則二
公則為不利之論在史則為力阻之言豈平心之斷乎此是紀之
當辯者六也但後有栻杓為之子而忽其已恍以季子弥遠孫
嵩之而後大功作史者耳食讀史者和齊大鼓武也朱文公未悉於
目協者作後傳之失實於史官陳則李邱輩已除照魏公之膳跡
武當未有改正史依廷諍者是非者特附辯之以成信史之一予
雖武後之直諒忠憤至死不变雖志大才疏至亦宋於中上者流
也是以不可以不辯

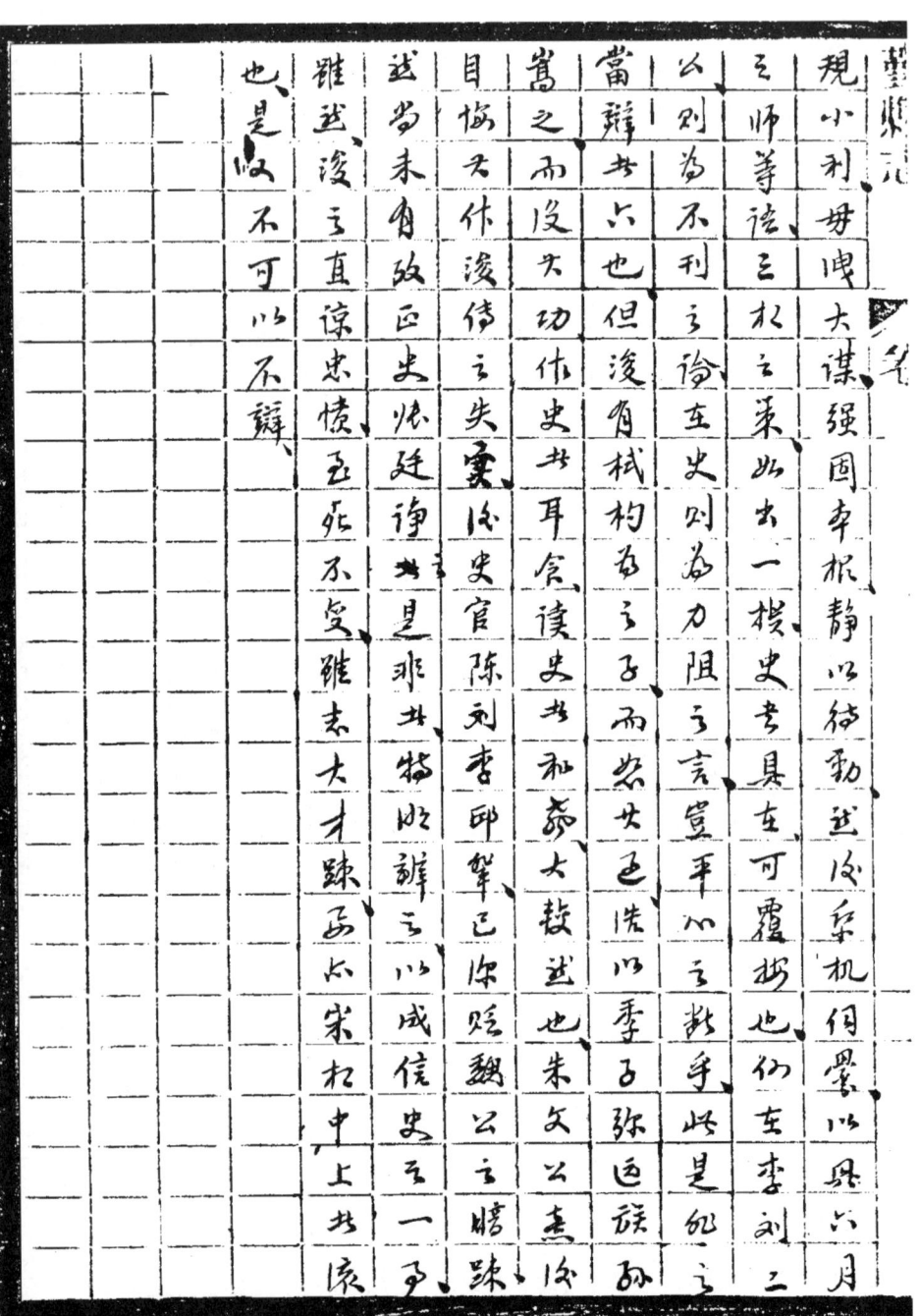